Norbert Hänsli

Automutilation

Norbert Hänsli

Automutilation

Der sich selbst schädigende Mensch im psychopathologischen Verständnis

Mit einem Geleitwort
von Prof. Dr. med. D. Hell, Zürich

Verlag Hans Huber
Bern · Göttingen · Toronto · Seattle

Psychiatrie-Zentrum Hard
Kantonale Psychiatrie-Klinik
CH-8424 Embrach ZH

Die Deutsche Bibliothek – CIP-Einheitsaufnahme

Hänsli, Norbert:
Automutilation: der sich selbst schädigende Mensch im psychopathologischen Verständnis/ Norbert Hänsli. Mit einem Geleitw. von D. Hell. – 1. Aufl. – Bern; Göttingen; Toronto; Seattle: Huber, 1996
ISBN 3-456-82729-6

1. Auflage 1996

Satz: Mediasatz AG, Grenchen/SO
Druck: Druckerei Odermatt, Dallenwil
Printed in Switzerland

Inhaltsverzeichnis

Geleitwort

Automutilationen nehmen an Bedeutung zu. Auch wenn genaue epidemiologische Studien heute noch weitgehend fehlen, gibt es Hinweise dafür, daß eine nicht unbedeutende und eher wachsende Zahl von Menschen sich schlagen, stechen, schneiden, brennen oder sich auf andere Weise eine Verletzung zufügen.

Solche Selbstverletzungen scheinen auf den ersten Blick unverständlich, ja widersinnig und grotesk zu sein. Dennoch liegt ihnen in den meisten Fällen ein Motiv zugrunde. Menschen in psychischer Not verletzen sich selber, um sich mit dem bewußt auf sich genommenen Schmerz von einer Spannung abzulenken, um ein Leeregefühl zu bekämpfen oder um sich als lebend zu erfahren. Sie verletzen sich, um sich zu bestrafen oder umgekehrt, um sich stark zu fühlen. Viele weitere Motive weisen darauf hin, daß Selbstverletzungen Versuche darstellen können, mit einer sonst unlösbaren Lebenssituation fertig zu werden, ohne mit dem Leben abzuschließen.

Auch transkulturelle Beobachtungen sprechen dafür, daß Selbstverletzungen jenseits von krankhaften Verhaltensweisen ganz verschiedenartige Funktionen haben können und nicht so paradox sind, wie sie uns erscheinen mögen. Selbstverletzungen sind im Rahmen von Initiationsriten, als kulturelle Opferakte oder auch als gesellschaftlich eingebundene Ausdrucksformen von Trauer bei verschiedenen Völkern vielfach beschrieben worden.

Im vorliegenden Buch versteht es der Autor, Norbert Hänsli, die Selbstverletzungsproblematik in grundsätzlicher Weise darzustellen. Auch wenn er sich in seinen Ausführungen auf die krankhaften Ausdrucksformen konzentriert und eine klinisch einprägsame Darstellung verschiedener Automutilationsweisen bei psychisch Kranken gibt, bleibt er in seiner luziden Darstellung immer einem größeren Gesamtzusammenhang verpflichtet. So geht er detailliert auf psychologische, soziale und biologische Bedingungen der Automutilation ein und widmet ein spannendes Kapitel der Selbstschädigung in transkultureller Sicht.

Das vorliegende Buch von Norbert Hänsli entspricht einem dringenden Bedürfnis. Es gibt erstmals im deutschen Sprachgebiet einen umfassenden und konzisen Überblick über die weit verstreute Literatur zur Selbstverletzungsproblematik psychisch Kranker und faßt den heutigen Forschungsstand in leicht verständlicher Form zusammen. Es gibt darüber hinaus wichtige Hinweise für die Behandlung von sich selbst verletzenden Menschen, macht auf Risikofaktoren aufmerksam und charakterisiert das Selbsterleben sich selber schädigender Menschen. Dabei gelingt es Norbert Hänsli, ein besonders eindrückliches Bild der Selbstverletzungsproblematik von Borderline-Patienten zu geben und den Zusammenhang von Selbstschädigungstendenzen und Eßstörungen deutlich zu machen. Aber auch die unterschiedliche Selbstverletzungsproblematik bei Schizophreniekranken und bei geistig Behinderten wird anschaulich und durchgängig mit Fallbeispielen dargestellt. Bei aller Praxisorientiertheit kommen auch die verschiedenen Theorieansätze, die Selbstverletzungen modellhaft zu erklären suchen, nicht zu kurz.

Als Ganzes ist das Buch von Norbert Hänsli so reich an Anregungen und gleichzeitig so verständlich geschrieben, daß es die besten Voraussetzungen hat, zu einem Standardwerk über die Automutilationsproblematik in der Psychiatrie zu werden.

Daniel Hell

Einführung

Ein Mensch, der sich selbst schädigt, löst durch sein Verhalten bei anderen eine Vielzahl unterschiedlichster Gefühle und Reaktionen aus: Abscheu, Ekel, Furcht, Unverständnis, Ohnmacht, aber auch Kummer, Mitgefühl und Erbarmen. Ablehnung, Verurteilung und Distanzierung wechseln ab mit sorgender Annäherung und Versuchen, das so rätselhafte Verhalten zu verstehen.

Menschen – so nehmen wir an – sehnen sich nach einem langen Leben in Gesundheit, Freiheit und Glück. Selbstschädigung als Angriff auf die eigene körperliche Integrität ist angesichts dieses Wunsches ein paradoxes Verhalten. Es scheint unsinnig und grotesk, daß ein Mensch seinen eigenen Körper verunstaltet, indem er ihn brennt, schneidet und schlägt. Der sich selbst schädigende Mensch löst Verwirrung und Irritation aus: Wie kann es dazu kommen, daß Menschen ihrem eigenen Körper Verletzungen zufügen? Wie ist dieses Verhalten zu verstehen?

Automutilation, die sich selbst zugefügte direkte Schädigung des eigenen Körpers, erscheint als Symptom zahlreicher psychiatrischer Störungen und stellt auch heute noch – trotz moderner und fortgeschrittener Behandlungsmethoden – eines der schwerwiegendsten und schwierigsten Probleme in der Therapie psychisch Kranker dar. In der wissenschaftlichen Literatur wird der Automutilation seit etwa drei Jahrzehnten eine stetig zunehmende Beachtung geschenkt. Vorwiegend im englischsprachigen, aber auch im deutschsprachigen Raum sind viele Untersuchungen veröffentlicht worden. Die hier vorgelegte Synopsis der beschriebenen Erscheinungsformen der Automutilation und der Theorien über ihre Ursachen soll der Weiterentwicklung von Therapie und Prophylaxe dienen.

Der **erste Teil** der Arbeit steckt die Reichweite des Problems der Automutilation ab. Autoaggression und Automutilation werden begrifflich geklärt, ihre unterschiedlichen Auftretensformen und deren mögliche Systematisierungen vorgestellt. Zudem werden epidemiologische Befunde erörtert. Die Diskussion der Kriterien, die Automutilation von der sogenannten artifiziellen Störung und von suizidalem Verhalten abgrenzen, ermöglicht zugleich einen kurzen historischen Abriß der Automutilations-Forschung.

In einem **zweiten Teil** werden gesellschaftlich sanktionierte selbstschädigende Verhaltensweisen unter besonderer Berücksichtigung ihrer Funktion im jeweiligen soziokulturellen Kontext erörtert. Dabei ist zu zeigen, in welchem Maß Selbstverletzung als transkulturelles Phänomen eine primär prosoziale Bedeutung hat und im Dienste von Gesundheit und Heilung, von sozialer Stabilität und Religion steht. Ausgehend von der Besprechung der Parallelen und Differenzen zwischen kulturell sanktionierter und deviánter Automutilation wird gefragt, inwieweit das bei Jugendlichen gehäuft auftretende Phänomen der Automutilation im Zusammenhang mit Pubertätsriten verstanden werden kann.

Der **dritte Teil** handelt von der Automutilation als Symptom verschiedener psychischer Störungen. Von typischen Falldarstellungen ausgehend wird automutilatives Verhalten bei Schizophrenie, bei Borderline-Persönlichkeitsstörungen, bei Eßstörungen sowie bei Oligophrenie und Autismus untersucht. Die Bedeutung des Symptoms im Kontext des entsprechenden Krankheitsbildes, diagnostische Überlegungen, Prädiktoren bzw. Risikofaktoren sowie entsprechende Implikationen für die therapeutische Praxis stehen dabei im Vordergrund.

Im **letzten Teil** werden die Theorien zur Ätiologie der Automutilation diskutiert. Originalaussagen von Patienten bringen die Bedeutung der Selbstschädigung im Erleben der Betroffenen selbst zur Sprache. Darauf werden die möglichen intrapsychischen und interpersonellen Funktionen des Symptoms aus der Sicht der Behandelnden erörtert. Die funktional-finale Betrachtungsweise legt das Leiden und die Nöte offen, welche die Patienten zu automutilativem Handeln veranlassen. Dadurch wird deren Therapiebedürftigkeit spezifiziert. Schließlich werden die Erklärungs- und Verstehensansätze aus der Perspektive der Kommunikationspsychologie, der Deprivationsforschung, der Entwicklungspsychologie, der Neurophysiologie, der Lernpsychologie und der Psychoanalyse diskutiert.

Selbstschädigung ist ein überaus vielschichtiges Phänomen, das sich bei genauer Betrachtung eindimensionalen Erklärungsansätzen widersetzt. Sowohl biologische und psychologische als auch soziale und kulturelle Faktoren müssen bei der Beschäftigung mit dieser Sonderform menschlichen Verhaltens berücksichtigt werden. Wegleitend ist dabei das Erleben und Verhalten des einzelnen Menschen, der sich selber schädigt. Sich auf die Komplexität der je individuellen Lebenswirklichkeit einzulassen bleibt die unumgängliche Voraussetzung für jegliche therapierelevante psychopathologische Diagnostik und Forschung. Die Aufgabe der vorliegenden Arbeit besteht darin, für diese verstehende Begegnung von Patient und Therapeut ein möglichst breites Hintergrundwissen bereitzustellen. Dazu ist es sinnvoll, das Phänomen Selbstschädigung aus verschiedenen Blickwinkeln zu beleuchten und in seinen persönlichen und überpersönlichen Bezügen transparent zu machen.

Freundlich bedanken möchte ich mich bei Herrn Prof. Dr. med. Daniel Hell, Direktor der Psychiatrischen Universitätsklinik Zürich, ohne dessen unterstützendes Engagement diese Arbeit nicht zustande gekommen wäre. Herr Dr. phil. Hans-Martin Zöllner, Leitender Psychologe derselben Klinik, hat den Text scharfsinnig und kritisch durchgesehen. Mit seiner reichen klinischen Erfahrung und steter Ermutigung stand er mir bei der Auseinandersetzung mit den Fragen dieser Arbeit zur Seite. Für den fachlichen Austausch und die freundschaftliche Unterstützung danke ich zudem besonders Frau lic. phil. et theol. Rita Barroso, Herrn lic. phil. Peter Buser, Frau Manuela Condrau, Frau lic. phil. Mirjam Fehr, Frau Dr. phil. Gabriela Harder, Herrn Dr. phil. Donat Margreth, Herrn med. pract. Michel Münch, Frau lic. phil. Magdalena Seibl, Herrn dipl. theol. Benno Ziegler und Frau Cornelia Zuberbühler.

1. Das Phänomen der Automutilation

1.1 Begriffsbestimmung

Verhaltensweisen, mit denen jemand der eigenen Person Schaden zufügt, werden in der deutschsprachigen Literatur unter Begriffen wie «Autoaggression» und «Autodestruktion», «selbst(be)schädigende Verhaltensweisen» und «selbstverletzendes Verhalten» zusammengefaßt. Von all diesen Begriffen findet der Ausdruck *Autoaggression* am häufigsten Verwendung. Rohmann und Hartmann (1992) machen aber mit Recht darauf aufmerksam, daß der Terminus «Autoaggression» selbstverletzendes Verhalten als destruktiven «aggressiven Akt» gegen die eigene Person interpretiert und damit bereits einen Erklärungsversuch – man denke an die im Begriff mitschwingenden Aggressionstheorien – darstellt. Dabei wird außer acht gelassen, daß gewisse Formen der Selbstverletzung möglicherweise ganz anderen Regeln folgen (z. B. Bedürfnis nach Stimulation, Wunsch nach Körperwahrnehmung). Brezovsky (1985) empfiehlt deshalb, den deskriptiveren und wertneutraleren Ausdruck *selbstverletzendes Verhalten* zu verwenden. Da im deutschen Sprachraum sich jedoch die Bezeichnung «Autoaggression» als Oberbegriff für die verschiedensten Formen selbstverletzenden Verhaltens durchgesetzt hat und umgekehrt der Ausdruck «selbstverletzendes Verhalten» nicht alle Formen der Autoaggression umfaßt, pflegen auch diese Autoren «den Terminus Autoaggression als begriffliches <Sammelbecken> aller Formen von Schadenszufügungen dem eigenen Körper gegenüber» (Rohmann et al., 1992, S. 13) zu benützen.

Diesem Sprachgebrauch folgend behandelt denn auch Scharfetter (1991) in seiner Einführung in die «Allgemeine Psychopathologie» die Thematik der Autoaggression konsequenterweise unter dem Hauptkapitel Aggression. Scharfetter unterscheidet in diesem Kapitel zunächst zwischen einem engeren und einem weiteren Aggressionsbegriff. Einen Hinweis auf den *weiteren* Sinn des Wortes gibt bereits dessen Herkunft vom lat. «ag-gredi»: «herangehen», «jemanden angehen», «an etwas gehen». Als Bereitschaft, zielstrebig und tatkräftig auf die Welt, auf andere Lebewesen und Dinge zuzugehen, ist Aggression nicht nur für den Menschen, sondern für alle Lebewesen – zur Selbst- und Arterhaltung – unabdinglich. Sie ist Voraussetzung, um an lebenswichtige Ressourcen heranzukommen, die eigenen

Territorialansprüche zu sichern, einen Sexualpartner zu gewinnen und in der sozialen Gruppe eine Rangordnung zu bilden und damit Chaos zu vermeiden. Die als Mittel zur Durchsetzung von eigenen Ansprüchen und zur Überwindung von Hindernissen verstandene Aggression muß nicht destruktiv sein, im Gegenteil, sie ist – auch beim Menschen – notwendig, um sich in der Welt zu behaupten, um sich persönlich, familiär und beruflich zu entfalten, Möglichkeiten zu ergreifen, Ziele anzustreben und im Wege stehende Widerstände zu überwinden.

Aggression im weiteren Sinn (auch konstruktive Aggression genannt) bedeutet demnach so viel wie grundsätzliche Handlungsbereitschaft, Selbstbehauptungswille, Initiative, Lebenskraft. Für die Ethologie, die Psychopathologie und für forensische Belange erachtet Scharfetter (1991) diese Erweiterung des Begriffs nicht als zweckmäßig, die *engere* Bedeutung sei hier vorzuziehen: Aggression nun definiert als ein «Verhalten (verbal, averbal, tätlich), welches eine *Person* und zwar eine andere Person oder den Täter selbst (Autoaggression) oder eine *Sache* (evtl. als Surrogat der Person) verletzt, schädigt, ausbeutet (z.B. sexuell), kränkt, beleidigt, herabsetzt, erniedrigt, entwertet, behindert, beraubt, ins Unrecht setzt, einengt, vertreibt, tötet» (S. 247; vgl. 1992a).

Bezugnehmend auf die oben erwähnte Kritik am Autoaggressionsbegriff ist es bemerkenswert festzustellen, wie ausgesprochen deskriptiv diese Definition ist, bar jeder Aggressionstheorie. Zudem macht sie deutlich, welch weitgefächertes Verhalten der Terminus Autoaggression umfaßt. In diesem weiten Spektrum autoaggressiven Verhaltens grenzt Scharfetter (1991) die *indirekten* Formen selbstschädigenden Verhaltens wie Selbstvernachlässigung, Verwahrlosung, Suchtmittelmißbrauch von den *direkten,* unmittelbaren, konkreten Formen – suizidalen und parasuizidalen Handlungen sowie nichtsuizidaler direkter Selbstschädigung – ab. Suizid erscheint so als vollendete direkte Autoaggression. *Für die nicht offenkundig suizidale und parasuizidale direkte Autoaggression wird der Begriff Automutilation verwendet.* In dieser Arbeit werden die Ausdrücke Aggression, Autoaggression und Automutilation gemäß dieser von Scharfetter vorgeschlagenen Begriffsbestimmung verwendet.

Automutilation als direkte Selbstschädigung nichtsuizidaler/-parasuizidaler Art umfaßt gemäß dieser Terminologie sowohl die *Automanipulation von Krankheiten* wie auch – und das ist die zentrale Thematik dieser Arbeit – *die Selbstverletzung als Symptom einer anderen psychischen Störung.* Automutilatives Verhalten stellt also nur einen kleinen Teilbereich aus dem breiten Fächer autoaggressiven Verhaltens dar. In der Literatur werden jedoch die erwähnten übergeordneten Begriffe wie «selbstverletzendes Verhalten», «Selbstschädigung», «Autoaggression» usw. öfters auch im engeren Sinn von Automutilation verwendet.

Auf die spezifische Form von Autoaggression, die im Begriff Automutilation zum Ausdruck kommt, verweist übrigens auch die Herkunft des Wortes vom griech. «autos»: «selbst», «eigen», und vom lat. «mutilare» mit der Bedeutung: «ein Stück abschneiden von etwas», «verkleinern», «verstümmeln», oder «mutilus»: «verstümmelt», «hornlos», «abgehackt». Weiter zurückreichende etymologische Hintergründe liegen im dunkeln (Ernout, Meillet, André 1985).

Im angloamerikanischen Sprachraum findet sich keine allgemein anerkannte terminologische Übereinkunft für autoaggressives bzw. automutilatives Verhalten. Es wird eine Vielzahl synonym verwendeter Benennungen gebraucht. Während die Begriffe «self-injurious behavior», «self-destructive behavior», «self-damaging behavior», «self-harming behavior», «self-aggression» eher als Sammelbegriffe im Sinne von Autoaggression verwendet werden, haben «self-mutilation», «deliberate self-harm», «self-defacement», «self-disfigurement», «self-inflicted wounds» usw. eher die spezifische Bedeutung von Automutilation. Bei geistig Behinderten und Autisten findet durchwegs der Begriff «self-injurious behavior» Verwendung.

Tantam und Whittaker (1992) versuchen in einer Begriffshierarchie die Ausdrücke zu ordnen: Als Oberbegriff für Verhaltensweisen, deren Hauptabsicht darin besteht, die körperliche Integrität anzugreifen, verwenden sie den Begriff «deliberate self-harm» (oder einfach «self-harm»). Wird die Selbstschädigung durch Einnahme einer Substanz («overdosing») verursacht, wird der Begriff «self-poisoning» gebraucht; geschieht sie von außen am Körpergewebe («slashing», «cutting», «wrist cutting»), findet der Ausdruck «self-injury» Verwendung. Letzterer wird wiederum unterteilt in «self-wounding» (eher reaktiv und habituell) und «self-mutilation» (schwere, bizarre Verstümmelung von Körperteilen in psychotischem Zustand wie Kastration und Enukleation eines Auges). Walsh und Rosen (1988) hingegen verwenden – in Anlehnung an die einschlägige englischsprachige Literatur – den Ausdruck «self-injurious behavior» konsequent für selbstdestruktive Verhaltensweisen im Kontext von organischen Störungen; für Selbstschädigung im Zusammenhang von Persönlichkeitsstörungen und Psychosen gebrauchen sie durchgehend den Begriff «self-mutilative behavior».

1.2 Definition

Je nach Hauptarbeitsgebiet der jeweiligen Autoren werden in den Definitionsversuchen von Automutilation unterschiedliche Schwerpunkte gesetzt. Aus diesem Grund betonen Schroeder, Mulick & Rojahn (1980) in ihrer Stellungnahme zur Definition von «self-injurious behavior» die hauptsächlichen Kriterien der *Folgen* einerseits und der *Selbstgerichtetheit* des Handelns andererseits: «It focuses on the outcome of behavior, i. e., acts resulting in physical harm or tissue damage, and an element of behavioral topography, i. e., acts by individuals directed toward themselves» (S. 418). Diese Definition beinhaltet absichtlich keine Aussage über Ätiologie, Intensität und Örtlichkeit der Selbstschädigung. Zudem weisen die Autoren darauf hin, daß der englische Ausdruck «self-injurious» auf ein Verhalten hinweist, dessen Unerwünschtheit als selbstverständlich erscheint, wobei die selbstverständliche Übereinstimmung über das, was erwünscht und was unerwünscht ist, vom kulturellen Kontext bestimmt wird. Kulturell sanktionierte Selbstschädigungen werden hiermit in obengenannter Definition implizit ausgeschlossen.

Martin (1987) nimmt den durch die Verletzung verursachten *Schmerz* als entscheidendes Kriterium, wenn er Automutilation definiert «als ein bewußtes oder unbewußtes Verhalten, das darin besteht, daß am eigenen Körper schmerzhaft empfundene Schädigungen oder Verletzungen zugefügt werden» (S. 287). Definitionen, welche Schmerzempfindung als Kriterium für Automutilation vorschlagen, sind jedoch kaum sinnvoll, da diese nicht unbedingt vorhanden sein muß (Ruß et al. 1992).

Autoren, deren Ausgangspunkt ihre Arbeit mit geistig behinderten Kindern ist, betonen in ihren Definitionen eher den *stereotypen Charakter* des selbstverletzenden Verhaltens. So definiert Brezovsky (1985) Autoaggression als «ein beobachtbares Verhalten, das häufig wiederholt auftritt, stereotypen Charakter haben kann und bei dem ein Individuum Reize gegen den eigenen Körper setzt, deren Ziel und Wirkung die physische Verletzung ist» (S. 3). Obwohl in dieser Definition der stereotype Charakter betont wird, impliziert für Rohmann et al. (1992) der Ausdruck «Setzen der Reize» noch zu sehr ein bewußtes, gezieltes Handeln, während Autoaggressionen ihrer Meinung nach häufig in automatisierter, rhythmischer, repetitiver Form stattfinden, beinahe reflexartig, dem Bewußtsein und der kognitiven Steuerung entzogen. Zudem halten die Autoren einen Zusammenhang zwischen autoaggressiven und fremdaggressiven Stereotypien für wahrscheinlich. Aus diesen Gründen bezeichnen sie Autoaggressionen als «Verhaltensweisen, die sich gegen den eigenen Körper richten, die meist stereotyp und mit hoher Geschwindigkeit ablaufen und dem eigenen Körper physische Schädigung oder extreme Reizung zufügen, wobei, abhängig vom beobachtbaren Grad der Erregung und Spannung, Qualität und Intensität in andersartig stereotype oder aggressive Verhaltensweisen übergehen können» (Rohmann et al. 1992, S. 17).

In Untersuchungen, die Automutilation als Symptom von Persönlichkeitsstörungen als Ausgangspunkt haben, fehlt der Hinweis auf den stereotypen Charakter. Vielmehr liegt hier die Betonung auf der *Absichtlichkeit* (was nicht mit Freiwilligkeit gleichzusetzen ist) und der *Eigenaktivität* als Grundlage des Verhaltens. So wird «self-mutilative behavior» von Walsh et al. (1988) definiert als «deliberate, non-life-threatening, self-effected bodily harm or disfigurement of a socially unacceptable nature» (S. 10). In dieser Definition werden *soziokulturell sanktionierte Körperdeformationen* nicht nur wie bei Schroeder et al. (1980) implizit, sondern nun ausdrücklich ausgeschlossen. Zudem werden – ein in der neueren Literatur durchgehender Grundzug – *suizidale und parasuizidale Handlungen ausgeschlossen.* So bezeichnen auch Favazza und Rosenthal (1993) pathologische Automutilation bündig als «deliberate alteration or destruction of body tissue without conscious suicidal intent» (S. 134). Zur speziellen Frage der definitorischen Abgrenzung der Automutilation von suizidalem Verhalten siehe Kapitel 1.6.2.5.

Eine *umfassende* – sowohl stereotypes, stark automatisiertes als auch absichtliches, gezieltes Verhalten einschließende – *Definition* hat Scharfetter (1991, S. 257; 1992b, S. 763) vorgelegt: *Automutilation als eine selbstzugefügte und eigenaktive, direkte, unmittelbare und konkrete, funktionell-final motivierte – ob bewußt oder unbewußt – oder eher als Automatismus ablaufende Schädigung und Deformation des eigenen Körpers, welche kulturell nicht sanktioniert und nicht direkt lebensbedrohlich ist.* Diese Umschreibung schließt selbstdestruktives Verhalten indirekter Art wie auch suizidale und parasuizidale Handlungen aus. In der Hauptsache umfaßt sie – wie bereits erwähnt – zwei Gruppen von selbstschädigendem Verhalten: die Automanipulation von Krankheiten (deren Induktion, Aggravation, Simulation) und die Automutilation als Symptom anderer psychischer Störungen.

1.3 Erscheinungsformen

Automutilation kann *alle Körperregionen* betreffen. Sowohl der Kopf (Haare, Augen, Ohren, Nase, Mund) und die Glieder (Arme, Beine, Hände, Füße, Finger, Zehen) als auch die Haut und die Genitalien können – wie Favazza (1987) mit einer Vielzahl klinischer Beispiele zeigt – auf die unterschiedlichste Art entstellt werden. Ein umfangreicher Katalog selbstinduzierter Schädigungen findet sich auch bei Scharfetter (1984), wo u.a. Automutilationen an Kopf und Hals, Haut- und Weichteilen, Knochen und Gelenken, Respirationsorganen, am Verdauungstrakt, an Gefäßen, Harnwegen, an Brust und Genitalien aufgelistet werden.

Die Intensität und der Verletzungsgrad, die Häufigkeit, die Dauer und die Regelmäßigkeit, der Situationsbezug und der Grad der Automatisierung bzw. der bewußten Absichtlichkeit des selbstschädigenden Verhaltens können jeweils eine Vielzahl von Variationen aufweisen. *Leichtere Formen* von Automutilation sind Verhaltensweisen wie Schlagen mit der Hand oder der Faust an den Kopf, Sich-selbst-Beißen, Sich-selbst-Kneifen, Sich-selbst-blutig-Kratzen, Ritzen der Haut und Ausreißen von Haaren. Zu den *schwereren Formen* zählen das Schlagen mit dem Kopf gegen Wände, Boden, scharfe Kanten, das Abbeißen von Lippen und Zunge, das Augenbohren mit den Fingern wie auch Schnittverletzungen und Verbrennungen. Diese Aufzählung enthält noch nicht die *extremen Formen* der Automutilation wie die Selbstzerstörung des Auges (Rogers und Pullen 1987), die Selbstverstümmelung der Genitalien (Martin und Gattaz 1991), die selbstvollzogene Amputation von Körperteilen (DeMuth und Strain 1983) und den Autokannibalismus (Mintz 1960).

Als *Instrumente* für die selbstinduzierte Schädigung finden sowohl Teile des eigenen Körpers (Zähne, Hände, Faust, Fingernägel) als auch fremde Objekte (wie z.B. Zigaretten, heißes Metall, Messer, Glassplitter, Bleistifte, Rasierklingen, Schleifpapier, Stecknadeln, Chemikalien) Verwendung. Die klinischen Beispiele lehren, daß kaum ein Gegenstand zum Zweck der Selbstdeformation des Körpers untauglich ist.

Trotz dieser breiten Variation automutilativen Verhaltens und obwohl bei demselben Individuum manchmal verschiedene selbstschädigende Verhaltensweisen erkennbar sind, steht doch *bei ein und derselben Person meist eine ganz bestimmte Form selbstverletzenden Verhaltens im Vordergrund* (Bezovsky 1985), wobei zudem ein ganz bestimmter Teil des Körpers fokussiert wird (Favazza 1987). Daraus ergibt sich die Möglichkeit, die zunächst unübersichtliche Vielfalt des Phänomens der Automutilation zu kategorisieren.

1.4 Kategorisierung

1.4.1 Ein erster Versuch

Ein erster Versuch, Automutilation zu systematisieren, stammt von Menninger (1938/1989). In seiner Monographie «Man Against Himself» unterteilt er das Phänomen der «Selbstverstümmelung» in *fünf Kategorien:*

1. die *«neurotischen* Selbstverstümmelungen», wozu Aufkratzen der Haut, Ausreißen der Haare, Nägelkauen und das Verlangen nach unnötigen chirurgischen Eingriffen zählen;
2. die *«religiöse* Selbstverstümmelung» wie die öffentliche Selbstpeinigung (Flagellantismus) und die Selbstkastration, die Beschneidung bei beiden Geschlechtern und die Verstümmelungen bei Pubertätsriten;

3. die «Selbstverstümmelung bei *psychotischen Patienten»*, worunter Autoenukleation, Verletzung der Ohren, Verstümmelung der Genitalien, Selbstamputation von Gliedmaßen aufgeführt werden;
4. «Selbstverstümmelung bei *organischen* Leiden» wie das absichtliche Brechen von Fingerknochen und die Enukleation bei Erkrankungen an Enzephalitis;
5. «Selbstverstümmelung in üblichen und *konventionellen* Formen» wie die Sitte des Nägelschneidens, des Rasierens und Haareschneidens.

Menninger berücksichtigt – wie ersichtlich ist – für seine Einteilung mindestens drei Dimensionen: Neben der Art und dem Ausmaß der vorhandenen psychischen oder physischen Störung sind der Schweregrad der Automutilation wie auch deren Bedeutung im soziokulturellen Kontext relevante Kriterien. Wie aus den Ausführungen des Autors erkennbar ist, spielt zudem die psychodynamische Deutung des Verhaltens (Selbstverstümmelung als «fokaler Selbstmord»; vgl. dazu Kap. 1.6.2.1) eine entscheidende Rolle.

Die Vielzahl der Phänomene selbstschädigenden Verhaltens zum ersten Mal systematisch zu sichten, zu ordnen und zu interpretieren, war ohne Zweifel ein Unterfangen von bahnbrechender Bedeutung. Aus heutiger Sicht erscheint es jedoch problematisch, den Begriff der Automutilation gleichwertig für (sub)kulturell sanktionierte und pathologische Formen selbstverletzenden Verhaltens zu verwenden. Auch zeugt es von einem eigenwilligen und fragwürdigen Sprachgebrauch, Nägelschneiden und Rasieren als «Selbstverstümmelung» zu bezeichnen. Menninger tendiert dazu, ein einziges interpretatives Schema auf alle Formen von sogenannter Selbstverstümmelung auszudehnen – unbesehen der unter Umständen grundsätzlichen Verschiedenartigkeit des selbstschädigenden Verhaltens (vgl. Kap. 4.7.1).

1.4.2 Kategorisierung der stereotypen Automutilation

Eine deskriptivere Kategorisierung, die jedoch mehr das selbstschädigende Verhalten von behinderten und autistischen Kindern im Blickfeld hat – eine Gruppe übrigens, welche bei Menninger fehlt –, legen Rohmann et al. (1992) vor: Sie unterscheiden *drei Schweregrade* von «Autoaggressionen» nach Parametern wie Intensität, Häufigkeit, Dauer, Situationsbezug, Verletzungsgrad und Grad der Automatisierung des Verhaltens:

1. *Leichte Autoaggressionen* zeichnen sich durch geringe Verhaltensintensität aus, verlaufen ohne sichtbare Verletzungen und lassen oft einen

deutlichen Situationsbezug (wie z.B. Überforderung) erkennen (z.B.: Schlagen mit der flachen Hand).

2. *Mittlere Autoaggressionen* werden intensiver, regelmäßiger, zum Teil bereits automatisiert ausgeführt und führen zu sichtbaren Verletzungen wie Narben und Verhornungen (z.B.: Kratzen, mit der Faust an den Kopf schlagen).

3. *Schwere Autoaggressionen* geschehen ohne erkennbaren Situationsbezug und mit massiver Verhaltensintensität. Sie finden zudem stark automatisiert bzw. ohne Selbstkontrolle statt und können zu lebensbedrohlichen Verletzungen führen (z.B.: Stirn gegen Tischkante schlagen, Kopf über offenes Feuer halten).

Die genannten Parameter von Rohmann et al. (1992) geben einen hilfreichen Raster, um selbstverletzendes Verhalten bei behinderten und autistischen Kindern systematisch zu beobachten, was insbesondere einem verhaltenstherapeutisch ausgerichteten Vorgehen als unverzichtbare Grundlage dient.

1.4.3 Eine dimensionale Systematisierung

Eine umfassende Systematisierung präsentieren Walsh et al. (1988) in einem als heuristisches Hilfsmittel gedachten Schema. Als umfassenden Oberbegriff schlagen sie den Ausdruck «self-alteration of physical form» vor, um nicht – wie Menninger – kulturell akzeptierte Formen der Selbstschädigung als «Selbstverstümmelung» etikettieren zu müssen. Über *drei* miteinander in Beziehung stehende, kontinuierlich verlaufende *Dimensionen*

1. Verletzungsgrad,
2. psychischer Zustand zum Zeitpunkt der selbstzugefügten Veränderung,
3. soziale Akzeptanz des Verhaltens

gelangen diese Autoren zu *vier Gruppen* von selbstzugefügten Veränderungen des physischen Aussehens, von denen die letzten beiden (III und IV) als automutilative und die ersten beiden (I und II) als nichtautomutilative Veränderungen betrachtet werden.

Gruppe I umfaßt Verhaltensweisen wie Durchbohren der Ohrläppchen, professionelle Tätowierungen und kosmetische plastische Operationen. Da bei diesen Handlungen die induzierte Verletzung oberflächlich und gering, der psychische Zustand während der Handlung gutartig und die soziale Akzeptanz breit ist, werden solche Handlungen nicht als Automutilation verstanden.

Bereits substantieller ist der Verletzungsgrad bei Verhaltensweisen der **Gruppe II,** wozu z. B. großflächige Tätowierungen bei Seeleuten und gewisse rituelle Praktiken – wie sie die Ethnologie beschreibt – gehören; der psychische Zustand zum Zeitpunkt des Vollzugs mag gutartig oder u. U. agitiert (gruppeninduzierte Erregung, Trance) sein; da jedoch diese Verhaltensweisen innerhalb einer spezifischen Subkultur sozial akzeptiert sind, gelten sie nicht als Automutilation.

Damit ein Verhalten als automutilativ bezeichnet werden kann, müssen *alle drei* obengenannten *Dimensionen im devianten Bereich liegen.* So gelten selbstzugefügte Veränderungen der **Gruppe III** als automutilativ, weil die physische Verletzung leicht bis mittelschwer ist, die Handlung im Zustand einer psychischen Krise geschieht und das Verhalten sozial auf keine Akzeptanz stößt – mit Ausnahme von Gleichgesinnten, die sich ebenfalls in einer psychischen Krisensituation befinden. Diese Kategorie umfaßt selbstschädigende Verhaltensweisen wie das Sich-selbst-Schneiden, das Aufschneiden der Pulsader, das Sich-Brennen mit Zigaretten, selbstzugefügte Tätowierungen oder das Wundreiben der Haut.

Die **Gruppe IV** schließlich umfaßt selbstinduzierte Veränderungen am eigenen Körper, welche schwere physische Schädigungen zur Folge haben. Sie ereignen sich gewöhnlich im Zustand einer psychotischen Dekompensation und stoßen bei anderen durchwegs auf entschiedene Ablehnung, ja gar Verurteilung. Zu dieser Kategorie zählen etwa Selbstkastration, Autoenukleation und Selbstamputation.

Walsh et al. (1988) betonen den kontinuierlichen Verlauf der drei von ihnen postulierten Dimensionen. *Eine selbstzugefügte Veränderung am eigenen Körper kann erst bei einem gewissen Ausmaß an physischer Schädigung, psychischer Störung und soziokultureller Inakzeptanz als pathologisch* bezeichnet werden. Automutilatives Verhalten kann seinen Ausgangspunkt in sozial akzeptierten Formen von selbstzugefügten physischen Veränderungen haben. In diesen Fällen wird das zunächst sozial akzeptierte Verhalten in einem Maß intensiviert und gesteigert, daß es pathologische Formen annimmt. Als Beispiel einer solchen Entwicklung wird von Walsh et al. (1988) der Fall einer Frau angeführt, welche – in der festen Überzeugung, ihre Augenbrauen seien zu buschig – beginnt, diese auszuzupfen, um auf diese Weise ihre Attraktivität zu steigern. Mit der Zeit ist sie zunehmend fasziniert vom Anblick ihrer Augen. Befindet sie sich in einem Zustand psychischer Belastung – z. B. durch eine Auseinandersetzung mit ihrem Ehemann – intensiviert sie das Auszupfen der Augenbrauen – bis sie eines Tages überrascht feststellt, daß keine Augenbrauen mehr vorhanden sind. Trotzdem kann sie ihre Gewohnheit nicht aufgeben. Die Nachbarn bemerken die eigenartige Veränderung ihrer Erscheinung und versuchen, Begegnungen mit ihr zu vermeiden. Dies wiederum erhöht die Ängstlichkeit der jungen Frau, sie beginnt nun, auch ihre Augenwimpern zu entfernen, was zu Infektionen rund um die Augenpartie führt. Schließlich wird sie in eine psychiatrische Behandlung überwiesen.

Das erwähnte Beispiel zeigt, daß ein Verhalten, das als normale, sozial anerkannte Körpermanipulation beginnt, in einer bizarren, sozial verurteilten Körperdeformation kulminieren kann. Der Vorteil des von Walsh et al. (1988) postulierten Schemas liegt darin, daß die gesamte Vielfalt der in Frage kommenden Phänomene *vorerst wertungsfrei* erfaßt wird, worauf mittels spezifischer Kriterien beurteilt bzw. diskutiert werden kann, ob ein bestimmtes Verhalten als pathologisch angesehen bzw. als automutilativ bezeichnet werden muß.

1.4.4 Das Kriterium des klinischen Kontextes

Eine Kategorisierung automutilativen Verhaltens ganz anderer Art schlagen Winchel und Stanley (1991) vor. Als Kriterium nehmen sie den *klinischen Kontext,* in dem Automutilation auftritt. So unterscheiden sie (1) geistig behinderte Menschen, (2) psychotische Patienten, (3) Gefangene, (4) Individuen mit Charakterstörungen (v. a. Borderline-Persönlichkeitsstörung).

Hierbei stellen die Autoren bei jeder dieser Populationen ein mehr oder weniger spezifisches selbstschädigendes Verhalten fest: Während *geistig Behinderte* (1) ein stereotypes selbstverletzendes Verhalten zeigen, finden sich bei *psychotischen Patienten* (2) sporadische, «exotische» Automutilationen als Antworten auf Halluzinationen. Bei *Insassen von Strafanstalten* (3) wiederum geht es mehr final darum, durch Selbstverletzungen eine weniger restriktive Behandlung zu erreichen; auch kann bei dieser Population die Bedingung der relativen Isolation offenbar eine Rolle spielen. Bei der Gruppe der *Charakterstörungen* (4) wird v. a. die Borderline-Persönlichkeitsstörung hervorgehoben, deren selbstverletzendes Verhalten eher reaktiv und wiederholt auftritt, jedoch weniger lebensgefährlich ausfällt.

1.4.5 Eine deskriptive Dreiertypologie

Favazza et al. (1993) bemängeln an der Kategorisierung von Winchel et al. (1991), daß diese nicht berücksichtigt, daß nicht nur Psychosen und Charakterstörungen, sondern auch andere psychiatrische und neuropsychiatrische Bedingungen zu automutilativem Verhalten führen können. Sie schlagen deshalb grundsätzlich eine deskriptiv ausgerichtete *Dreiertypologie* vor, die 1. schwere, 2. stereotype und 3. oberflächliche bis mittelschwere Automutilation unterscheidet:

Typus 1: *schwere Automutilation* wie z.B. Autokastration und Selbstenukleation. Sie kommt vergleichsweise selten vor und ereignet sich plötzlich und überraschend (außer beim Transsexualismus, wo Selbstkastration sorgfältig geplant wird). Die Patienten erklären ihr Verhalten meist mit religiösen oder sexuellen Motiven.
Typus 2: *stereotype Automutilation* wie Kopfschlagen und Sich-Kratzen. Sie sind in ihrem Charakter rhythmisch und starr und weisen kaum einen symbolischen Gehalt auf.
Typus 3: *oberflächliche und mittelschwere Automutilation* wie das Schneiden und Ritzen der Haut. Sie tritt sporadisch und repetitiv auf, ist aber in ihrem Schweregrad wenig lebensbedrohlich. Manchmal ist ein symbolischer Gehalt erkennbar. Die Ausführung folgt oft einem festgelegten komplexen Ablauf (Ritual). Meistens erfolgt sie reaktiv als Mittel der Spannungslinderung oder Spannungsübertragung vom psychischen auf den physischen Bereich.

Diese durch ihre Einfachheit imponierende Typologie von Favazza und Rosenthal (1990, 1993; Favazza 1989a, 1989b) ist im klinischen Alltag für eine erste Annäherung an das Phänomen selbstschädigenden Verhaltens sehr nützlich, da – wie im Kapitel 3 gezeigt wird – ein bestimmter Typus von Automutilation für bestimmte Störungen charakteristisch ist. Außerdem ist es beim gegenwärtig noch geringen Wissensstand bezüglich des Phänomens der Automutilation nicht angezeigt, eine ausgeklügelte, theoriegeleitete Systematisierung vorzunehmen. Vielmehr ist zurzeit eine einfache phänomenologische Klassifikation angebracht, um diese aufgrund neuer Erkenntnisse zu spezifizieren und zu verändern.

1.5 Epidemiologie

Die genaue Prävalenz automutilativen Verhaltens zu bestimmen ist sehr schwierig. Mindestens zwei Gründe dafür sind anzuführen. Bei jeder epidemiologischen Studie spielen als abhängige Variablen sowohl die Falldefinition wie auch die Fallidentifikation des zu untersuchenden Phänomens eine entscheidende Rolle. Beides ist beim Phänomen der Automutilation äußerst schwierig.

Einmal fehlt den bisherigen epidemiologischen Untersuchungen eine übereinstimmende, exakte *Falldefinition,* was eine unerläßliche Voraussetzung ist, Daten vergleichen und überprüfen zu können. Dies betrifft vor allem den dritten Typus der leichten und mittelschweren Automutilation in der oben erwähnten Kategorisierung von Favazza et al. (1993). Automutilation wird hier entweder zu eng oder zu weit definiert. Zum Beispiel schließt Morgan (1979) in seiner Studie über «deliberate self harm» (DSH) neben der eigentlichen Automutilation auch mißlungene Suizide, nichtbeabsichtigte Selbstverletzungen, Überdosen von Drogen usw. mit ein (Kap. 1.6.2.4). Andere Untersuchungen wiederum berücksichtigen nur gewisse Formen der stereotypen Automutilation (Kap. 1.5.3).

Doch nicht allein die Entscheidung, was ein «Fall» und was ein «Nichtfall» ist, sondern auch die *Identifikation* des definierten Phänomens erweist sich als ein schwieriges Unterfangen. Dies betrifft wiederum vor allem den Typus der leichten und mittelschweren Automutilation, denn diese wird wegen der befürchteten Stigmatisierung oft im privaten Raum ausgeübt; vor den Augen der Öffentlichkeit werden die Wunden verhüllt oder – wenn dies nicht gelingt – als Folgen eines Unfalles bezeichnet.

Die epidemiologischen Forschungsergebnisse, die im Folgenden dargestellt werden, lassen sich sinnvoll nach der im vorangegangenen Kapitel dargestellten deskriptiven Dreiertypologie von Favazza et al. (1993) ordnen.

1.5.1 Schwere Automutilation

Beim ersten Typus der schweren, bizarren Automutilation bestehen die Schwierigkeiten weniger in der Definition und Identifikation der zu untersuchenden Fälle als vielmehr in der zum Glück doch relativen Seltenheit des Phänomens. Exakte Prävalenzdaten gibt es daher nicht. Beispielhaft seien trotzdem einige Studien erwähnt.

Seit der Jahrhundertwende bis 1986 zählen Martin et al. (1991) in der Literatur englischsprachiger Länder 57 Veröffentlichungen von Fällen männlicher *genitaler* Automutilation, 5 Fälle seit 1955 in der deutschsprachigen Literatur. Die Autoren vermuten, daß die Dunkelziffer viel höher ist. Von genitaler Automutilation bei Frauen gibt es nach Favazza (1987) in der englischsprachigen psychiatrischen Literatur 6 Veröffentlichungen. Diese Daten beziehen sich jedoch nicht auf die Inzidenz- und Prävalenzraten, sondern auf die Repräsentation in der Literatur.

Automutilation des *Auges* ist nach einer Schätzung von Favazza (1987) nicht so selten, wie man vermuten mag. Er schätzt in den USA die Inzidenz von Autoenukleation auf 500 Fälle pro Jahr.

Ballinger (1971) untersuchte in England 584 Patienten eines psychiatrischen Krankenhauses bezüglich des Auftretens von Automutilation. Dabei stellte der Autor während der Dauer eines Monats bei 3,4 Prozent aller Fälle automutilatives Verhalten fest (Männer 3 %, Frauen 4 %); davon hatte mehr als die Hälfte die Diagnose Schizophrenie. Eine ähnliche Untersuchung unternahmen zuvor schon Phillips und Muzaffer (1961) im Staat New York, wobei sie automutilatives Verhalten bei 4,29 Prozent von 2816 Patienten feststellten (Männer 2,17 %, Frauen 6,1 %). Bei diesen zwei Studien ist auch die leichtere und mittelschwere Automutilation des dritten Typus miteingerechnet.

1.5.2 Oberflächliche und mittelschwere Automutilation

Am unsichersten ist die Verbreitung der leichten und mittelschweren Automutilation. Nach Walsh et al. (1988) schätzt die epidemiologische Literatur für die *Allgemeinbevölkerung* der westlichen Industriestaaten eine jährliche Inzidenz in der Größenordnung zwischen 14 und 600 pro 100 000 Personen. Dies würde bedeuten, daß in der Schweiz (mit zurzeit 7 000 000 Einwohnern) bei etwa 980 bis 42 000 Personen automutilatives Verhalten jährlich neu auftritt. Die Prävalenzrate der verschiedenen, hauptsächlich amerikanischen Studien streut gemäß Favazza et al. (1993) von 400 bis 1400 Personen pro 100 000. Favazza et al. (1988) berechnen eine Prävalenz von 750 pro 100 000, wobei sie die Dunkelziffer auf das Doppelte schätzen. Die Prävalenz dieser Form von Automutilation ist mit knapp einem Prozent weiter verbreitet als allgemein angenommen.

Gehäuft tritt automutilatives Verhalten bei *speziellen* Populationen auf: Personen mit multipler Persönlichkeitsstörung 34 Prozent, Strafgefangene mit dissozialer Persönlichkeitsstörung 24 Prozent (in Favazza 1989b). Winchel et al. (1991) führen aus, daß bei Patienten mit Anorexie und Bulimie die Prävalenz – durch viele Studien bestätigt – zwischen 25 Prozent und 40 Prozent liegt, wobei sie bei Bulimikerinnen (v. a. mit Laxantienmißbrauch) höher zu sein scheint als bei Anorektikerinnen (Kap. 3.3). Eine hohe Rate wird auch bei Patienten mit einer Borderline-Persönlichkeitsstörung festgestellt (Kap. 3.2).

Über die Häufigkeit der verschiedenen Methoden der repetitiven oberflächlichen Automutilation und der dabei betroffenen Körperregionen haben Favazza und Conterio (1989a) Angaben veröffentlicht. Unter den 240 von diesen Autoren befragten Frauen war die gebräuchlichste Methode die des Selbst-Schneidens (self-cutting) mit 72 Prozent, gefolgt von Selbst-Brennen (35 %), Selbst-Schlagen (30 %), Verhinderung der Wundheilung (22 %), schwerem Selbst-Kratzen (22 %), Haareausreißen (10 %), Selbst-Brechen der eigenen Knochen (8 %). Die meisten wiesen mehrere Narben auf, besonders an den Armen (74 %), an den Beinen (44 %), am Bauch (25 %), am Kopf (23 %), auf der Brust (18 %) und an den Genitalien

(8 %). Mehr als ein Drittel ritzte Wörter oder Symbole ins Gewebe. Die höchste Inzidenz dieser Form von Automutilation wird bei Frauen in der frühen Pubertät beobachtet (vgl. Kap. 2.5 und 3.2).

1.5.3 Stereotype Automutilation

Stereotypes selbstverletzendes Verhalten ist kein oligophreniespezifisches Phänomen. Auch bei gesunden Kindern ist es – vornehmlich in den ersten Lebensjahren – zu beobachten. Gehäuft tritt es jedoch bei geistig behinderten Kindern, Jugendlichen und Erwachsenen wie auch bei bestimmten Krankheitsbildern auf (vgl. Kap. 3.4).

Die Prävalenzdaten von selbstverletzenden Bewegungsstereotypien bei *nichtbehinderten* Kindern gehen – wie eine von Tröster (1992) vorgenommene Zusammenstellung von Studien zeigt – weit auseinander. Da die Untersuchungen jeweils unterschiedlich breite Altersgruppen beobachten, sind sie kaum miteinander vergleichbar. Im einzelnen werden von Tröster (1992) – der selbstverletzendes Verhalten im größeren Rahmen der auch nicht-selbstschädigenden Bewegungsstereotypien untersucht – die Prävalenz des Daumenlutschens, Kopfschlagens, des Körperschaukelns und der Onychophagie diskutiert:

1. Im Säuglingsalter kann das *Daumenlutschen* bei fast allen Kindern beobachtet werden, es verschwindet meistens im Laufe des Vorschulalters. Bezüglich der Persistenz über das Kleinkindalter hinaus bestehen keine zuverlässigen Angaben.

2. Die Angaben über das *Kopfschlagen* (als rhythmisches wiederholtes Schlagen des Kopfes gegen feste Gegenstände wie Boden oder Gitterstäbe des Kinderbettes) streuen zwischen 1,5 Prozent und 15,2 Prozent (5–7 % wird am häufigsten angegeben). Es tritt meistens im Alter zwischen acht und zehn Monaten als vorübergehendes Phänomen auf und zeigt sich nach dem 2. oder 3. Lebensjahr nur noch selten. Übereinstimmend wird berichtet, daß das Kopfschlagen bei Knaben häufiger zu beobachten ist. Die Daten der Chronifizierung gehen wieder weit auseinander (3 %–30 %).

3. Im 1. Lebensjahr zeigen fast alle Kinder als vorübergehendes Verhaltensmuster ein rhythmisches Hin- und Herschaukeln mit dem Oberkörper. Das *Körperschaukeln* tritt bei fast allen Kindern im Alter zwischen dem 4. und 10. Monat auf und verschwindet nach dem 2. Lebensjahr. Die Chronifizierung wird mit 6 Prozent bis 19,1 Prozent sehr unterschiedlich angegeben.

4. Die *Onychophagie* taucht erst nach dem 4. Lebensjahr auf. Nach einer Untersuchung von DeFrancesco, Zahner und Pawelkiewicz (1989; zit. nach Tröster 1992) sind (ermittelt durch eine Elternbefragung) 22,2 Prozent der 3- bis 8jährigen und 28,8 Prozent der 9- bis 11jährigen Onychophagen, wobei die Verbreitung bei Mädchen signifikant höher ist. Eine höhere Prävalenz stellten Malone und Maßler (1952; zit. nach Tröster 1992) bei einer Untersuchung von 4587 Schulkindern fest. Danach sind 38 Prozent der 5jährigen, 61,6 Prozent der 8- bis 11jährigen und 28,1 Prozent der 18jährigen Onychophagen. Bei den noch nicht 10jährigen wird in dieser Studie kein Geschlechtsunterschied festgestellt; zwischen dem 10. und 18. Lebensjahr war hingegen die Prävalenz bei den Knaben höher.

In einer eigenen Untersuchung an nichtbehinderten Heimkindern im Alter zwischen 10 Monaten und 11 Jahren stellt Tröster (1992) bei 16,9 Prozent mehrmals täglich, bei 23,3 Prozent mindestens einmal täglich und bei 28,9 Prozent mindestens einmal wöchentlich selbstverletzende Verhaltensweisen (Onychophagie, Sich-selbst-Kratzen und -Kneifen, Lippenbeißen, Kopfschlagen) fest.

Im Gegensatz zu Tröster (1992) schließen die meisten Untersuchungen, welche die Prävalenz von stereotypem automutilativem Verhalten erforschen, Onychophagie nicht ein, sondern beziehen sich vornehmlich auf solche selbstverletzende Verhaltensformen, wie sie von Schroeder et al. (1980) in ihrer Taxologie vorgeschlagen wurden; das sind: Schlagen des Kopfes und Schlagen mit dem Kopf, Beißen eigener Körperteile, Sich-selbst-Kratzen, Bohren in Ohren und Augen, Sich-selbst-Kneifen und Haareausreißen. Die Reihenfolge entspricht der von diesen Autoren beobachteten Häufigkeit des Auftretens.

Ein Überblick über Prävalenzstudien stereotypen automutilativen Verhaltens bei Nichtbehinderten und Behinderten *im englischsprachigen Raum* wurde von Baumeister und Rollings (1976) veröffentlicht. Auf der Basis dieser Forschungsergebnisse haben Schroeder et al. (1980) thesenartige Schlußfolgerungen formuliert, die im folgenden dargestellt werden:

1. Insgesamt zeigen je nach Studie 7 Prozent bis 17 Prozent der *nichtbehinderten* Kinder im Säuglings- und Kleinkindalter selbstverletzende Verhaltensweisen, wobei

2. diese im allgemeinen im Alter von *7 bis 8 Monaten* auftauchen und bis zum 5. Altersjahr wieder verschwinden.

3. Bei schizophrenen Kindern (eine in diesem Lebensalter fragwürdige Diagnose) wird häufiger selbstverletzendes Verhalten beobachtet (evtl. bis zu 40 %).

4. Bei *geistig Behinderten* in Institutionen beträgt die Prävalenz 8 bis 14 Prozent.

5. Je stärker die Behinderung, desto häufiger und schwerer ist das selbstverletzende Verhalten.

6. Selbstverletzendes Verhalten tritt oft kombiniert mit sonstigen Bewegungsstereotypien, aggressivem Verhalten, Kommunikationsdefiziten und neuropathologischen Problemen auf.

7. Weitaus am häufigsten wird Kopfschlagen beobachtet, meistens kombiniert mit anderen selbstverletzenden Verhaltensweisen.

Als Beispiel einer Studie aus dem englischsprachigen Raum sei wiederum Ballinger (1971) angeführt, welcher auch geistig Behinderte hinsichtlich des Auftretens von automutilativem Verhalten untersuchte. Innerhalb eines Monats wurde von ihm bei 15 Prozent der 626 Patienten selbstverletzendes Verhalten beobachtet (Männer 13 %, Frauen 17 %).

Eine deutlich höhere Rate geistig Behinderter mit automutilativem Verhalten haben Untersuchungen im *deutschsprachigen Raum* ergeben. Eine von Brezovsky (1985) durchgeführte Untersuchung bei 259 stationär untergebrachten behinderten Kindern, Jugendlichen und Erwachsenen ergab einen überraschend hohen Prozentsatz automutilativen Verhaltens von *35 Prozent.* In bezug auf Alters- und Geschlechtsspezifität wurden keine signifikanten Unterschiede festgestellt.

Rohmann et al. (1992) replizierten die Untersuchung von Brezovsky (1985) und stellten sogar bei *41 Prozent* der 124 stationär untergebrachten geistig Behinderten selbstverletzende Verhaltensmuster fest. Im weiteren beobachteten sie, daß bei 78,4 Prozent der Betroffenen sich das selbstschädigende Verhalten auf den Kopf zentrierte (Schlagen des Kopfes und Schlagen mit dem Kopf), wobei bei den weiblichen Patienten dieses Verhaltensmuster um fast 30 Prozent häufiger auftrat.

Für die auffallend hohe Differenz zwischen den Daten aus dem englisch- bzw. deutschsprachigen Kulturraum werden von Brezovsky (1985) und Rohmann et al. (1992) drei mögliche Ursachen diskutiert. Neben einer unterschiedlichen Definition des automutilativen Verhaltens und einer verschiedenartigen Politik bezüglich Patientenaufnahme (Aufnahmeverpflichtung der Landeskliniken in Deutschland) wird auch ein Einfluß der unterschiedlichen Qualität der therapeutischen Versorgung und personellen Ausstattung der Kliniken (automutilatives Verhalten als Folgeerscheinung einer Hospitalisierung aufgrund mangelhafter pflegerischer Betreuung, Kap. 3.4.6) vermutet.

Zusammenfassend entsteht der Eindruck, daß Automutilation insgesamt ein nicht so seltenes Phänomen darstellt, wie es zunächst den Anschein erwecken mag. Dieser Eindruck gewinnt an Bedeutung durch die von verschiedenen Experten beobachtete markante kontinuierliche Zunahme der Inzidenz der sog. wiederholt oberflächlichen bis mittelschweren Automutilation seit den frühen sechziger Jahren (Walsh et al. 1988; Favazza und Conterio 1988); allerdings muß hier u. U. mit einem epidemiologischen Erfassungsartefakt gerechnet werden.

1.6 Syndromdifferenzierung und Syndromabgrenzung

Im folgenden soll eine Abgrenzung der Selbstschädigung einerseits gegenüber der Automanipulation von Krankheiten, andererseits gegenüber suizidalen Handlungen versucht werden – eine Abgrenzung, die sich für adäquates therapeutisches Handeln als notwendig erweisen wird.

1.6.1 Automanipulation von Krankheiten

Wie bereits erwähnt, umfaßt Scharfetters (1991, 1992b) Definition der Automutilation nicht nur die Selbstschädigung als Symptom anderer psychiatrischer Störungen, sondern auch die sogenannte Automanipulation von Krankheit (Synonyme: «facticious disorder» – F. D., «artifizielle Störung», «vorgetäuschte Krankheit»), wobei wie bei vielen diagnostischen Kategorien die Grenzen nicht scharf gezogen, sondern eher fließend sind. An dieser Stelle soll ein Überblick über das Phänomen der artifiziellen Störung gegeben werden, um dieses nachfolgend von der Automutilation im Kontext anderer psychiatrischer Störungen unterscheiden zu können (Kap. 1.6.1.5). Die Tatsache, daß automutilatives Verhalten bei vielen psychiatrischen Störungen zu beobachten ist, «ruft nach einer ebenso sorgfältigen psychiatrischen wie somatischen Untersuchung jedes Falles von Selbstschädigung, ehe die Diagnose F. D... gestellt werden darf» (Scharfetter 1984, S. 1146).

1.6.1.1 Diagnostische Einordnung und Kategorisierung

Das «Diagnostische und statistische Manual psychischer Störungen» (DSM-III-R) der American Psychiatric Association (1991) teilt die «facticious disorder» in drei Gruppen ein:

1. solche mit körperlichen Symptomen; das sog. Münchhausen-Syndrom – als *chronische* «vorgetäuschte Störung mit körperlichen Symptomen» – wird hier der ersten der drei Gruppen zugeordnet;

2. solche mit psychischen Symptomen und;

3. nicht näher klassifizierte Formen.

In der «Internationalen Klassifikation psychischer Störungen» (ICD-10) der Weltgesundheitsorganisation (1991) wird die «artifizielle Störung» nicht weiter unterteilt; artifizielle Störung und Münchhausen-Syndrom werden hier gleichgesetzt (Eckhardt 1992).

Die von Eckhardt (1992) vorgeschlagene Einteilung umfaßt unter dem Oberbegriff «artifizielle Störung/Krankheit» vier Gruppen:

1. artifizielle Krankheiten (im eigentlichen Sinn);

2. das Münchhausen-Syndrom;

3. Münchhausen-by-proxy bei Kindern;

4. Münchhausen-by-proxy bei Erwachsenen.

Nach dieser Systematisierung ist der Begriff «artifizielle Störung» sowohl der Oberbegriff wie auch die Bezeichnung für die größte Untergruppe. Die drei Münchhausen-Varianten bilden eigene Gruppen. Die folgende Darstellung hält sich an die Einteilung von Eckhardt (1992).

1.6.1.2 Die artifizielle Störung

Die artifizielle Störung beinhaltet im wesentlichen

1. das *Vortäuschen* und Erfinden von Beschwerden;

2. die künstliche *Aggravation* eines bestehenden Krankheitszeichens wie auch

3. das künstliche *Erzeugen* von Symptomen, um auf diese Weise die Patientenrolle zu erlangen.

Das Vortäuschen, Aggravieren und Erzeugen von Symptomen geschieht dabei absichtlich – aber nur in dem Sinne, daß ein hohes Maß an intellektueller Urteilsfähigkeit und überlegter, zielgerichteter Aktivität benötigt wird, damit die Selbstmanipulation nicht entdeckt wird. Von freiwilligen Handlungen kann jedoch nicht gesprochen werden. Sie haben einen kompulsiven Charakter, so daß der Betroffene sein Tun nicht unterlassen kann, selbst wenn er sich damit Schaden zufügt.

Die Produktion der Symptome geschieht aus einer *inneren Notwendigkeit,* die Patientenrolle zu übernehmen, ohne daß äußere Vorteile wie ökonomischer Nutzen, bessere Behandlung, Flucht vor einer unerwünschten Sozialsituation für das Verhalten bestimmend sind. Die Motive sind also zunächst nicht einsichtig; der Gewinn aus der Krankenrolle ist «nur einem vermehrt interpretativen psychologischen Verstehen zugänglich. Angst, Lebensangst, Einsamkeit, Liebes- und Zuwendungsbedürfnis finden keinen adäquaten Ausdruck als eben in pathologischem ‹attention seeking behavior›» (Scharfetter 1984, S. 1142). Ist jedoch der Betroffene offenkundig durch *äußere Anreize* (wie Erlangen privilegierterer Haftbedingungen, Vermeiden von Militärdienst oder Strafverfolgung) zu seinem Handeln motiviert, so wird nicht von artifizieller Krankheit, sondern von Simulation gesprochen.

Während Simulation im obenerwähnten Sinn, also um ein äußeres Ziel zu erreichen, unter Umständen eine durchaus gesunde Anpassungsleistung darstellen kann, wächst die artifizielle Krankheit «in höherem Maße auf dem Boden einer Persönlichkeitsstörung, Unreife, Schwäche, Abhängigkeit, Hilflosigkeit und sozialen Inkompetenz, die Forderungen des Erwachsenenlebens zu bestehen» (Scharfetter 1984, S. 1142). In die Richtung einer Störung der Ich-Struktur und des Selbsterlebens weisen auch Battegay (1984, 1988), Plaßmann (1989) und Eckhardt (1992). Zudem wird von einigen Autoren auf die «für das Krankheitsbild *typische Beziehungspathologie* im Umgang mit dem Gesundheitswesen und speziell mit dem Arzt» (Plassmann 1989, S. 119) verwiesen (ähnlich auch Kaplan 1991, Eckhardt 1992).

1.6.1.3 Das Münchhausen-Syndrom

Erstmals wurde das Münchhausen-Syndrom 1951 von Asher beschrieben. Er benannte es nach dem – durch die Erzählungen von Rudolf Erich Raspe (1734-1794) berühmt gewordenen – Geschichtenerzähler und Schwindler Karl Friedrich Freiherr von Münchhausen. Übersichten über diesen Symptomkomplex finden sich bei Achté und Kauko (1964), Spiro (1968), Kampman et al. (1979), Battegay (1984, 1988), Scharfetter (1984), Folks und Freeman (1985), Plaßmann (1989), Eckhardt (1992).

Gemäß dieser Literatur gehört zum Münchhausen-Syndrom im wesentlichen folgende *Symptomtrias:*

1. das Erfinden, Verschlimmern und Erzeugen von Krankheitssymptomen (aus einer inneren Notwendigkeit), um die Krankenrolle und Hospitalisation zu erlangen;
2. das geschickte tendenziell hochstaplerische Erzählen von erklärenden Geschichten mit falschen Namen und Biographien (Pseudologia fantastica) sowie

3. das Aufsuchen immer wieder neuer Behandlungseinrichtungen, besonders während der Nachtzeit.

Auf der Station fordert der Betroffene ständig Beachtung; er ordnet sich der Klinikroutine und den Klinikregeln nur mit dauernden Querelen unter. Schließlich kann er unvermittelt die Behandlung abbrechen (Behandlungswandern, Hospitalismus migrans, «Hospital hopper»). Das Krankheitsbild zeigt tendenziell einen chronischen Charakter. Durch ein klinisches Beispiel, das von Eckhardt (1992) berichtet wird, sollen die genannten Symptome veranschaulicht werden:

> «Eine 24jährige Patientin, Frau L., erscheint während des Nachtdienstes in der psychiatrischen Klinik und gibt an, daß sie sich umbringen wolle, an schweren Depressionen leide, weil sie sich im finalen Stadium einer chronischen lymphatischen Leukämie befände. Sie könne aufgrund von kürzlich festgestellten Knochenmetastasen nicht mehr laufen, sei an den Rollstuhl gebunden und leide an heftigen Schmerzen. Die Patientin gibt genaueste Dosierungen von komplizierten Zytostatikakombinationen an. Sie beschreibt komplizierte Untersuchungsmethoden, die bei ihr durchgeführt worden seien...
> Die Patientin läßt sich auf eine stationäre Behandlung ein, die sich als außerordentlich schwierig erweist. Es ist nicht möglich, eine konsistente Anamnese zu erheben. Die Patientin macht ständig neue widersprüchliche Angaben, kann aber verschiedene Kliniken nennen, in denen sie bereits stationär behandelt wurde und auch namhafte Professoren usw. angeben. Die Angaben bezüglich ihres Berufes schwanken zwischen Krankenschwester, <Edelprostituierte> usw. hin und her. Es gelingt ihr während des Aufenthaltes mehrfach, von der Klinik aus per Telefon unter Angabe, sie sei die diensthabende Ärztin, den Notarztwagen auf das Klinikgelände zu bestellen. Für einigen Aufruhr sorgt sie, als sie sich an einem Wochenende als behandelnde Ärztin ausgibt, verschiedene psychiatrische Kliniken im ganzen Land anruft und mitteilt, daß in Kürze die Tochter eines namhaften Psychiatrieprofessors, welche wegen einer schweren Leukämie akut suizidal sei und dringend stationär behandelt werden müsse, ankomme. Diese Angaben seien selbstverständlich mit Diskretion zu behandeln... Die Patientin wird insgesamt drei Wochen behandelt, einen folgenden Rehabilitationsversuch bricht die Patientin ab, und wir erfahren einige Zeit später, daß sie in einer anderen Klinik mit der gleichen Symptomatik und einer ähnlichen Geschichte erneut aufgenommen wurde» (S. 413).

Aufgrund der deutlichen Selbstwertproblematik der geschilderten Patientin versteht Eckhardt (1992) das ständige Erfinden von phantastischen Geschichten als Kompensationsversuch. Auch Plaßmann (1989) weist darauf hin, daß es sich bei der pseudologischen Phantasie nicht um eine Lüge handelt, sondern daß sie – ähnlich wie Träume – Wunscherfüllungs-, Abwehr- und Wiederholungscharakter hat und die unbewußte Realität widerspiegelt. So wird auch verständlich, daß die Münchhausen-Patienten im allgemeinen sehr wütend auf die Konfrontation mit der objektiven Falschheit ihrer Phantasien reagieren und hierauf die Behandlung unvermittelt abbrechen können. Diese Patienten werden fälschlicherweise wegen der Starrheit und Unerschütterlichkeit ihrer Phantasien manchmal als psychotisch beurteilt. Doch – dies ist zu betonen – «die Realitätskontrolle ist bei der Bildung einer pseudologischen Phantasie nicht verloren, sondern suspendiert. Es handelt sich nicht um eine Wahnbildung, sondern um einen Verleugnungsvorgang bei grundsätzlich intakter Realitätskontrolle» (Plaßmann 1989, S. 125).

Psychodynamisch kann der häufige Beziehungs- und Identitätswechsel dieser Patienten und der Zwang, ständig neue Geschichten zu erzählen, um die Faszination des Arztes zu erheischen, als ein Versuch verstanden werden, der Fragmentationstendenz ihres Ichs und damit der ständig drohenden Desintegrationsangst entgegenzuwirken, was auf die Schwere der zugrundeliegenden Ich-Pathologie verweist. Außerdem kann man das Verhalten als Kompensationsversuch des als sehr minderwertig erlebten Selbstbildes ansehen, so daß die Betroffenen kaum anders als auf diese pathologische Weise ihre Gefühle, ihren Körper und ihre Identität erleben können (Battegay 1984, 1988; Eckhardt 1992).

Psychopathologisch werden die Münchhausen-Patienten deshalb vorwiegend der Borderline-Persönlichkeit (Battegay 1984, 1988; Plaßmann 1989; Eckhardt 1992) zugerechnet. Doch auch dissoziale Persönlichkeiten, gewalttätige Kriminelle und Drogenkranke wurden als Träger des Münchhausen-Syndroms beschrieben (Scharfetter 1984; Eckhardt 1992).

1.6.1.4 Münchhausen-by-proxy bei Kindern und Erwachsenen

Der Begriff «Munchhausen-by-proxy» wurde 1977 vom englischen Kinderarzt Meadow aufgrund seiner Feststellung eingeführt, daß in einigen Fällen die Krampfanfälle «epileptischer» Kinder von ihren Müttern erfunden oder künstlich manipuliert wurden. Allgemeiner formuliert handelt es sich hier also um eine Störung, bei der die Eltern bei ihren Kindern Krankheiten vortäuschen, künstlich verschlimmern oder gar erzeugen, um für die Kinder die Krankenrolle zu erreichen (Eckhardt 1992; Steinhausen 1993). Die Kinder müssen also sozusagen *in Stellvertretung* (by proxy) das Syndrom ihrer Eltern austragen.

Die Erscheinungsformen sind vielfältig. Es wurde beschrieben, wie Eltern bei ihren Kindern künstlich Durchfall erzeugten. Bekannt sind auch Fälle von heimlichen Vergiftungen, Hautartefakten, Infektionen durch Injektion von Exkrementen, vorgetäuschte Blutungen und behauptete Nahrungsmittelallergien (Plaßmann 1989). Die Beziehung dieser Mütter zu ihren Kindern beurteilt Plaßmann (1989) als außerordentlich symbiotisch. Das Kind erfährt sich als äußerst abhängig; die Mutter betrachtet das Kind andauernd als betreuungs- und eben auch als behandlungsbedürftig. Das Münchhausen-by-proxy-Syndrom wird in der Literatur wie auch im ICD-10 als eine Sonderform der Kindsmißhandlung angesehen.

Vollständigkeitshalber sei an dieser Stelle noch das Münchhausen-by-proxy-Syndrom bei Erwachsenen erwähnt. Es handelt sich dabei um eine Störung, bei der Erwachsene Krankheitszeichen bei ihnen nahestehenden erwachsenen Personen erzeugen – z. B. durch die heimliche Verabreichung von pharmazeutischen Mitteln –, um dadurch deren Hospitalisierung zu erreichen (Eckhardt 1992).

1.6.1.5 Artifizielle Störung und offene Selbstschädigung

Im Unterschied zu artifiziellen Störungen, bei denen die Selbstinduktion der Schädigung (bewußt oder unbewußt) *im verborgenen* gehalten wird, bezeichnet Plaßmann (1989) die Automutilation als Symptomhandlung anderer psychischer Störungen als *«offene* Selbstbeschädigung».

Patienten mit einer *artifiziellen Störung* bauen nach Plaßmann (1989) «eine fast undurchdringliche psychische Abwehr für die Tatsache auf, daß sie selbst am Körper schädigend manipulieren» (S. 130). Die therapeutische Behandlung eines Patienten mit einer artifiziellen Erkrankung könne deshalb nicht den Zwang zur Eigenmanipulation zum Ausgangspunkt nehmen. Ein konfrontativer Umgang mit diesen Patienten in Form von aufdeckenden Gesprächen sei kontraproduktiv. Das therapeutische Arbeitsbündnis müsse deshalb von der Voraussetzung ausgehen, daß das Hauptsymptom nicht erwähnt wird. Mit großer Vorsicht soll nur der psychische Zustand problematisiert werden, welcher der körperlichen (selbstmanipulierten) Krankheit voranging. Auch Bosse (1990) empfiehlt bei diesen Fällen «eine stützende Zuwendung bei der Wundbehandlung mit dem Ziel einer Arzt-Patient-Beziehung, die nicht über die wahre Entstehung des Leidens zu sprechen glaubt» (S. 1046).

Bei Patienten mit *offener Selbstschädigung* hingegen sind nach Plaßmann (1989) die Verhältnisse ganz anders. Hier ist allen Beteiligten – dem Patienten wie dem Arzt – klar, daß die Verletzungen selbstinduziert sind. Es scheint diesen Patienten «gar nichts auszumachen, daß sie ihren Körper durch ihre Selbstbeschädigungsbehandlungen zerstören» (S. 131); auch fällt es ihnen relativ leicht, über den Akt der Selbstschädigung zu sprechen, zumindest leichter als über die vorangegangene Angst und Ohnmacht. Patienten mit Borderline-Persönlichkeitsstörungen ritualisieren sowohl den Akt der Selbstschädigung wie das nachträgliche «Beichten» dieser Handlung. Die in offener Rede angebotene Deutung der Selbstschädigung als Selbsthilfeversuch in einer verzweifelten Situation kann diese Patienten im Gegensatz zu denen mit einer artifiziellen Störung deutlich entlasten und damit den Weg für die gemeinsame Suche nach alternativen Handlungsmöglichkeiten frei machen.

1.6.2 Automutilation und Suizid

In der Literatur wird das Verhältnis von Automutilation und suizidalen Handlungen in unterschiedlicher Weise bestimmt: Die Beschreibung einer engen Beziehung auf der einen, klare Abgrenzung, Unterschiedlichkeit auf der anderen Seite. In neueren Arbeiten scheinen sich das Bemühen nach Abgrenzung und die Suche nach Unterscheidungskriterien durchzusetzen.

1.6.2.1 Automutilation als partieller Suizid

Die Position einer engen Beziehung zwischen Automutilation und suizidalem Verhalten findet sich zunächst bei Menninger (1938/1989; vgl. Kap. 4.7.1), der betont, Automutilation sei «von denselben Motiven und Mechanismen bestimmt..., die dem direkten Selbstmord zugrunde liegen, außer in bezug auf den Grad der Beteiligung des Todestriebes» (S. 257). Der Selbstmordimpuls konzentriere sich bei der Automutilation auf einen Teil des Selbst als Ersatz für das Ganze. Diese auf begrenzte Teile des Körpers beschränkte Form von Selbstzerstörung bezeichnet Menninger als *partiellen* oder *fokalen Selbstmord.* Der fokale Suizid ist nach dieser psychoanalytisch fundierten Theorie eine Übereinkunft zwischen den aggressiv-destruktiven Impulsen und dem Lebenswillen einer Person, wobei beide Parteien Zugeständnisse gemacht haben. «Unter allen Umständen aber», faßt Menninger (1938/1989) zusammen, «ist die Selbstverstümmelung, obgleich scheinbar eine Art gemäßigten Selbstmords, tatsächlich eine Kompromißbildung, um die totale Vernichtung, d.h. die Selbsttötung, zu vermeiden. In diesem Sinne stellt sie einen Sieg – wenn auch mitunter einen kostspieligen – des Lebenstriebes über den Todestrieb dar» (S. 316).

Für einen möglichen Zusammenhang von Suizid und Automutilation sei als Beispiel aus neuerer Zeit die Untersuchung von Haenel, Rauchfleisch und Schuppli (1982) an 35 Frauen genannt, die wegen Selbstschädigung der Haut in der Dermatologischen Universitätsklinik Basel behandelt worden waren. Es ging dabei durchschnittlich um eher schwere Hautschädigungen. Insgesamt wies ein großer Anteil (23%) der untersuchten Frauen einen oder mehrere Suizidversuche in der Anamnese auf, wobei sich zeigte, daß ein Hautartefakt einem Suizidversuch folgen wie auch vorausgehen kann, wenn auch Jahre dazwischen liegen können. Die Autoren folgern, daß aus ihrer Untersuchung deutlicher als aus anderen Studien hervorgehe, daß dermatologische Selbstschädigungen als *larvierte Suizidhandlungen,* als *Suizidäquivalent,* als «gemilderter» oder «partieller Suizid» angesehen werden können. «Auch insofern kann das Zufügen eines Artefakts mit einer Suizidhandlung verglichen werden, als diese, besonders bei Frauen, oft in Form einer Hautbeschädigung (Schnitte in der Handgelenkregion) vorgenommen werden. Somit kommt die Selbstbeschädigung der Haut einer Art maskierter Suizidhandlung gleich; es besteht ein Suizidrisiko... Diese Patienten sind als ebenso suizidgefährdet zu betrachten wie Depressive oder Patienten nach Suizidversuchen» (S. 331).

In dieser obenerwähnten Konzeptualisierung wird – wie deutlich erkennbar ist – Automutilation als eine gemilderte Form des Suizids betrachtet – als eine psychische *Kompromißbildung,* die den vollendeten Suizid – mindestens im Augenblick – verhindert (vgl. Kap. 4.1.2.3). In diesem Sinne hat Automutilation indirekt einen autotherapeutischen Charakter.

1.6.2.2 Automutilation als Antisuizid

In Opposition zu Menningers Auffassung betont Simpson (1976, 1980), daß Automutilation (auch) von anderen Motiven und Mechanismen bestimmt sein kann als von denen, die dem Suizid zugrunde liegen. Er macht darauf aufmerksam, daß Automutilation – gerade auch in der Form, daß Patienten sich die Pulsadern aufschneiden (wrist cutting) – oft dazu dient, eine bedrohliche, unaushaltbare Situation wie Erlebnisse massiver Spannungssteigerung, der Leere und der Depersonalisation zu überwinden und somit die Kontrolle über sich und die Realität wieder zu erlangen. In diesen Fällen werde Automutilation als Mittel gebraucht, um den Weg ins Leben zurückzufinden – und stelle demnach genau *das Gegenteil von suizidalem Verhalten* dar. Simpson (1976) schreibt: «Far from an act of suicide, such self-mutilators commit what amounts to anti-suicide, employing the wrist-cutting as a means of gaining reintegration, repersonalisation, an emphatic return to reality and life from the state of dead unreality. They seem to have some awareness of just what is needed to end the depersonalization – usually the sight and feel of blood, sometimes the sight of the wound gaping, ‹seeing what was inside›» (S. 297). In diesem Sinn kann Simpson (1980) Automutilation als einen in seiner Wirkung direkten Akt der Selbsttherapie bezeichnen (vgl. Kap. 3.2.3 und 4.1.2.1).

Automutilation als eine Variante des Suizids zu betrachten ist auch für Roß und McKay (1979) angesichts der geringen Kenntnisse über die wirkliche Beziehung von Suizid und Automutilation eine inakzeptable Einengung der Forschungsperspektive. Nach Walsh et al. (1988) sollten Begriffe, die das Wort «Suizid» enthalten (wie partieller Suizid, Parasuizid, Suizidversuch, «suicide gesture»), im Zusammenhang mit der Erörterung von Automutilation konsequent vermieden werden, um nicht einer unnötigen konzeptuellen Verwirrung Vorschub zu leisten. Mit einem Beispiel aus dem klinischen Alltag weisen sie darauf hin, daß es sich bei dieser Debatte nicht nur um eine

Wortklauberei handelt: Erscheint ein Patient mit leichten Schnittverletzungen am Handgelenk auf der Notfallstation, wird die Behandlung sehr wahrscheinlich unterschiedlich ausfallen je nachdem, ob die automutilative Handlung als fokaler Suizid bzw. Suizidversuch beurteilt wird, bei welchem der Patient gerade noch den Impuls, sein Leben zu beenden, abwehren konnte, oder ob sie als ein Versuch betrachtet wird, eine ins Unerträgliche anwachsende Spannung zu reduzieren bzw. einen Zustand der Depersonalisation zu beenden. Im ersten Fall könnte die therapeutische Intervention sehr wohl die einer protektiven Hospitalisation unter antidepressiver Medikation sein, im zweiten Fall wäre – nach Ansicht dieser Autoren – eher eine Kombination einer Behandlung mit ambulanter Psychotherapie und der kurzfristigen Anwendung von angstlösender Medikation angezeigt.

1.6.2.3 Wrist-Cutting-Syndrom und Delicate-Self-Cutting-Syndrom

Auch das Konzept eines abgrenzbaren spezifischen Wrist-Cutting-Syndroms, das in den 60iger Jahren postuliert wurde, ist im Zusammenhang mit den Anstrengungen zahlreicher Kliniker zu sehen, Automutilation von suizidalem Verhalten abzugrenzen.

1960 machten Offer und Barglow auf das Phänomen der selbstzugefügten Hautschädigung bei hospitalisierten psychiatrischen Patienten aufmerksam und kamen in ihrer Untersuchung zur Auffassung, daß es sich dabei eher um «suicidal gestures» als um «suicidal attempts» handelt. Dieser ersten Studie folgte in den sechziger Jahren eine Reihe weiterer Forschungsbeiträge zu diesem Thema – herausgefordert durch die von vielen Klinikern beobachtete Zunahme von Patienten, die sich wiederholt in ihr Handgelenk schnitten: «Wrist slashers have become the new chronic patients in mental hospitals, replacing the schizophrenics... The difficulty in treating wrist slashers demands closer attention to the causes and possible means of therapy» (Graff und Mallin 1967, S. 36). Bisher – so stellten Graff et al. 1967 fest – wurden diese Patienten einfach als «Suizidpatienten» behandelt, obgleich nach ihrer Meinung diese repetitive Form von Automutilation nicht nur ein klar von suizidalem Verhalten unterscheidbares Phänomen ist, sondern sogar ein eigenes *spezifisches Syndrom* darstellt, dem sie den Namen *syndrome of the wrist cutter* gaben. Aufgrund ihrer Studie an 21 PatientInnen beschrieben Graff et al. (1967) die vielfach zitierte typische «wrist cutter»-Persönlichkeit zusammenfassend als *«an attractive, intelligent, unmarried young woman, who is either promiscuous or overly afraid of sex, easily addicted, and unable to relate successfully to others... She slashes her wrists indiscriminately and repeatedly at the slightest provocation, but she does not commit suicide. She feels relief with the commission of her act* (Hervorhebung v. Verf.)» (S. 38).

Ende der sechziger und Anfang der siebziger Jahre erhielt diese Konzeption eines abgrenzbaren Wrist-Cutting-Syndroms Unterstützung von zahlreichen Autoren. Grunebaum und Klermann (1967) zeigten sich beeindruckt von der Konsistenz der Persönlichkeitsmerkmale dieser Patientengruppe, wobei sie die typische «wrist slasher»-Patientin ähnlich beschrieben wie Graff et al. (1967). Pao (1969) diskutierte auf einem psychoanalytischen Hintergrund 27 Patienten, die sich wiederholt und gezielt leichte Schnittverletzungen zufügten; diese Patienten faßte er unter dem neuen Begriff *the syndrome of delicate self-cutting* zusammen – in Abgrenzung zu den *course cutters,* welche sich singuläre, tiefe, lebensbedrohliche Schnittwunden applizieren; die von Pao beschriebene Persönlichkeit und Handlungsweise des typischen «delicate cutter» wiesen wiederum ähnliche Charakteristika auf wie bei Graff et al. (1967) und Grunebaum et al. (1967). Ähnlich beschrieben auch Rosenthal, Rinzler, Wallsh und Klausner (1972) die «wrist slasher»-Patientin, wobei sie in ihrer Studie die Kindheitsgeschichte und gegenwärtige Psychopathologie dieser Patientinnen fokussierten.

Zu Beginn der siebziger Jahre schien also die Existenz eines Profils von Personen nachgewiesen, die sich wiederholt Gewebeverletzungen zufügen, ohne damit zu beabsichtigen, sich das Leben zu nehmen. Doch dann – im Jahre 1971 – stellte eine von Clendenin und Murphy durchgeführte epidemiologische Untersuchung die Konzeption des Wrist-Cutting-Syndroms grundsätzlich in Frage. Die Autoren durchforschten systematisch die Polizeiberichte bezüglich «Suizidversuchen», um dann jene Untergruppe von 65 Personen, die sich am Handgelenk Schnitte zufügten («wrist cutters»), mit den 606 anderen zu vergleichen, die mit anderen Mitteln den Suizid versuchten («noncutters»). Einige Ergebnisse widersprachen dem typischen Profil der «wrist cutter»-Persönlichkeit: 26 der «wrist cutters» waren männlich (40 %); diese waren jünger und öfter unverheiratet als die weiblichen «wrist cutters». Von den 39 weiblichen «wrist cutters» waren nur 31 Prozent nie verheiratet gewesen. Zudem tendierten die «wrist cutters» nicht häufiger zu wiederholten Suizidversuchen als die «noncutters». Clendenin et al. (1971) folgerten: «It will require different kinds of studies than the present one to show whether there is such a thing as a <wrist-cutter personality> configuration distinguishable from all others» (S. 468). Doch nachdem Weißmann (1975) in einer Replikation der Studie von Clendenin et al. (1971) zu fast identischen Ergebnissen kam, versiegte die Forschung in bezug auf das Wrist-Cutting-Syndrom.

Favazza et al. (1990, 1993) – welche die Forschungstradition des Wrist-Cutting-Syndroms zwei Jahrzehnte nach dessen erster Postulierung in der Gestalt des Repetitive-Self-Mutilation-Syndroms wieder aufgreifen – bemängeln an den zwei oben genannten epidemiologischen Studien, daß darin nur jene Personen, deren Schnittverletzungen genügend schwerwiegend waren, um in einem Polizeibericht erwähnt oder auf einer Notfallstation behandelt zu werden, berücksichtigt wurden; außerdem sei nicht genügend zwischen Personen, die sich in einer singulären Episode verletzten, und solchen, die sich repetitiv Schnittwunden zufügten, unterschieden worden.

1.6.2.4 Deliberate-Self-Harm-Syndrom und Repetitive-Self-Mutilation-Syndrom

Obwohl die Konzeption eines Wrist-Cutting-Syndroms nicht weiter verfolgt wurde, sind indessen die Anstrengungen, das Phänomen der repetitiven und oberflächlichen Automutilation in der Syndromterminologie zu erfassen, nicht versiegt. In England führte Morgan (1975, 1979) aufgrund einer ebenfalls epidemiologischen Untersuchung den neuen Begriff *non-fatal deliberate self-harm (DSH)* ein, der nach seiner Definition selbstverletzendes Verhalten verschiedenster Art einschloß – sowohl gescheiterte Suizide sowie Überdosierung und Selbstvergiftung als auch unbeabsichtigte Autodestruktion und selbstinduzierte Schnittverletzungen. Diese weitgefaßte Definition wird von anderen Autoren (Walsh et al. 1988; Favazza et al. 1993) als problematisch beurteilt. So bemerken Walsh et al. (1988): «In the case of ingesting pills or poison, the harm caused is uncertain, ambiguous, unpredictable, and basically invisible. In the case of self-lacerations, the degree of self-harm is clear, unambiguous, predictable as to course, and highly visible... These two forms of self-harm are quite different; the danger in combining them in a single category is that these important differences (including their clinical implications) are overlooked» (S. 32).

Pattison und Kahan (1983) haben in den USA den Begriff des DSH aufgegriffen, jedoch *neu definiert.* Sie schlossen im Unterschied zu Morgan (1975, 1979) folgende Arten von Selbstschädigung aus: Selbstverletzungen mit hoher letaler Absicht, Überdosen von Drogen und Alkohol wie auch indirekte Selbstverletzungen und selbstschädigendes Verhalten von kleinen Kindern. Mit dieser engeren Definition untersuchten Pattison et al. (1983) sodann 56 veröffentlichte Fälle von wenig lebensgefährlicher Automutilation (Indexfälle). Die Autoren faßten ihr Ergebnis wie folgt zusammen: «In sum, somewhat to our surprise, we found substantial evidence from our index case analysis to support a relatively uniform pattern of clinical features of the deliberate self-harm syndrome» (S. 870). Um dieses Syndrom genauer zu umschreiben, wurden *drei Variablen* benutzt:

1. *direkte oder indirekte* Autoaggression;

2. Grad der *Lebensbedrohlichkeit* und

3. *Häufigkeit* (singuläre oder wiederholte Handlung).

Anhand dieser Variablen definierten Pattison et al. (1983) das DSH-Syndrom als «a distinctive class of self-destructive behavior, which is distinguished by *direct* self-harm behavior, with *low lethality,* in a *repetitive* pattern (Hervorhebung v. Verf.)» (S. 870). Sie schlagen zudem vor, das DSH-Syndrom in die vierte Ausgabe des «Diagnostischen und statistischen Manuals psychischer Störungen» (DSM-IV) aufzunehmen.

Diese von Pattison et al. (1983) postulierte eingegrenzte Definition des DSH findet in verschiedenen Veröffentlichungen neueren Datums Anerkennung (Walsh et al., 1988, Favazza et al. 1993). Aufgrund einer eigenen Untersuchung kommen Favazza et al. (1988) zur Überzeugung, daß ein spezifisches DSH-Syndrom durchaus existiert – charakterisiert als *chronische, wenig lebensbedrohliche* Automutilation, oft verbunden mit *Anorexie/Bulimie und Alkoholabusus* und einer Kindheitsgeschichte des *sexuellen und physischen Mißbrauchs.* Wie Pattison et al. (1983) postuliert Favazza, das DSH-Syndrom – in späteren Arbeiten von ihm in *repetitive self-mutilation syndrome* umbenannt – in die neue Ausgabe des DSM (als eine Störung der Impulskontrolle; vgl. Kap. 3.3.4) aufzunehmen; er führt dafür vor allem auch pragmatische Gründe an, weil dadurch die Forschungsanstrengungen intensiviert würden (Favazza 1989a, 1989b, 1992, Favazza et al. 1989b, 1990, 1993).

Walsh et al. (1988) hingegen zeigten sich zwar mit der engeren Definition des DSH einverstanden, doch betrachten diese Autoren den Begriff DSH als ungeeignet, da – aufgrund der unterschiedlichen Definitionen in England und in den USA – die Gefahr der Konfusion besteht. Außerdem ist es nach ihrer Ansicht – erinnernd an das Schicksal des Wrist-Cutting-Syndroms – gegenwärtig noch zu früh, ein eigenständiges Automutilations-Syndrom – wie auch immer es benannt wird – zu etablieren, da die empirische Absicherung noch unzureichend ist. Deshalb schlagen Walsh et al. (1988) – wie nachfolgend erläutert wird – anstelle des Gebrauchs der Syndrom-Kategorie vorerst einen dimensionalen Ansatz zur Abgrenzung der Automutilation von suizidalem Verhalten vor.

1.6.2.5 Ein dimensionaler Ansatz

Die Forschungen der beiden letzten Jahrzehnte haben gemäß Walsh et al. (1988) *vier spezifische Dimensionen* identifiziert, die hilfreich sind, Automutilation von suizidalem Verhalten zu unterscheiden:

1. das *Letalitätsrisiko,* d.h. der mit der Selbstschädigung verursachte physische Schaden und die Wahrscheinlichkeit eines tödlichen Ausgangs;
2. die *Frequenz* bzw. die *Chronizität* des selbstverletzenden Verhaltens;
3. die *Methoden,* mit denen Selbstverletzungen zugefügt werden;
4. die *Absicht,* die mit der Selbstverletzung verfolgt wird.

Diesen vier Dimensionen folgend ist automutilatives Verhalten im Vergleich zu suizidalem Verhalten:

1. im Verletzungsgrad deutlich *weniger lebensbedrohlich;*
2. eher von *repetitivem, chronischem Charakter;*
3. in der Wahl der *Methoden eher vielfältig* und
4. vorwiegend der Linderung *einer unerträglichen Spannung* dienlich.

Diesen Ergebnissen der bisherigen Forschung entsprechend definieren Walsh et al. (1988) Automutilation in Abgrenzung zu suizidalem Verhalten als «a *direct,* physically damaging form of self-harm, generally of *low lethality,* often *repetitive* in nature, and commonly employing *multiple methods* (Hervorhebung v. Verf.)» (S. 29f). Die Autoren betonen, daß sich diese Definition speziell auf die leichte bis mittelschwere Automutilation der Gruppe III in ihrer dimensionalen Systematisierung (siehe Kap. 1.4.3) bezieht.

Ein Vorteil dieses dimensionalen Ansatzes liegt darin, daß er – obschon er die Möglichkeit gibt, automutilatives von suizidalem Verhalten zu unterscheiden – weniger zur Vorstellung verleitet, daß automutilative Patienten nie Suizid begehen. In der Tat stellten Walsh et al. (1988) in ihrer Studie fest, daß von den 52 von ihnen untersuchten automutilativen Jugendlichen 16 (bzw. 31 %) kurz vor oder während der Behandlung ernsthafte Suizidversuche unternahmen. Diese Suizidversuche fanden jedoch nicht in Zeiten statt, in denen die Patienten automutilatives Verhalten zeigten. Es liegt nach Ansicht der Autoren die Vermutung nahe, daß *automutilatives Verhalten ohne suizidale Absicht* bei einer Gruppe von Patienten sich *in ein Verhalten mit klarer suizidaler Absicht* wandeln kann. Ähnliche Resultate zeigte auch die bereits im Kap. 1.6.2.1 erwähnte Studie von Haenel et al. (1982).

Walsh et al. (1988) verglichen die automutilativen Patienten mit anamnestisch vorhandenen Suizidversuchen mit denen, die bisher kein suizidales Verhalten zeigten. Aus diesem Vergleich ergaben sich *drei Risikofaktoren* für suizidales Verhalten bei automutilativen Patienten:

1. Erfahrung von *sexuellem Mißbrauch* in der Kindheit (Hauptfaktor);
2. kürzlicher *Verlust einer bedeutenden Bezugsperson;*
3. Erfahrung zahlreicher *Konflikte mit Gleichaltrigen.*

Zusammenfassend legen die Ergebnisse dieser Studie die Interpretation nahe, dass diese Patienten die Erfahrung eines Verlustes oder eines «Peer»-Konflikts anfänglich mit automutilativem Verhalten beantworten – in der Absicht, Ärger, Spannung, Depression zu lindern oder eine Änderung des interpersonellen Kontexts zu erreichen. Führen sodann mehrere automutilative Akte nicht zum erhofften Erfolg, werden diese Patienten um so verzweifelter und – wenn ihnen klar wird, daß ihr desolater psychischer Zustand und ihre Probleme unabsehbar lange andauern werden – schließlich suizidal, nun in der Absicht, einen definitiven Ausweg aus dieser unerträglichen und hoffnungslosen Situation, welche durch die automutilativen Akte nicht geändert werden konnte, zu finden. Walsh et al. (1988) ziehen abschließend folgende wichtige Schlußfolgerung aus ihrer Studie: «There is a subgroup of self-mutilators who at times become seriously suicidal. Although apparently a minority among mutilators, this group presents distinctive challenges for clinicans. These individuals' behaviors escalate over time from acts of low lethality to serious suicide attempts. It is unsafe, therefore, to label an individual as a <self-mutilator> and to assume thereafter that this person's future acts of self-harm will never result in a life-threatening situation» (S. 37).

Bezüglich der Beziehung zwischen Automutilation und suizidalen Handlungen läßt sich zusammenfassend sagen, daß sich die beiden Verhaltensweisen anhand gewisser Kriterien zwar voneinander abgrenzen lassen, daß jedoch zwischen ihnen insofern eine Beziehung besteht, als automutilative Patienten zu einem hohen Prozentsatz *auch* suizidale Handlungen begehen.

2. Selbstschädigung aus transkultureller Sicht

Automutilation wurde definiert als selbstzugefügte, direkte Schädigung des eigenen Körpers, welche nicht in bewußter suizidaler Absicht erfolgt und *nicht kulturell sanktioniert* ist. Vor allem letztere Bedingung der soziokulturellen Ablehnung gilt es zu beachten, wenn im folgenden kulturanthropologische Aspekte selbstschädigenden Verhaltens zur Darstellung kommen. Selbstschädigungen des eigenen Körpers, wie sie in verschiedenen Kulturen als Ausdruck der Trauer, als Mutprobe, als Teil von Initiationsriten, bei ekstatisch-religiösen Feiern, als Opfer und Weihe zu beobachten sind (Müller 1986), dürfen *auf keinen Fall generell pathologisiert werden.* Deshalb wird im folgenden der psychopathologische Fachbegriff der Automutilation für kulturell sanktionierte Formen der Selbstschädigung vermieden.

Die transkulturelle Psychiatrie versucht, die verschiedenen Aspekte eines komplexen, problematischen Verhaltens wie zum Beispiel der Selbstschädigung im Ganzen des jeweiligen kulturellen Kontexts zu betrachten, um so die Bedeutung und Funktion jenes Verhaltens zu erhellen, das – isoliert betrachtet – widersinnig und grotesk erscheint. In seinem Werk «Bodies Under Siege – Selfmutilation in Culture and Psychiatry» präsentiert Favazza (1987) – illustriert an unzähligen und weitgestreuten Beispielen aus aller Welt – einen solchen interkulturellen Vergleich selbstverletzenden Verhaltens und vermittelt darin zugleich eine integrative Sicht von kulturellen und klinischen Aspekten selbstschädigenden Verhaltens. Im folgenden soll eine Übersicht über die Ergebnisse der interkulturell vergleichenden Forschung von Favazza (1987, 1989a) gegeben und an einer Auswahl von Mythen, Imaginationen und realen Praktiken selbstverletzenden Verhaltens veranschaulicht werden.

Kultur kann definiert werden als die überdauernde (im einzelnen nicht immer logisch widerspruchsfreie) Konstellation von Vorstellungen, Überzeugungen, Standpunkten, Werten, Gefühlen und Verhaltensweisen, die von einer Gemeinschaft geteilt werden. Sie hat die Funktion, die Existenz der Gemeinschaft zu erhalten und ihr eine gewisse Konsistenz zu verleihen. Aus dieser Perspektive können kulturell sanktionierte selbstverletzende Handlungen als sozial sinnvolle, integrative, zweckmäßige kulturelle Komponenten betrachtet werden, die in einer umschriebenen Kultur eine bestimmte Funktion ausüben. Favazza (1987, 1989a) zeigt durch seinen interkulturellen Vergleich auf, daß selbstverletzende Handlungen hauptsächlich in drei Bereichen eine bedeutende Rolle spielen: 1. Gesundheit und Heilung, 2. soziale Ordnung und 3. Religion.

Es muß an dieser Stelle vorausgeschickt werden, daß Favazza (1987) in seiner Definition kulturell sanktionierter selbstverletzender Verhaltensweisen nicht nur Situationen einschließt, in denen Personen die verletzende Handlung selbst vollziehen, sondern auch solche, in denen Personen freiwillig anderen Personen erlauben, sie zu verletzen, oder einfach – wie bei kleinen Kindern – passive Teilnehmer sind, um die sozialen Erwartungen zu erfüllen.

2.1 Selbstschädigung im Dienst von Gesundheit und Heilung

Zentrale Elemente der Initiation des *Schamanen* sind in der Regel sowohl die Kenntnis der Überlieferung (durch Unterweisung eines alten Schamanenmeisters in schamanischer Technik, Namen und Funktionen der Geister, Mythologie und Genealogie des Volkes) als auch eine persönliche geistig-religiöse Krisenerfahrung (in Form von Träumen, Ekstase oder «Krankheit»). Der wesentliche Inhalt des Initiationserlebnisses «bleibt immer dasselbe, nämlich Tod und Auferstehung des Neophyten mit verschiedenen Arten der Zerstückelung» (Eliade 1991, S. 65). Der Schamane erfährt den Untergang bis zur Zergliederung des eigenen Körpers; er wird zerteilt, zerlegt, aufgeschnitten; das Fleisch wird weggekratzt, bis nur noch das bloße Skelett daliegt. Er steigt hinab in die Unterwelt, wo er sich mit den Geistern und Seelen verstorbener Schamanen bespricht, die «Männer der Großen Krankheit», den «Herrn des Wahnsinns» und die «Herren aller Nervenkrankheiten» (Eliade 1991, S. 49) kennenlernt und wo er neu zusammengesetzt wird, die alten Organe durch neue und bessere ersetzt werden und das Blut aufgefrischt wird. Ein Beispiel einer solchen erlebten Zergliederung und Resynthese soll als Illustration angeführt werden:

> «Über dem Feuer befindet sich ein Kessel <so groß wie die halbe Erde>. Der Nackte erblickt den Novizen und ergreift ihn mit einer riesigen Zange; der kann gerade noch denken: <Ich bin tot!> Der Mann schneidet ihm den Kopf ab, teilt seinen Körper in kleine Stücke, wirft alles in den Kessel und kocht den Körper darin drei Jahre lang. Dort waren auch drei Ambosse und der Nackte schmiedet seinen Kopf auf dem dritten, auf dem die besten Schamanen geschmiedet wurden. Dann warf er den Kopf in einen von den drei Töpfen, die dort standen, in dem das Wasser am kältesten war. Bei dieser Gelegenheit entdeckte er ihm folgendes: Wenn er zu jemandem gerufen werde, um ihn zu heilen und das Wasser sei sehr heiß, dann sei es nutzlos zu schamanisieren, denn der Mensch sei schon

verloren; bei lauwarmem Wasser sei er krank, werde aber gesunden, und das kalte Wasser sei das Kennzeichen für einen gesunden Menschen.
Der Schmied fischte nun seine Gebeine auf, die in einem Fluß schwammen, setzte sie zusammen und bedeckte sie mit Fleisch. Er zählte sie und teilte ihm mit, er habe drei Stücke zuviel, er müsse sich also drei Schamanenkostüme verschaffen. Er schmiedete seinen Kopf und zeigte ihm, wie man die Buchstaben darin lesen kann. Er wechselte ihm die Augen aus, deshalb sieht er, wenn er schamanisiert, nicht mit seinen fleischlichen Augen, sondern mit diesen mystischen. Er durchstach ihm die Ohren und setzte ihn damit in den Stand, die Sprache der Pflanzen zu verstehen. Darauf fand sich der Kandidat auf dem Gipfel eines Berges und erwachte endlich in seiner Jurte bei den Seinen. Jetzt kann er singen und schamanisieren ohne Ende, ohne jemals müde zu werden» (Eliade 1991, S. 51f).

Nach dem Abstieg in die Unterwelt folgt die Auffahrt in die himmlischen Sphären und schließlich die Rückkehr auf die Erde als erneuerter Mensch, erfüllt mit Weisheit, Kenntnis der menschlichen Seele und Heilkräften. Das Leiden und die Verstümmelung des eigenen Körpers, manchmal sogar – wie in unserem Beispiel – der eigene Tod, werden vom künftigen Schamanen als real und gefährlich erlebt und sind eine *notwendige Durchgangsphase* zu einer weiseren und gesünderen Existenz. «Die Initiation zum Schamanen als ursprünglicher Heilsgestalt mit der destruktiven Krise, der Resynthese, der kosmischen Reise und der Rückkehr zur Erde folgt einem generellen weltweiten Initiationsschema von Leiden, Tod und Auferstehung, wie es auch in der christlichen Mythologie noch da ist» (Scharfetter 1982, S. 94). Ein neuer Lebensstand ist nur zu erreichen durch das Abschneiden, durch das Absterben der Vergangenheit (Favazza 1987). Auf diesem Hintergrund läßt sich auch verstehen, daß während der Initiationsriten im Übergang vom Kindes- ins Erwachsenenalter der Novize sehr oft für einige Zeit an einen besonderen Ort gebracht wird, wo er als tot betrachtet wird (Bürgin 1991).

Viele selbstverletzende Praktiken zur Förderung der Gesundheit und Abwehr von Krankheit konzentrieren sich auf die *Bedeutung des Blutes.* Einige Gruppen der Ureinwohner von Papua-Neuguinea z.B. sind der Überzeugung, daß das Gebärmutterblut eine pathologische Substanz ist, deren Reste bei der Geburt im Kreislaufsystem vorhanden bleiben. Während sich die Frauen durch die Menstruation regelmäßig selbst reinigen, müssen die Männer durch Schnitte in den Penis, durch Aufschürfen der Zunge und vor allem durch selbstinduziertes Nasenbluten diese Reinigung selbst vollziehen, um vor Krankheiten geschützt zu sein. Die Knaben werden in der Pubertät im Rahmen der Initiationsriten in die von den Männern – in Absonderung von den Frauen – gemeinsam vollzogene periodische Selbstreinigung eingeführt (Favazza 1987).

Zahlreich wird berichtet, wie das Trinken vor allem von frischem Blut eine heilende Wirkung zeitigt (z.B. gegen Epilepsie und Lepra). Plinius d.Ä. (23–79 v. Chr.) beschreibt Epileptiker, die das Blut von sterbenden

Gladiatoren trinken, weil sie der Überzeugung sind, daß sie mit dem noch warmen und heraussprudelnden Blut zugleich den Lebensatem aus der Wunde aufnehmen und schlucken. Das Blut hatte bei allen Völkern zu allen Zeiten eine ehrfurchtgebietende symbolische und physiologische Kraft. Daher spielte es nicht nur bei Heilpraktiken, sondern auch bei religiösen Opferungen und Bekräftigungen unverbrüchlicher Freundschaften sowie bei Blutsfehden eine besondere Rolle. Blut hat die Kraft zu heilen, Menschen zu verbinden; es ist verbunden einerseits mit Gefühlen der Ehrfurcht und der *Lebenskraft,* andererseits aber auch mit Furcht, Haß, Rache und *Gewalt.* Diese ganze Symbolik des Blutes mag bei einigen Formen pathologischen automutilativen Verhaltens mitschwingen (Favazza 1987).

Ein weiteres Beispiel für die therapeutische Wirkung des Blutes ist das Heilungsritual der Hamadsha, einer marokkanischen Sufigruppe. Die Heilungszeremonie, Hadra genannt, dauert etwa vier bis zwölf Stunden, und es nehmen daran etwa 45 bis 80 Männer, Frauen und Kinder teil. Die Kranken werden in der Mitte versammelt; laute und aggressive Musik wird gespielt. Die Heiler gelangen durch wildes Tanzen und Hyperventilation in einen Trancezustand und schneiden sich dann mit Messern Wunden in ihre Häupter, bis ihre Gesichter und ihre Schultern voller Blut sind. Die klaffenden Wunden gehen manchmal bis auf den Schädelknochen, meistens jedoch sind die Schnitte oberflächlich. Bei speziellen Anlässen wie bei den Heilungszeremonien am sechsten oder siebten Tag nach Mohammeds Geburtstag werden die Köpfe mit Äxten, Eisenkugeln und mit nägelbeschlagenen Keulen verletzt. Die Heiler besitzen eine geheimnisvolle heilige Kraft, baraka genannt, welche die Patienten von den Krankheitsgeistern zu heilen vermag. Baraka, die heilende Kraft, geht auf den Kranken über, indem der Heiler das Blut von seinen Kopfwunden auf die kranken Körperstellen des Patienten streicht oder indem er Zuckerwürfel oder Brotstücke in das fließende Blut eintaucht und es dem Kranken zum Essen reicht. Die Heiler geben an, keinen Schmerz zu empfinden und sich ihrer Wunden nicht bewußt zu sein, bis sie aus der Trance wieder erwachen (Favazza 1987).

2.2 Selbstschädigung im Dienst der sozialen Stabilität

Selbstschädigende Praktiken dienen oft der sozialen Stabilität, indem sie die *Zugehörigkeit zur Gruppe* markieren, die *soziale Rolle* in der Gruppe (als Kind oder Erwachsener, als Frau oder Mann) definieren und die *sozialen Bindungen festigen* und bekräftigen.

Dem Kopf künstlich eine bestimmte Form zu geben, ist eine alte und weltweit verbreitete Praktik. Im antiken Ägypten war das Formen des Kopfes ein Vorrecht der Oberschicht. Eine bestimmte Kopfform entsprach dem Ideal der Schönheit und galt als Zeichen eines gehobenen sozialen Status. Dem noch ziemlich weichen und formbaren Schädel des Kindes wurde mit bestimmten Massagetechniken und durch das Erzeugen von Druck durch Bandagen, Holzstücke und Steine eine bestimmte Gestalt gegeben. Die *Gestaltung der Kopfform* war sowohl bei Indianervölkern Zentral- und Nordamerikas wie auch bei Volksgruppen Asiens und Afrikas eine weitverbreitete Sitte. Zum einen waren ästhetische Gründe dafür maßgebend, zum anderen war eine spezifische Kopfform Zeichen der Zugehörigkeit zum Stamm oder zur Gruppe. Auch in Europa, speziell in Frankreich und Holland, wurde das Kopfformen bis in die Mitte des 19. Jh. praktiziert. In moderner Zeit empfahlen die Nationalsozialisten Deutschlands den Eltern die Massage der Köpfe ihrer Kinder, um eine typisch arische Kopfform zu erreichen (Favazza 1987).

Ebenfalls eine alte Form, Gruppenzugehörigkeit zu kennzeichnen, stellt die *männliche Beschneidung* dar. Dieses Ritual war vor allem unter den Aborigines Australiens, im alten Ägypten und unter semitischen und arabischen Stämmen verbreitet. Die einfachste Form, die in einem einfachen Schnitt in die Vorhaut besteht, ist unter Volksgruppen auf den pazifischen Inseln weit verbreitet. Die weitestgehende Form wurde von arabischen Stämmen in Jemen berichtet: Bevor ein junger Mann heiratete, mußte er sich einem Ritual unterziehen, salkh genannt, bei dem ihm ohne Anästhesie vorsichtig die Haut sowohl vom Penis wie auch vom Bauchnabel bis zum Skrotum abgezogen wurde. Wenn der junge Mann sich beklagte oder vor der Prozedur zurückwich, wurde er für die Heirat und für die volle Mitgliedschaft im Stamm als untauglich erachtet. Die Beschneidung hat hier also den Charakter der Mutprobe im Rahmen eines Initiationsritus (Favazza 1987).

Die jüdische Tradition kennt die Beschneidung in Form der Beseitigung der Vorhaut am männlichen Geschlechtsglied. Sie muß am achten Tag nach der Geburt vorgenommen werden. Sie erhielt hier den Sinn eines Bundeszeichens zwischen Gott und seinem Volk. Zugleich war sie damit Zeichen und Vorbedingung für die Zugehörigkeit zum auserwählten Volk. «Ein Unbeschnittener, eine männliche Person, die am Fleisch ihrer Vorhaut nicht beschnitten ist, soll aus ihrem Stammesverband ausgemerzt werden» (Gen 17, 14). Besondere Bedeutung gewann die Beschneidung im babylonischen Exil und in der danach stattfindenden Auseinandersetzung mit der heidnischen Welt, als sie neben der Sabbatfeier zum unterscheidenden religiösen Merkmal der Israeliten wurde.

Die *Skarifikation* (das Zufügen von Narben) – aus ästhetischen, gesundheitlichen und sozialen Gründen – war unter afrikanischen Stämmen früher sehr verbreitet, wird aber auch heute noch praktiziert. Bei den Bateken in Kamerun schützen Narben an bestimmten Körperstellen vor spezifischen Krankheiten. Bei den Tiv in Nigeria wird das Ornament eines heiligen Gegenstandes rituell durch das Zufügen von Narben auf den Körper eines Mädchens dupliziert; diese Ornamente machen eine Mitteilung über die Genealogie und die damit verbundenen Rechte einer Familie in der Stammesorganisation. Das Mädchen wird so zu einer Frau und zugleich zu etwas Heiligem, von dem die Fruchtbarkeit der Gruppe abhängt (Favazza 1987).

In vielen Kulturen dient der Eingriff in die körperliche Integrität dazu, das Rollenverhalten der Geschlechter zu kontrollieren. Die tausendjährige chinesische Praktik des *Fußbindens* sorgte im wortwörtlichen Sinn dafür, daß die Frauen nicht «überall herumlaufen» konnten und ans Haus gebunden waren. Manchmal wurde von staatlichen Autoritäten exzessives Fußbinden verordnet, um bei den Unterschichten unkeusches Verhalten, d.h. Ehebruch, zu erschweren. Zeitweise war der Brauch ein Statussymbol der Oberschicht, das anzeigte, daß eine Frau so edel ist, daß sie nichts anderes zu tun braucht, als ihrem Ehemann zu dienen. Kleine Füße waren für Männer ein Objekt der Bewunderung. Mit der Prozedur des Fußbindens wurde in der frühen Kindheit begonnen. Eine Bandage wurde eng um jeden Fuß herum gewickelt mit der Absicht, möglichst viele Knochen im Fuß zu brechen, die Zehen in die Fußsohle hineinzubiegen und Sohle und Ferse möglichst nahe zueinander zu bringen. Gegen Ende des 19. Jahrhunderts wuchs unter westlichem Einfluß eine breite Widerstandsbewegung gegen diesen Brauch; 1930 schließlich wurde das Fußbinden verboten (Favazza 1987).

Einen direkteren Weg, die weibliche Sexualität zu kontrollieren, stellen die Praktiken dar, welche die weiblichen Geschlechtsorgane deformieren. In vielen afrikanischen Ländern (vor allem Nord- und Zentralafrikas), darüber hinaus in Teilen des Nahen Ostens, vereinzelt auch in Asien werden die Mädchen beschnitten. Je nach der Schwere des Eingriffs, der in der Regel kurz vor der Pubertät vorgenommen wird, lassen sich drei Formen unterscheiden: Beim leichtesten Eingriff der *Zirkumzision* («sunnitische Beschneidung») wird – analog der männlichen Beschneidung – ein kreisförmiger Schnitt an der Klitorisvorhaut vorgenommen. Bei der *Exzision* wird meist die ganze Klitoris zusammen mit Teilen der kleinen Schamlippen entfernt – eine weit verbreitete Praxis vor allem in Ägypten und einigen zentralafrikanischen Ländern. Die schwerwiegendste Form ist die *Infibulation* («pharaonische Beschneidung»): Neben der Klitoris werden große Teile der inneren und äußeren Schamlippen weggeschnitten; anschließend wird zugenäht – lediglich eine kleine Öffnung bleibt, damit Urin und Menstruationsblut abfließen können. Im Sudan und in Somalia sind über 80 Prozent der Mädchen pharaonisch beschnitten. In der Regel wird die Beschneidung, die oft in eine Zeremonie eingebettet ist, von anderen Frauen durchgeführt – von traditionellen Hebammen, Verwandten oder älteren Frauen aus der Umgebung. Für die Eingriffe, welche meist ohne Narkose und unter minimalen hygienischen Bedingungen erfolgen, finden vorwiegend Messer, Rasierklingen, Scheren und Glasscherben Verwendung. Die Komplikationen sind zahlreich: Unmittelbar nach dem Eingriff kommt es häufig zu Entzündungen, Fieber, Schmerzen, auch Wundstarrkrampf, manchmal sogar zu Todesfällen; längerfristig können schwere chronische Infektionen, schmerzhafte Zysten und Abszesse, Fehlgeburten, Geburtskomplikationen auftreten. In vielen afrikanischen Kulturen gelten unbeschnittene Frauen – so Favazza (1987) – als unsauber, lüstern und dem Stand einer Ehefrau und Mutter nicht würdig.

Kulturell sanktionierte Verletzungen der körperlichen Integrität geschehen sehr zahlreich im Kontext von *Initiationsriten* im Übergang von der Kindheit ins Erwachsenenalter. In diesen Riten werden den Jugendlichen die neuen sozialen Rollen und der neue Status des Erwachsenenalters zugeeignet. «Wie ein Kind zur Frau oder zum Mann heranwächst, wird nicht dem Zufall überlassen. Der Körper des Jugendlichen wird wie ein Stück Holz behandelt, dessen Oberfläche zurechtgeschnitten, durchbrochen und beschrieben werden kann und dessen unregelmäßige Auswüchse zu dem zurechtgeschnitzt werden können, was die Gesellschaft als weiblich oder männlich bestimmt hat... Bei fast allen rituellen Initiationen finden Verstümmelungen statt, die sowohl die Unterschiede zwischen den Geschlechtern als auch die bevorstehende Trennung von der Welt der Kindheit anzeigen» (Kaplan 1991, S. 402). Solche körperlichen Verletzungen sind oft ziemlich brutal und schmerzvoll, z.B. das Aufschneiden der Harnröhre bei Männern (Subinzision), das Ziehen von Zähnen, das Abschneiden des kleinen Fingers über dem letzten Glied, das Abtrennen des Ohrläppchens, das Durchbohren der Nasenscheidewand, die Tätowierung sowie die Skarifikation. Solche Eingriffe stellen einen integralen Bestandteil der Initiationsriten dar, und sie scheinen mehreren Zwecken zu dienen: Sie steigern die Dramatik und die Bedeutung des Rituals; sie fokussieren die ganze Aufmerksamkeit auf die betroffenen Jugendlichen, und sie ermöglichen diesen, ihre innere Stärke zu demonstrieren (vgl. Kap. 2.5). Zudem machen sie warnend darauf aufmerksam, daß die soziale Gruppe Macht hat und einen Verstoß der sozialen Ordnung nicht dulden wird. Der schmerzhafte Prozeß der Verstümmelung führt zu einer *emotional dichten Schlüsselerfahrung*, welche eine besondere Kraft in sich birgt: «The potential to mature consciousness by wasting the innocence of childhood and giving birth to the heightened self-awareness and greater consciousness of adulthood» (Morinis 1985, zit. in Favazza 1989a, S. 120). Kinder werden zu Erwachsenen, wenn sie Furcht und Schmerz aushalten können. Indem sie den Schmerz aus freiem Willen annehmen und die zugefügten Verletzungen akzeptieren, unterwerfen sie sich bedingungslos der übergeordneten Macht der Gruppe und unterstellen ihre persönliche Autonomie der Autorität der Gruppe, um später selbst Teil der Macht und Autorität der Gruppe zu sein (Favazza 1987).

2.3 Selbstschädigung im Dienst der Religion und des Heiligen

Selbstschädigung tritt im religiösen Kontext in vielfältigen Formen auf. Favazza (1987) formuliert: «Religion means many things to many people and can be appreciated on various levels. Surely religion is love, compassion, purity, joy, and tranquility. Yet at the very core of religion one finds violence, sacrifice, blood, suffering, martyrdom, and self-mutilation» (S. 78). Der Autor verweist auf jene alten Schöpfungsmythen, in welchen die Welt aus der Zerteilung und Verstümmelung eines uranfänglichen Wesens geschaffen wird – z.B. im Regveda, der ältesten Schriftsammlung der indischen Veden. Schon seit ältesten Zeiten dienen mithin Gewalt und blutige Verstümmelung dem Aufbau und Erhalt der kosmologischen Ordnung.

Die zahlreichen von Favazza (1987) angeführten Beispiele machen deutlich, daß Selbstschädigung universal – wenn auch in unterschiedlicher Ausprägung – in allen Religionen vorkommt. In der Welt der *hinduistischen* Religionen finden sich die heiligen Männer, welche sich durch Askese mit zum Teil physisch selbstschädigenden Praktiken von den Bindungen an die Welt zu befreien suchen. In Abgrenzung dazu lehrte Buddha den mittleren Weg zwischen abtötender Askese und Zügellosigkeit; entsprechend ist im *Buddhismus* selbstverletzendes Verhalten relativ selten; in seltenen Fällen kann es in Form der Selbstkastration auftreten mit dem Ziel, die sexuellen Begierden endgültig zu besiegen. Im mystischen *Islam* sind in der Tradition des Sufismus Askese und Selbstkasteiung von großer Bedeutung; gewisse Gruppen pflegen Praktiken wie ekstatisches Tanzen, das Trinken von siedendem Wasser, das Essen stacheliger Kakteen wie auch selbstverletzendes Verhalten, um einen außerordentlichen Bewußtseinszustand zu erreichen, in welchem die Vereinigung mit Gott oder die Besessenheit von einem Dämon erlebt wird. Im schiitischen Islam kommt es rund um die Festivitäten von berühmten Märtyrern zum Flagellantismus als Massenbewegung.

Das *Christentum* kennt seit seinen Anfängen und in zunehmender Verbreitung und Hochschätzung seit dem 4. Jahrhundert die asketischen Lebensformen in Form des anachoretischen (Antonius) und koinobitischen (Pachomius) Mönchtums, welches auf dem Gebiete der Ethik die strenge Enthaltsamkeit und Opferwilligkeit hochhielt; dazu gehörten u.a. Fasten,

Verzicht auf Schlaf, auf irdischen Besitz und als höchste Verzichtsleistung die praktische Ausschaltung des Geschlechtstriebes. Im Grunde ging es dabei um die Befreiung von allen Bindungen und Leidenschaften, die den Menschen ans Vergängliche und an sich selbst fesseln können. Keuschheit galt als Ausdruck der umfassenden Übereignung der eigenen Person an Gott, als (ein dem Martyrium vergleichbares) Opfer der eigenen Person im Sinne einer Ganzhingabe an die göttliche Macht. Die christlichen Asketen, Märtyrer und Heiligen haben aus dieser Geisteshaltung heraus nicht nur ihnen von außen widerfahrenes Leiden frei und geduldig angenommen (Verfolgung, Folter, Tod), sondern manchmal auch (im Übereifer) aktiv sich selbst verletzt und verstümmelt. Im Zuge der Neubildungen des Mönchswesens entstand im 12. bis 14. Jahrhundert eine breite neue Frömmigkeitsbewegung, welche das mönchische Leben nicht mehr als Ausnahme für einige wenige betrachtete, sondern vielmehr als Norm für alle, der es den eigenen Möglichkeiten und Bedingungen entsprechend nahezukommen galt. Bewegt von brennendem Glauben und feurigem Eifer entstanden unzählige religiöse Volksbewegungen. In Süddeutschland zogen z.B. Hunderte von Menschen sich selbst geißelnd durch die Straßen, um für begangene Missetaten Sühne zu leisten in der Hoffnung, auf diese Weise die Geißeln Gottes, Dürre und Pest, in letzter Minute noch abwenden zu können. Die Selbstgeißelung geschieht hier, *um die durch sündhaftes Leben gestörte Ordnung zwischen Gott und Menschen wieder ins Gleichgewicht zu bringen und um das Unheil abzuwenden, das die gestörte Reziprozität des Gebens und Nehmens zwischen Gott und Mensch mit sich bringt* (Favazza 1987).

Da die großen Weltreligionen gegenüber *schweren* eigenaktiven und irreversiblen Selbstverstümmelungen insgesamt eher eine skeptische und ablehnende Haltung einnahmen, blieben solche Eingriffe doch eher *Akte einzelner Eiferer* (Selbstentmannung des Origines, Legende der Autoenukleation der heiligen Lucia von Syrakus) oder Kennzeichen bestimmter *religiöser Einzelgruppen.* Im Rahmen der antiken Kultfeiern um *Kybele und Attis* sollen sich die Priester entmannt haben und mit den blutigen Genitalien in der Hand stolz durch die Straßen gelaufen sein, worauf sie mit Frauenkleidern ausgestattet wurden. Bei den *Skopzen,* die im Rußland des 19. Jahrhunderts eine stattliche Anhängerschaft zählten, galt die Kastration als eine zentrale religiöse Praxis, um dem Ideal der vollständigen sexuellen Abstinenz besser nachleben zu können und im Zustand der vollkommenen Reinheit zu bleiben. Als Begründung wurde Mt 5, 27–30 angeführt, wonach jene Glieder abgehauen werden sollen, welche zum Bösen verführen (Favazza 1987; Kap. 3.1.3).

Favazza (1987) stellt abschließend fest, daß nur die Augen und der Anus nie Ziel einer soziokulturell sanktionierten Selbstverletzung waren. *Autoenukleation* erscheint nach den Beobachtungen des Autors auch bei psychisch Kranken nur im christlichen Kulturkreis, wobei von den Betroffenen als Begründung meist die ebengenannte Stelle aus dem Matthäusevangelium angeführt wird. In der Mythologie und in Legenden hingegen erscheinen (Selbst-)Verletzungen des Auges recht häufig. Berühmt ist die Geschichte der Autoenukleation von *Ödipus:* Nachdem er erkennt, daß er in Wahrheit der Sohn des Laios und der Iokaste ist, beabsichtigt er in einem ersten Affekt, Iokaste mit dem Schwert zu töten; da sie sich jedoch in ihrer Verzweiflung bereits erhängt hat, reißt er ihr die goldenen Brustspangen vom Kleid und bohrt sich damit die Augen aus. In der Mythologie sind die Augen bzw. deren Verletzung oft verbunden mit Reinheit oder mit Scham und Schuld, mit Liebe oder mit sexuellen Vergehen, mit Schöpfung oder mit Zerstörung der Welt. Autoenukleation erscheint als geeignete Methode der Buße und Sühne, weil das Auge ein so wertvolles und bedeutungsvolles Organ darstellt. In Legenden und im Volksglauben Europas, des Nahen Ostens und Indiens ist zudem der böse Blick eine weitverbreitete Vorstellung, die Überzeugung also, daß vom Auge einer Person oder eines Tieres eine verletzende oder krankheitsbringende Wirkung ausgehe. Autoenukleation psychotischer Patienten kann dieser Vorstellung entsprechend den Zweck haben, den Körper von einer bösen Kraft zu befreien. Durch die Bindung der bösen Kraft an das Auge kann eine gewisse Kontrolle der Gefahr und der Aggression erreicht werden (Favazza 1987).

2.4 Kulturell sanktionierte und deviante Selbstschädigung im Vergleich

Bevor Gemeinsamkeiten zwischen dem kulturell sanktionierten selbstverletzenden Verhalten und der devianten Automutilation eines psychisch kranken Menschen erörtert werden, muß zuerst auf einen entscheidenden und fundamentalen *Unterschied* aufmerksam gemacht werden. Kulturell sanktionierte selbstverletzende Handlungen sind in die *Tradition* eines Volkes eingebettet und haben eine spezifische Bedeutung in der Geschichte und den Glaubensvorstellungen einer sozialen Gruppe. Die verletzenden Handlungen zielen zwar auf ein Individuum, doch da sie in das Netz des sozialen Lebens verwoben sind, ist die ganze Gemeinschaft mitbeteiligt und mitbetroffen. Im Kontrast dazu sind die automutilativen Handlungen geistig oder psychisch Kranker impulsive und *idiosynkratische* Akte. Sie betreffen das Individuum und vielleicht einige Personen seines Beziehungsnetzes, für die breite Gesellschaft sind sie jedoch nicht nur folgen- und bedeutungslos, sondern sogar widersinnig und «verrückt» (Favazza 1987). Im Unterschied zu kulturell sanktionierter Selbstverletzung, die in der Tendenz *öffentlich* vollzogen wird, ereignet sich deviante Automutilation im *privaten* Raum, in der Einsamkeit, in gesellschaftlicher Entfremdung als Ausdruck von Not, Leiden und Infirmität.

Trotz dieses wichtigen Unterschieds sind deviante und kulturell sanktionierte selbstverletzende Handlungen in der von ihnen verfolgten *Absicht ähnlich* (außer in Fällen der geistigen Behinderung, wo die kognitiven Fähigkeiten sehr gering sind, oder in Fällen, wo der biologische Faktor eine wichtige Rolle spielt): «In fact, they serve an identical purpose, namely, an attempt *to correct or prevent a pathological, destabilizing condition that threatens the community, the individual, or both*... I contend... that at the deepest, irreducible level it is prophylactic and salubrious for groups and for individuals threatened by death, disorder, disease, and discomfort (Hervorhebung v. Verf.)» (Favazza 1987, S. 191). Beide Arten von Selbstverletzung dienen der Beseitigung einer Störung und der Aufrechterhaltung einer Ordnung; beide können in diesem Sinn als Heilmittel verstanden werden.

Epidemien, Mißernten, Gesetzesübertretungen, Feindschaft innerhalb der Gruppe, befürchtete sexuelle Schrankenlosigkeit der Frauen können die Stabilität, ja die Existenz einer sozialen Gemeinschaft bedrohen. Eine solche Gefahr kann mit vielen Mitteln abgewendet werden – *ein* Instrument sind die kulturell sanktionierten verletzenden Handlungen wie z.B. der Flagellantismus oder die Infibulation der Frauen. Vielfach haben die selbstschädigenden Praktiken eine präventive Wirkung: Das selbstinduzierte Nasenbluten schützt vor Krankheit, das Fußbinden oder die Skarifikation verhütet soziale Unordnung durch genaues Festlegen der Rolle und des Status innerhalb der Gemeinschaft. Selbstverletzendes Verhalten ist ein vielfach gebrauchtes Heilmittel, nicht nur um die *persönliche,* sondern auch um die *soziale,* ja gar die *kosmologische* Ordnung wiederherzustellen (Favazza 1987).

Psychisch kranke Menschen können sich – wie soziale Gruppen – bedroht fühlen in ihrer Existenz – sowohl durch Zerrüttung ihrer inneren Ordnung und Einheit wie auch durch Störung oder Fehlen der Beziehung zur sozialen und transpersonalen Welt – und sie können, wie in den folgenden Kapiteln dieser Arbeit deutlich wird, ebenso zur Automutilation greifen, um dieser Bedrohung Abhilfe zu schaffen. Ein oft beschriebener bedrohlicher Zustand sind die Gefühle der Spannung und Angst, häufig begleitet von Wut auf sich selbst und Gefühlen der Kraftlosigkeit und Wertlosigkeit. Ein anderer bedrohlicher Zustand ist das beunruhigende Gefühl der Empfindungslosigkeit, der Fremdheit, der Unwirklichkeit in bezug auf den eigenen Körper, die eigenen Gefühle und Gedanken wie auch bezüglich der Umgebung. Psychisch kranke Menschen, die zur Automutilation greifen, sind sich oft bewußt, daß mit ihnen «etwas nicht stimmt». Sie berichten über erdrückende Schuldgefühle, Einsamkeit, Langeweile, Leeregefühle, unwiderstehliche destruktive Zwänge, Sündhaftigkeit, Verfolgung, Hilflosigkeit, Besessenheit von Dämonen, Unzufriedenheit mit ihrer sexuellen Anatomie und Geschlechtsidentität, verzweifelte Suche nach Annahme und Trost und gestörte soziale Beziehungen (Favazza 1987, S. 192). Automutilation bietet in diesen Fällen eine Linderung des verzweifelten Zustands, weil sie intrapersonell und interpersonell Konsequenzen hat, die wenigstens kurzfristig positiv erlebt werden. Einige psychisch Kranke drücken ihre Not jedoch nicht in pathologischen Begriffen aus. Vor allem psychotische Patienten können wahrhaft und wahnhaft davon überzeugt sein, durch ihren automutilativen Akt ein erlösendes Opfer darzubringen. In bezug auf automutilative Patienten mit einer religiösen Thematik bemerkt Favazza (1987):

> «The bodies of some mentally ill self-mutilators can be thought of as a stage upon which is enacted a personal drama that reflects, in varying proportions, personal psychopathology, social stresses, and cultural myths, especially those of a religious nature. The themes of these myths are suffering, dismemberment, blood sacrifice, resurrection, rebirth, and the establishment (or reestablishment) of a new, prosperous, healthy, and amicable order. Although an audiance might regard the self-mutilative act as the tension-heightening conclusion of a tragedy, the actors – at least at the moment of their self-mutilation – might regard it as a tension-reducing, cathartic moment, or a moment of clarification, or a moment that harbingers a new, more joyous conclusion to the drama. For some, pain and blood are associated with death, but for others they are associated with birth» (S. 43).

Zusammenfassend läßt sich sagen: Auch die deviante Automutilation steht – in unterschiedlicher Ausprägung – bewußt oder unbewußt im Dienst der persönlichen Heilung, der Kontrolle der sozialen Beziehungen und manchmal sogar im Dienste der Wiederherstellung einer gestörten transpersonalen Ordnung.

2.5 Automutilation als Autoinitiation Jugendlicher

Die meisten kulturell sanktionierten selbstschädigenden Rituale werden im Rahmen von Initiationsriten an Jugendlichen vollzogen (vgl. Kap. 2.2). Von Interesse ist in diesem Zusammenhang, daß die häufigste Form pathologischer Automutilation – das repetitive Schneiden und Ritzen der Hautoberfläche – gewöhnlich ebenfalls in der frühen Pubertät (bei Mädchen typischerweise einige Monate nach Eintritt der ersten Menstruation) ihren Anfang nimmt (Favazza et al. 1989a; Kaplan 1991; Kap. 1.5.2, 3.2. und 3.3). Die Initiationsriten im Übergang von der Kindheit ins Erwachsenenalter haben – wie erwähnt – verschiedene Funktionen: Trennung von der Kindheit und Eingliederung in die Erwachsenenwelt, Vermittlung einer persönlichen wie auch einer Gruppenidentität, Übernahme von bestimmten

Rollen als Mann oder Frau. Durch mehr oder weniger dauerhafte körperliche Eingriffe wird die Bedeutung und Dauerhaftigkeit des neuen Status unterstrichen. Wird die deviante Automutilation von Jugendlichen auf dem traditionellen Hintergrund der verletzenden Riten der Initiation betrachtet, so ist – aus dieser Perspektive – die pathologische Automutilation nach Favazza (1989b) ein Phänomen, das *im Zusammenhang mit den wesentlichen Entwicklungsaufgaben der Pubertät* gesehen werden muß.

In unserer modernen Kultur ist der Übergang von der Kindheit in die Erwachsenenwelt ein sehr langsamer und schleppender Prozeß. Vor allem die Zwischenphase der Jugendzeit hat sich extrem *verlängert.* Die Wege des Erwachsenwerdens sind sehr *individuell,* und entsprechend sind die Grenzen zwischen den Generationen fließend geworden. Eindeutige Kennzeichen des Erwachsenseins sind in unserer Kultur kaum auszumachen. Klosinski (1991) stellt die lakonische Frage: «Ist es die Zigarette, das Moped, das Motorrad oder erst das Auto?» (S. 13). Ist es die Konfirmation, der Abschluß der Berufsausbildung oder die Matura, die Rekrutenschule, der juristische Erwerb aller Rechte und Pflichten mit dem 18. bzw. 20. Altersjahr oder das Ausziehen aus dem Elternhaus, das das Erwachsensein einläutet? Pubertätsriten als Übergangsriten ins Erwachsenenalter im traditionellen Sinn sind in der westlichen Zivilisation weitgehend verschwunden. Die religiöse Unterweisung (Konfirmation bzw. Firmung), die sexuelle Aufklärung (Sexualkundeunterricht) und die Einführung in die politischen Rechte und Pflichten (Staatsbürgerkunde, Jungbürgerfeier) können bestenfalls als übriggebliebene *Initiationsäquivalente* bezeichnet werden (Klosinski 1991). Neben der Schule sind auch Jugendgruppen – Jugendsektionen von Sportvereinen, Pfadfinder, Studentenverbindungen, konfessionelle Verbände – Träger von *institutionalisierten* Initiationsäquivalenten geworden, wobei hier festzustellen ist, daß in den Jahren nach 1968 die mit Inbrunst und Überzeugung gepflegte expressive Ritualität (Fahnen, Uniformen, Treueschwur, Taufen) eine schwere Krise erlitten hat. Dafür ist eine Gegenkultur informeller Jugendbewegungen und antikonformer Jugendgruppen mit ihren eigenen Riten entstanden (Hugger 1991).

Ein wichtiges, mehr *individualisiertes* Initiationsäquivalent stellt die *Freundschaft* unter Gleichgeschlechtlichen dar (Fatke 1991; Bürgin 1991). Der wechselseitige vertrauensvolle Austausch intimer Gedanken und Probleme ermöglicht, sich unabhängig vom familiären Bezugsrahmen selbst besser zu verstehen und zu einer eigenen Identität zu finden. Seelische Übereinstimmung wird gesucht, Gefühle von Zuneigung und Bindung werden ausprobiert als Vorbereitung einer gegengeschlechtlichen Liebesbeziehung. Freundschaften erfüllen wesentliche Funktionen der traditionellen Initiationsriten: Identitätsfindung, Persönlichkeitsentwicklung und seelisch-soziale Vorbereitung auf die Beziehung zum anderen Geschlecht.

Auch wenn Freundschaftsbeziehungen nicht einen so dramatischen Ausdruck in Form eines Blutbundes finden müssen wie im folgenden literarischen Beispiel, sind Freundschaftsbeziehungen in einer Zeit, in der gesamtgesellschaftlich verbindliche Riten der Initiation fehlen, ein geeignetes und um so wichtigeres Initiationsäquivalent. Nicht zufällig tauchen gerade in diesem Zusammenhang wiederum selbstverletzende Rituale wie beispielsweise Mutproben auf. Der folgende Text, der von zwei ungefähr 14jährigen Jungen handelt, macht auch deutlich, wie durch den Akt der Selbstverletzung, durch Blut und Schmerz, allem, was in diesem Augenblick geschieht, eine besondere Dramatik und Bedeutung, beinahe eine feierliche, ja gar sakrale Dimension verliehen wird.

> «Sie sprachen nicht, sie standen voreinander. Sie setzten sich nieder und schauten in den Himmel und auf die Erde, auf die Erde und in den Himmel.
> Hanno zog sein Messer, sie standen wieder auf. Hanno schob den linken Ärmel hoch, Reinhold tat es ihm nach. Die Arme waren glatt und fest, die Adern traten vor wie Schnüre, das Blut schlug in den Adern, einer konnte es beim andern sehn.
> Hanno faßte Reinhold mit einer Hand im Nacken und hielt Gesicht vor Gesicht: Wenn ich du sein könnte, wie hielte ich es aus, nicht du zu sein! ließ Reinhold los, setzte das Messer an und schnitt sich quer durch die Handfläche. Er hatte alle Muskeln angespannt, kein Zucken lief durch sein Gesicht. Dann gab er Reinhold das Messer, und der tat es ihm nach. Mit den erhobenen blutenden Händen standen sie voreinander, das Messer war zwischen sie gefallen. Einer faßte die Hand des andern, fühlte das Blut des andern, rieb es, drückte es sich in die offene Hand.
> Blutsbrüder, sagte Hanno. Er hob das Messer auf, putzte es im Gras ab, steckte es wieder ein.
> Und dann gingen sie, sahen einander nicht an, liefen schnell, stießen die Stiefel hart auf den Boden» (Berkéwicz 1992, S. 89).

Es wurde deutlich, daß in einer Zeit ohne den Schutz von gesellschaftlichen Ritualen, welche das Heranwachsen der Jugendlichen in vorgegebene Bahnen lenken, Freundschaften und persönliche emotionale Begleitung seitens Erwachsener um so wichtiger sind. Es ist offensichtlich, daß gerade Jugendliche, denen solche freundschaftlichen Beziehungen zu Gleichaltrigen oder Erwachsenen nicht offenstehen, leicht in Gefahr sind, in einem *haltlosen und einsamen Raum* zu schweben. Klosinski (1991) stellt fest, daß der Kinder- und Jugendpsychiater in der Sprechstunde nicht jene Jugendlichen sieht, die in der Übergangsphase der Reifezeit in einer Subkultur oder einer Peergruppe Anschluß gefunden haben, sondern hauptsächlich jene, die mit der Trennung von der Familie und dem Eintritt in die Erwachsenenwelt mehr oder weniger alleine gelassen werden. «Jugendliche mit *Kommunikationsstörungen,* die wenig oder nicht gruppenfähig sind, scheinen besonders stark auf eine *Autoinitiation* angewiesen zu sein, die sie in ihren Automutilationen, Suizid- bzw. Parasuizidhandlungen vornehmen (Hervorhebung v. Verf.)» (Klosinski 1991, S. 16; vgl. Kap. 4.2). Auch Favazza (1989b) sieht im repetitiven automutilativen Verhalten Jugendlicher verzweifelte und zugleich primitive Versuche, soziale Akzeptanz und Integration in die Erwachsenenwelt zu erlangen, wenn er bemerkt: «Psychologically troubled adolescents who mutilate themselves may be demonstrating behavior that has in other societies been elaborated into a culturally acceptable means of resolving the maturational issues faced by all adolescents. The pathological acts of troubled adolescents may thus be primitive, morbid attempts to overcome seemingly unsolvable problems» (S. 143). Weshalb aber wird gerade Automutilation als Methode ausgewählt, um die Probleme des Übergangsalters zu bewältigen?

Jugendliche, die alleine gelassen sind und deren Möglichkeiten, verbal ihre Gefühle und Nöte auszudrücken, begrenzt sind, gebrauchen Automutilation als konkreten, physischen, dramatischen und sichtbaren *Ausdruck* von Gefühlen der Angst und Einsamkeit. Da eine Reaktion für andere unausweichlich ist, wird durch die automutilative Handlung die ersehnte *Aufmerksamkeit* und Zuwendung der Umgebung – der Familie, der Gleichaltrigen oder des Behandlungsteams – erreicht. Zudem ist die Automutilation (Blut, «Leben-oder-Tod»-Situation, «Lebensrettung») ein Mittel, um *Freundschaften* intensiver, enger und bedeutungsvoller zu gestalten (Analogie der Blutsbruderschaft). In Gruppen von devianten Jugendlichen kann automutilatives Verhalten schließlich auch ein Mittel sein, um *Zugehörigkeit zu einer Gruppe* und eine hohe Position in der Gruppenhierarchie zu erreichen: Wer sich am häufigsten und am tiefsten schneidet, hat das größte Ansehen in der Gruppe (Charakter einer Mutprobe, Demonstration von Stärke). Dieser Wettkampf um Freundschaften, *um die Ressourcen des Behandlungsteams* (Zeit, Aufmerksamkeit, Gespräche) und vor allem um Gruppenzugehörigkeit bzw. -position unter Einsatz von Automutilation ist zugleich der Grund für das vielfach berichtete *epidemische Auftreten* von automutilativen Handlungen in stationären Behandlungseinrichtungen (Walsh et al. 1988; Rosen und Walsh 1989; Kap. 4.2.2.1).

Automutilation erfüllt – wie ersichtlich wurde – etliche Bedürfnisse des (aus welchen Gründen auch immer) kommunikationsgestörten und nur schwer gruppenfähigen Jugendlichen im Übergang von der Kindheit ins Erwachsenenalter. Vor allem seelisch instabile Jugendliche versuchen in einer Zeit, wo kaum gesamtgesellschaftlich verbindliche und damit sicherheitsspendende Übergangsrituale vorhanden sind, «durch Erfindung eigener Handlungsabläufe, die im weitesten Sinne einen rituellen Charakter haben können und der Klärung aggressiver, libidinöser und sozialer Probleme dienen sollen, diese Übergangszeit mittels selbst erfundener Rituale zu strukturieren und sich damit in münchhausenhafter Art zu orientieren» (Bürgin 1991, S. 168). In diesem Sinne können u.a. Drogenabusus (Bürgin 1991), Automutilation (Klosinski 1991) wie auch Anorexia nervosa (Baumgardt 1991) als *aus der Not entstandene* Autoinitiationsversuche verstanden werden. Es ist beachtenswert, daß diese drei als deviante Autoinitiationsversuche bezeichneten Verhaltensweisen oft bei ein- und derselben Person zusammen bzw. einander ablösend auftreten (Kap. 3.3.4).

Der Beitrag der transkulturellen Psychiatrie macht deutlich – dies läßt sich *zusammenfassend* sagen –, daß das Phänomen der Automutilation nicht nur in einem *biologischen* und *psychologischen,* sondern auch in einem *sozialen* und *gesamtkulturellen* Erklärungszusammenhang verstanden werden kann. Weiter wird deutlich, daß Automutilation nicht so absurd und widersinnig ist, wie dies auf den ersten Blick scheinen mag. Mit Favazza (1987) darf gesagt werden, daß selbstverletzendes Verhalten der *condition humaine nicht fremd* ist, im Gegenteil, es ist kulturell und psychologisch tief in den elementaren Erfahrungen von Heilung, Religion und menschlicher Freundschaft eingebettet. Auch in der pathologischen Automutilation erscheinen – wenn auch in devianter, idiosynkratischer und verzerrter Weise – die Aspekte der Selbstheilung, der Erlösung und der sozialen Beziehung. Dieser Hintergrund mag mithelfen, automutilatives Verhalten profunder zu verstehen.

3. Klinische Erscheinungsformen der Automutilation

Automutilation erscheint als Symptom einer Vielzahl psychiatrischer und neuropsychiatrischer Störungen. Dabei zeigt die klinische Beobachtung – darauf verweisen vor allem Favazza et al. (1993) – daß *spezifische Formen von Automutilation mit bestimmten Krankheitsbildern korrelieren.* In einer Übersicht ordnen diese Autoren die Störungen mit automutilativer Symptomatik nach dem Typus der bei der jeweiligen Störung auftretenden Automutilation (für die verwendete Typologie siehe Kap. 1.4.5):

1. *Schwere Automutilation* ist nicht Grundsymptom irgendeiner Störung, sondern kann im Zusammenhang mit verschiedenen Störungen als Begleiterscheinung auftreten – so bei Psychosen, Intoxikationen, Enzephalitis, Transsexualismus, geistiger Behinderung, angeborener sensorischer Neuropathie, schizoider Persönlichkeitsstörung und im schizophrenen Residualzustand.

2. *Stereotype Automutilation* tritt vorwiegend bei geistig Behinderten in Institutionen auf. Als Symptom erscheint sie bei Psychoorganischen Syndromen, Autismus, Zwangsstörungen, Schizophrenie, akuten psychotischen Zuständen, Epilepsie, beim Lesch-Nyhan-, Cornelia-de-Lange- und Gilles-de-Tourette-Syndrom. Auch psychoaktive Substanzen wie z. B. Amphetamine können diesen Typus von Automutilation induzieren.

3. *Oberflächliche und mittelschwere Automutilation* ist im psychiatrischen Alltag am bekanntesten. Sie wird bei einer Vielzahl von Störungen beobachtet: Depersonalisation, multiple Persönlichkeitsstörung, Zwangsstörung, Angststörung, Eßstörungen, Borderline-, histrionische und antisoziale Persönlichkeitsstörung wie auch beim sexuellen Masochismus. Auch als Symptom einer posttraumatischen Streßreaktion nach Vergewaltigung (Greenspan und Samuel 1989) und Kriegserlebnissen (Lyons 1991) wurde diese Form von Automutilation beschrieben.

Kurze differentialdiagnostische Überblicke finden sich auch bei Scharfetter (1984) und Eckhardt (1992) wie auch ausführlicher bei Thorwirth (1971). Schwerpunktmäßig wird in der Literatur schwere Automutilation vor allem von psychotischen Patienten, vorwiegend von jenen mit der Diagnose *Schizophrenie,* berichtet. In Abhandlungen über die stereotype Automutilation stehen jeweils vorwiegend die *Oligophrenie* und der frühkindliche *Autismus* im Zentrum. Die häufigste Diagnose für Patienten, die sich wiederholt oberflächliche bis mittelschwere Selbstverletzungen zufügen, ist die der *Borderline-Persönlichkeit* (Feldman 1988). Bei Depressionen tritt Automutilation vergleichsweise seltener auf – am ehesten bei der agitierten Depression und im psychotischen Zustand. In einer Untersuchung an 64 Erwachsenen mit Borderline-Persönlichkeitsstörung, Melancholie («major depression») und chronisch paranoider Schizophrenie stellte Burgeß (1991) fest, daß bei keiner dieser Gruppen von Patienten akute oder chronische depressive Symptome signifikant mit automutilativem Verhalten korrelieren; hingegen besteht ein signifikanter Zusammenhang von Automutilation mit kognitiven Defiziten bei den Gruppen Borderline und Schizophrenie.

Im folgenden wird automutilatives Verhalten im Kontext bestimmter psychischer Störungen beschrieben. Die Auswahl richtet sich nach den hauptsächlich vorkommenden klinischen Erscheinungsformen. So wird Automutilation bei Schizophrenie, bei Borderline-Persönlichkeitsstörung, bei Eßstörungen, bei Autismus und Oligophrenie behandelt. Zugleich sind damit auch alle drei typischen Formen automutilativen Verhaltens in die Besprechung einbezogen.

3.1 Automutilation bei Schizophrenie

Schwere Formen der Automutilation treten bei Patienten im psychotischen Zustand (unterschiedlichster diagnostischer Zugehörigkeit) wie auch bei nichtpsychotischen Patienten (z. B. Transsexualismus) auf. In diesem Kapitel wird – am Beispiel der Schizophrenie – die spezifische Form der im Zustand der Psychose sich ereignenden Automutilation dargestellt. Greilsheimer und Groves (1979) stellen in ihrer Übersicht über die männliche genitale Automutilation fest, daß 87 Prozent der 40 Fälle, die sie in der Literatur dieses Jahrhunderts fanden, zum Zeitpunkt des automutilativen Aktes psychotisch waren; davon trugen 51 Prozent die Diagnose Schizophrenie (19 % waren affektpsychotisch, 17 % organisch/toxisch psychotisch, bei insgesamt rund 25 % der Fälle war Alkohol involviert).

3.1.1 Falldarstellungen

Fall 1

Ein Mann mit der Diagnose paranoider Schizophrenie wurde im 26. Altersjahr zum ersten Mal hospitalisiert wegen akustischen Halluzinationen, Beziehungsideen, inadäquatem Affekt und auffallender religiöser Betriebsamkeit. Vor der Einlieferung in die Klinik pflegte der junge Mann in der Öffentlichkeit zu predigen; er rasierte sich als religiöses Zeichen sein Haupt und wäre fast gestorben, als er im Winter in den Bergen meditierte. Seine Suche nach spiritueller Reinigung wechselte ab mit abgrundtiefen Schuldgefühlen nach Episoden der Betrunkenheit, Aggressivität, Masturbation und Promiskuität. Im Alter von 32 Jahren schnitt er sich beide Testikel ab, legte sie in eine Schachtel und brachte diese in die Klinik. Der Patient bezeichnete die abgetrennten Testikel als eine «freiwillige Opfergabe an Gott».

Fünf Jahre später – nach dem Tod seines Vaters – trank er sehr viel Alkohol und machte zum ersten Mal eine homosexuelle Erfahrung. Voller Abscheu wandte er sich darauf wieder der Bibel zu und zeigte sich besonders beeindruckt vom Eunuchenspruch in Mt 19, 12: «... und es gibt Verschnittene, die sich selbst verschnitten haben, um des Reiches des Himmels willen. Wer es fassen kann, fasse es.» Er besorgte sich einen Klotz Holz und ein Rasiermesser – und wartete, bis er sexuelle Begierde verspürte. Dann schnitt er seinen Penis ab, warf ihn ins Feuer und schaute zu, wie dieser verbrannte. Danach suchte er Hilfe, immer wieder die Worte wiederholend: «Auch wenn ich offiziell als krank beurteilt werde und in den Augen der Welt als verrückt gelte, für mich ist es weit besser, mich selbst gereinigt zu haben» (Kushner 1967, S. 293–298).

Fall 2

Der Patient wurde 1944 in Pommern geboren. Sein Vater starb im Krieg; er wuchs bis 1950 bei den Großeltern auf, danach bei der Mutter und seinem Stiefvater in Mannheim. In der Schule fiel er durch seine zeitweilige Stummheit und Zurückgezogenheit auf. Er studierte an der Universität Elektroingenieur, wurde Abteilungsleiter in einer großen Fabrik und lebte weiterhin bei seiner Mutter. Die berufliche Weiterentwicklung fiel ihm schwer; die Berufskollegen machten sich oft über ihn lustig.

In der Jugendzeit bestand die einzige sexuelle Erfahrung in – schuldfrei erlebter – Masturbation. Im Alter von 36 Jahren erlebte er den ersten heterosexuellen Kontakt zu einer älteren Frau. Er erfuhr diese Beziehung als befriedigend; sie scheiterte seiner Meinung nach, weil er wegen seiner Arbeit zu wenig Zeit hatte. Homosexuelle Tendenzen und Erfahrungen wurden vom Patienten verneint.

1978 wurde er mit 34 Jahren zum ersten Mal psychiatrisch hospitalisiert wegen einer erstmals aufgetretenen psychotischen Episode. Zwei weitere Hospitalisierungen folgten 1982 – nach dem Tod seiner Mutter – und 1984. Psychopathologisch zeigte er formale Denkstörungen, Verfolgungs- und

Beziehungsideen; es wurde eine paranoide Schizophrenie diagnostiziert. Während seines Klinikaufenthaltes im Jahre 1984 schnitt er sich mit einer Schere sein Handgelenk auf, weil er als Beweis seiner Verletzbarkeit sein Blut sehen wollte.

In einer weiteren psychotischen Episode im Jahre 1986 zweifelte er daran, ob seine Mutter seine wirkliche Mutter war und ob nicht vielleicht eine verstorbene ältere Tante (deren Tod er jedoch bezweifelte) seine echte Mutter sei. In der psychotischen Episode warf er alle Andenken an diese Tante weg, weil er mit ihr nichts mehr zu tun haben wollte. Auch glaubte er, da seine Mutter während seiner Geburt keine Schmerzen gehabt habe, müsse er sich selber Schmerzen zufügen. Zudem war er der Überzeugung, daß in seinem Körper noch zusätzliche Testikel vorhanden seien, und fürchtete sich deswegen vor einer Selbstbefruchtung. Während der Patient in seiner Psychose diese geschilderten Gedanken hatte, schnitt er sich mit einem Messer beide Testikel ab, ohne anfänglich Schmerz zu empfinden. Dann entwickelte er suizidale Gedanken und legte sich auf den Schnee, um so bis zum Tode auszubluten. Bald darauf begab er sich jedoch in seine Wohnung, von wo er in die urologische Abteilung eines Mannheimer Krankenhauses gebracht wurde. Am Tag danach waren die produktiven psychotischen Symptome verschwunden.

Während der darauffolgenden Untersuchungen 1987 und 1988 zeigte sich der Patient seiner Selbstkastration und generell seiner Sexualität gegenüber völlig indifferent. Auffallend war der sehr begrenzte soziale Kontakt, den er pflegte, besonders, wie er sagte, aus Gründen der Unsicherheit und Hemmungen Frauen gegenüber. Die Art der Hemmungen konnte er nicht genauer beschreiben (Martin et al. 1991, S. 174f).

Fall 3

Herr M. war ein unverheirateter 31jähriger Mann mit einer dreizehnjährigen Geschichte psychischer Erkrankung. Er wurde bei seinen verschiedenen Hospitalisationen abwechselnd als bipolar affektiv gestört oder als schizophren (chronisch undifferenzierter Typus) diagnostiziert. Herr M. wohnte zwischen den Klinikaufenthalten bei seiner Mutter; da jedoch die Verhältnisse für die Mutter untragbar wurden, plante man während des letzten Klinikaufenthaltes eine andere Wohnlösung. Zur Zeit seiner Automutilation wohnte Herr M. daher in einem begleiteten Wohnheim. Er wies bisher kein automutilatives Verhalten auf.

Im Wohnheim verschlechterte sich sein psychischer Zustand über Monate. Zwei Tage vor seiner Autoenukleation wurde ein zunehmend paranoides Zustandsbild beobachtet. Das Personal wurde angehalten, die Einnahme der Medikation genau zu beobachten, da es möglich schien, daß die Verschlechterung seines Zustandes mit einer Umgehung der Medikamenteneinnahme seitens des Patienten in Verbindung stand.

Am Morgen des Tages der Autoenukleation wurden einige ominöse Notizen von Herrn M. gefunden mit dem Inhalt: «Julie vergib mir», «Auf Wiedersehen Julie» oder «Vielleicht war es das beste Zuhause...». (Julie war eine Schulfreundin, die er seit mehr als zehn Jahren nicht mehr gesehen hatte.) Herr M. verließ an diesem Tag das Wohnheim unbegleitet, ging in eine lokale Notfallstation und verlangte nach einer tödlichen Dosis Gift.

Darauf wurde Herr M. erneut in die psychiatrische Klinik aufgenommen. Er war agitiert und unruhig, verlangte eine tödliche Spritze, bezeichnete sich als dreckigen Bastard. Trotz Medikation beruhigte sich der Patient nicht, blieb die ganze Nacht wach und lief schreiend umher, so daß er wegen seines Verhaltens in den Beobachtungsraum gebracht werden mußte.

Während der Nacht sprach er in unzusammenhängender wahnhafter Weise immer wieder von der «Kreuzigung einer Freundin», sagte, er sei Vergewaltiger, Mörder mehrerer junger Mädchen, habe Kinder gezeugt, er werde bald sterben und als «jüdischer schwarzer Prinz wiederauferstehen», bezeichnete sich als Bastard und zitierte die Matthäusstelle (5, 28): «Wenn dich dein rechtes Auge zur Sünde verführt, so reiß es aus und wirf es von dir.» Doch wenn er gefragt wurde, ob er plane, sich selbst zu verletzen, sagte Herr M. mit Betonung: «Nein.» Auch sprach er immer wieder von einem (realen oder imaginären) homosexuellen Kontakt mit seinem Zimmergenossen im Wohnheim. Herr M. blieb die nächsten zwölf Stunden psychotisch. Er wurde sehr genau beobachtet. Trotzdem gelang es ihm für kurze Zeit, der Beobachtung durch das Personal zu entweichen und unbegleitet in ein Badezimmer zu verschwinden. Daraufhin hörte man ihn schreien –, und als die Türe geöffnet werden konnte, stand Herr M. da, mit einer Hand das rechte stark blutende Auge bedeckend. Auf die Frage, wo das Auge sei, antwortete er, er habe es die Toilette hinuntergespült (Walsh et al. 1988, S. 120–122).

Fall 4

Einer 25jährigen schizophrenen Frau, die kürzlich ein Kind geboren hatte, wurde das Mutterrecht entzogen; das Kind wurde ihr vom Fürsorgeamt weggenommen und zur Adoption freigegeben. In der Psychose glaubte die Patientin, daß ihr das Kind weggenommen wurde, weil sie nicht fähig sei, es mit ihren eigenen Brüsten zu stillen. Weiter glaubte sie, diese Unfähigkeit sei darin begründet, daß ihre Brustwarzen verstopft seien mit irgendeiner Substanz, die den Milchfluß verhindere. Übereinstimmend mit dem Inhalt dieser Wahngedanken verfolgte sie eine konkrete Lösung des Problems der abgedichteten Brustwarzen. Ihre Lösung lag darin, sich über

Monate wiederholt Nadeln in ihre Brüste zu stechen, um sie für den Milchfluß zu öffnen. Sie glaubte, daß sie, wenn sie wieder stillen könne, ihr Kind zurückbekäme (Walsh et al. 1988, S. 115).

3.1.2 Verletzungsgrad, Häufigkeit und Lokalisation

Obwohl Automutilation dieser schweren Art meistens im akut psychotischen Zustand erfolgt, sind – wie Walsh et al. (1988) betonen – doch besonders chronische Patienten davon betroffen (Fall 3 = F 3). Bezüglich des *Verletzungsgrades* kann Automutilation von kleinen Verletzungen bis zu schweren, bizarren Verstümmelungen reichen, welche in extremen Fällen lebensbedrohliche Dimensionen annehmen können. Auch die *Häufigkeit* automutilativen Verhaltens kann sehr unterschiedlich sein; bei einigen tritt nur eine Episode der Selbstverstümmelung auf, bei anderen wiederholen sich selbstverletzende Handlungen chronisch. Walsh et al. (1988) glauben, eine inverse Beziehung zwischen der Schwere der Automutilation und deren Häufigkeit beobachten zu können: Je schwerer die Verletzungen seien, desto weniger würden sie sich wiederholen. Nach schwerer Automutilation trete nicht selten eine relative Entspannung und Beruhigung ein (F 2); diese Patienten beschreiben dann eine grundlegende Änderung ihres Befindens, was eine weitere Automutilation überflüssig mache. Trotzdem besteht – nach übereinstimmender Auffassung – bei Patienten, die einmal automutilatives Verhalten zeigten, in Zukunft ein erhöhtes Risiko für weitere solche Handlungen (F 1, 2). Eine spezifische Eigenart der Automutilation bei psychotischen Patienten betrifft zudem die *Lokalisation* der Verletzung. Im Unterschied zu anderen Populationen mit selbstschädigendem Verhalten werden von ihnen (neben anderen) auch besonders wertvolle, verletzliche und symbolträchtige Körperteile wie die Augen, die Brustwarzen und die Genitalien angegriffen.

In der Literatur wird häufig auf die *Unerwartetheit* und die Plötzlichkeit dieser schweren, oft grotesken Form von Automutilation hingewiesen. Doch dies dürfte nur für die Außenperspektive des Beobachters zutreffen, denn wie Sweeny und Zamecnik (1981) in ihrer nachfolgend referierten Studie feststellen, hat mehr als die Hälfte der von ihnen untersuchten Patienten ihren automutilativen Akt über die Dauer einiger Tage oder einer Woche genau *geplant:* «Our findings suggest that self-mutilation may be explaind by *interpersonal circumstances* and *specific delusions* that develop *over a period of a few weeks,* that self-mutilation may occur as the last event in a sequence (Hervorhebung v. Verf.)» (S. 1088).

3.1.3 Automutilation, Wahn und Halluzination

Wie die obenerwähnten Falldarstellungen und besonders das vierte Beispiel deutlich aufzeigen, kann die Automutilation schizophrener Patienten am besten *im Kontext des psychotischen Prozesses* verstanden werden. Schwere Automutilation steht oft im Zusammenhang mit Wahnphänomenen und halluzinatorischen Erlebnissen. Innerhalb der persönlich gültigen, lebensbestimmenden, privativen und damit von der Mitwelt isolierenden Wirklichkeitsüberzeugung des Wahns (Scharfetter 1991) kann *für den Patienten die Automutilation eine natürliche, logische und unausweichliche Handlung* darstellen; *für alle anderen* jedoch erscheint sie als *unverständlich und absurd.*

Sweeny et al. (1981) identifizierten neun Fälle (7 Männer, 2 Frauen im Alter zwischen 20 und 43 Jahren) von Automutilation unter den 268 Patienten, die im Laufe eines Jahres mit der Diagnose einer Schizophrenie in einer psychiatrischen Akutstation Aufnahme fanden, und verglichen diese Gruppe mit einer Kontrollgruppe von Schizophrenen ohne automutilatives Verhalten. Vier der neun automutilativen Akte waren lebensbedrohlich, sechs Patienten trugen bleibende Körperdeformationen davon. Es handelte sich im einzelnen um Verletzungen wie Enukleation, Amputation eines Fingers, Schuß- und Stichwunden in der Brust, Zerfleischen des Nackens oder des Vorderarms, Gesichts- und Schädelverletzungen und Injektion von Pfefferminzöl. Alle neun Patienten waren in den Wochen vor der Automutilation wahnhaft; sechs davon sagten, daß der konkrete Wahninhalt direkt die automutilative Handlung veranlaßte; zwei hatten zusätzlich akustische Halluzinationen, welche direkt ihr Verhalten beeinflußten. Nur einer dieser Neunergruppe wies eine depressive Symptomatik auf, und keiner drückte eine suizidale Absicht aus. In der Kontrollgruppe zeigten hingegen drei Individuen depressive Symptome, alle drei äußerten auch suizidale Gedanken.

Mittels einer Inhaltsanalyse entdeckten Sweeny et al. (1981) einen *inhaltlichen Unterschied* bei den akustischen Halluzinationen und Wahngedanken der automutilativen und der nichtautomutilativen Schizophrenen. Sieben der automutilativen Patienten glaubten durch ihre Handlung ihr eigenes Wohlergehen wie auch das ihrer Angehörigen zu retten. Sie betrachteten die automutilative Handlung als ein Mittel, um Sicherheit und Gesundheit zu erlangen, oder als einen reinigenden Akt, um das innere Chaos zu beenden. Ihre Wahngedanken waren geprägt von Bedrohung, von der Angst, kontrolliert zu werden, wie auch von religiösen Motiven und dem Bedürfnis nach innerer Reinigung. Die Wahngedanken der Kontrollgruppe waren hingegen nicht auf die eigene Sicherheit oder die der Verwandten bezogen und beinhalteten nicht direkt eine gefahrvolle Botschaft; sie waren gewöhnlicher, weniger ominös; ein typischer Wahninhalt war der

Glaube, daß andere Leute sich über sie lustig machten oder nach ihnen pfiffen. Die Halluzinationen der automutilativen Patienten hatten äußerst herabwürdigenden Charakter; sie beinhalteten Aussagen wie: «Erschieß dich – du wirst nicht sterben», «Schneide deinen Hals durch», «Du bist nicht gut» und «Du stinkst». Die Halluzinationen der Kontrollgruppe waren hingegen gutartiger, z.B. «Geh hinaus und laufe» und «Tue Gutes».

Wie akustische Halluzinationen können auch Wahngedanken unmittelbar automutilative Handlungen veranlassen. Favazza (1989b) stellt fest, daß in solchen Fällen zwei Wahnthemen vorherrschend sind: Religion und Sexualität. Daß der *religiöse Wahn* auffallend oft mit den extremen Formen der Automutilation verbunden ist, wurde in der Literatur vielfach bemerkt. Patienten mit religiösem Wahn erklären ihre Automutilation z.B. mit der Identifikation mit dem Leiden Christi (Nachfolge, Imitation), mit der Sündhaftigkeit ihrer selbst oder der Welt (Buße, Sühne, Reinigung und Bestrafung), mit himmlischen Stimmen und Visionen, mit dem Einfluß von Dämonen, mit einer göttlichen Mission oder einer freiwillig Gott dargebrachten Opfergabe. Außerordentlich häufig werden zudem in Fällen von Automutilation des Auges oder der Genitalien biblische Texte zitiert (F 1, 3); da dem Erkennen der Bedeutung dieser Bibelstellen u.U. *präventive Bedeutung* zukommen kann, seien die wichtigsten hier (in einer wortgetreuen Übersetzung) aufgeführt:

> «Denn es gibt Eunuchen, die aus dem Mutterschoß so geboren wurden, und es gibt Eunuchen, die zu Eunuchen gemacht wurden von den Menschen, und es gibt Eunuchen, die sich selbst zu Eunuchen machten um des Himmelreiches willen. Der es fassen kann, fasse es!» (Mt 19, 12)

Im griechischen Text steht ευνουχοι, das von der Zürcher Bibel mit «die Verschnittenen» und von der Einheitsübersetzung mit «die Ehelosen» übersetzt bzw. interpretiert wird. Für eine eingehende Auseinandersetzung mit der theologischen Interpretationsgeschichte des Eunuchenspruchs sei auf die Arbeit von Außerleitner (1986) hingewiesen. Weitere von Patienten häufig als Erklärungen für ihr Tun erwähnte Perikopen sind:

> «Ich aber sage euch: Jeder, der eine Frau (an-)blickt, um sie zu begehren, hat schon Ehebruch begangen mit ihr in seinem Herzen. Wenn aber dein rechtes Auge dir Anstoß gibt, reiß es aus und wirf es von dir; denn es bekommt dir, daß eines deiner Glieder vernichtet wird und nicht dein ganzer Leib in die Hölle geworfen wird. Und wenn deine rechte Hand dir Anstoß gibt, schlag sie ab und wirf sie von dir; denn es bekommt dir, daß eines deiner Glieder vernichtet wird und nicht dein ganzer Leib in die Hölle fortgeht.» (Mt 5, 28f)

> «Und wer Anstoß gibt einem einzigen dieser Kleinen, die glauben, viel besser wäre es für ihn, wenn ein Eselsmühlstein um seinen Hals gelegt und er geworfen würde ins Meer. Und wenn dir Anstoß gibt deine Hand, schlag sie ab; es ist besser, daß du verkrüppelt hineinkommst in das Leben, als daß du mit zwei Händen fortgehst in die Hölle, in das unlöschbare Feuer. Und wenn dein Fuß dir Anstoß gibt, schlag ihn ab; denn es ist besser, daß du hineinkommst in das Leben lahm, als daß du mit zwei Füßen geworfen wirst in die Hölle. Und wenn dein Auge dir Anstoß gibt, wirf es heraus; denn es ist besser, daß du einäugig hineinkommst in das Gottesreich, als daß du mit zwei Augen geworfen wirst in die Hölle, wo der Wurm nicht stirbt und das Feuer nicht erlischt.» (Mk 9, 42–48)

Oft ist die religiöse Thematik mit Motiven *sexueller* Natur verbunden (F 1, 3), manchmal sind jedoch hauptsächlich sexuelle Themen im Vordergrund. Diese reichen vom psychotischen Wunsch, eine Frau zu sein, über die Angst, homosexuell zu sein, und den Versuch, die Kontrolle über eine übersteigerte Sexualität zu erlangen, bis zur Ablehnung der eigenen Männlichkeit (F 2).

Einem späteren Kapitel (4.1) vorausgreifend, sei auf die funktional-finale Bedeutung automutilativen Handelns hingewiesen. Wie die Untersuchung von Sweeny et al. (1981) zeigt, hat im Erleben und Verstehen des Patienten die Automutilation häufig den Zweck, auf symbolisch-magische Weise Unheil abzuwehren. Neben dieser *symbolisch-magischen und apotropäischen Bedeutung* kann automutilatives Verhalten auch der Prüfung der *Selbstvergewisserung* als verletzliches, lebendiges, abgegrenztes Wesen (erste Automutilation in F 2) dienen (Scharfetter 1984, 1990). Die angeführten Falldarstellungen (F 2, 3) lassen die Interpretation zu, daß Automutilation auch die Bedeutung eines fokalen oder *partiellen Suizids* haben kann, d.h., durch das Entfernen eines wichtigen Organs (z.B. als Sühneleistung) ist es dem Betroffenen möglich, einen vollendeten Suizid zu vermeiden.

3.1.4 Risikofaktoren

Einige Forscher versuchten, *objektive Risikofaktoren* für Automutilation bei schizophrenen Patienten zu identifizieren. Das war auch das Ziel der erwähnten Studie von Sweeny et al. (1981), deren Ergebnisse im folgenden referiert werden:

1. Übereinstimmend mit anderen Untersuchungen stellen die Autoren fest, daß schwere Automutilation in engem Zusammenhang steht mit einem *psychotischen* Zustandsbild (F 1 bis 4).

2. Als hochsignifikanten Schlüsselfaktor in der Vorhersage einer Automutilation stellen sie neu den selbstherbeigeführten *Wechsel im äußeren physischen Aussehen* fest – wie das Rasieren des Kopfes (F 1), das Ausrupfen der Augenbrauen und Augenwimpern. Dies mag darauf hinweisen, daß der Patient begonnen hat, sich auf seinen Körper zu konzentrieren, um seine inneren Erfahrungen zu bewältigen: «A highly visible change in the physical appearance of a schizophrenic patient should thus be considered a risk factor connected with self-mutilation and may serve as a clinical warning sign of predictive value» (Sweeny et al. 1981, S. 1088).

3. Als weiterer signifikanter Risikofaktor wird – in Übereinstimmung mit anderen Autoren – eine *frühere Automutilation* genannt (F 1, 2).

4. Auch der (antizipierte) *Verlust einer bedeutenden Bezugsperson* wird als (nichtsignifikanter) Prädikator automutilativen Verhaltens erwähnt, denn die Coping-Strategie psychotischer Patienten kann (für Außenstehende) sehr irrationale Formen annehmen (F 3, 4).

5. Als letzter Faktor wird auf die obenerwähnte Spezifität der Wahngedanken und akustischen Halluzinationen hingewiesen, die dem automutilativen Akt vorausgehen – das sind *Verfolgungs- und Beeinträchtigungswahn* (vor allem mit *religiösen* und *sexuellen* Themen) und *Befehlshalluzinationen* (F 1, 3).

Weitere, von anderen Autoren (siehe unten) erwähnte Risikofaktoren konnten in dieser Studie nicht bestätigt werden.

Zusammenstellungen der in der (kasuistischen) Literatur erwähnten Risikofaktoren haben Martin et al. (1991) für männliche genitale Automutilation und Walsh et al. (1988) für Autoenukleation vorgelegt – wobei diese Autoren sich nicht nur auf Schizophrene beziehen, sondern (vor allem) auf psychotische Patienten überhaupt. Sie seien hier kurz zusammengefaßt, obwohl sie nicht breit abgestützt sind. Als Risikofaktoren für *männliche genitale Automutilation gelten:*

1. akute Psychose, psychotische Depression, Einfluß von Alkohol (F 1, 2);
2. homosexuelle oder transsexuelle Tendenzen (F 1);
3. physische Ablehnung der männlichen Genitalien;
4. Abwesenheit einer männlichen Identifikationsfigur in der Kindheit, dominierende Mutter, «broken home» (F 2);
5. Schuldgefühle wegen sexueller Handlungen (F 1);
6. unstete sexuelle Anamnese mit Mangel an reifen stabilen Beziehungen (F 1);
7. vorausgehende Erfahrung der Trennung oder des Mißerfolgs, Probleme mit der männlichen Rolle (F 2);
8. genitale Automutilation in der Anamnese oder zahlreiche entsprechende Gedanken (F 1);
9. andere frühere Automutilationen (F 2);
10. frühere Bitte um chirurgische Kastration.

Als entsprechende (wissenschaftlich ebensowenig abgesicherte) Schlüsselvariablen in der Vorhersage für *Autoenukleation* gelten:

1. akute Psychose, oft diagnostiziert als chronisch psychotisch oder paranoid schizophren (F 3);
2. religiöser Größen- oder Verfolgungswahn, Befehlshalluzinationen (F 3) mit;
3. intensiven Gefühlen der Schuldhaftigkeit, der Wertlosigkeit und Sündhaftigkeit;
4. Erlebnis eines erzwungenen sexuellen Kontakts, homosexuelle Wünsche oder Ängste (F 3);
5. Infragekommen eines «psychischen Handels»: Auge gegen Suizid, fokaler Suizid (F 3);
6. oft kein früheres suizidales oder automutilatives Verhalten (F 3);
7. Alkohol- oder LSD-Intoxikation;
8. Verlust oder Zerrüttung einer bedeutenden Beziehung (F 3).

Im Anschluß an diese Kriterien stellen Walsh et al. (1988) die Struktur eines Protokolls zwecks Einschätzung des Automutilationsrisikos bei einem psychotischen Patienten vor; durch dieses Protokoll werden einerseits Beobachtungen und anamnestische Daten gesammelt (frühere Automutilationen und Suizidversuche, selbstausgeführte Veränderungen des physischen Erscheinungsbildes, plötzliche Ruhe nach einer agitierten Phase, kürzlicher Verlust einer bedeutenden Beziehungsperson), andererseits werden Art und Inhalt der akustischen Halluzinationen und der Wahngedanken wie auch die Form (Lokalisation, Mittel, Art und Weise) einer möglichen künftigen Automutilation eruiert.

Einige der genannten Risikofaktoren stützen sich auf eine psychodynamische Beurteilung und auf relativ unspezifische Faktoren. Deshalb sind gerade die relativ leicht feststellbaren, ja gar sichtbaren Risikofaktoren der schweren Selbstmutilation, wie sie von Favazza et al. (1993) im Rückgriff auf Sweeny et al. (1981) zusammengefaßt werden, von hoher praktisch-klinischer Bedeutung: «At high risk are persons with a *history of major self-mutilation* and *psychotic* patients who are *preoccupied with religion and sexuality* or who *suddenly change their physical appearance* by, for example, shaving their heads or plucking out their eyebrows (Hervorhebung v. Verf.)» (S. 135).

3.2 Automutilation bei Borderline-Persönlichkeitsstörungen (BPS)

Einer der gefährlichsten und herausforderndsten Aspekte der Borderline-Persönlichkeitsstörung (BPS) besteht in der hohen Inzidenz selbstdestruktiven Verhaltens – dieses reicht von indirekten autoaggressiven Verhaltensmustern wie Drogenabusus und sexueller Promiskuität bis zu direkten und letalen Handlungen wie Einnahme einer Überdosis Pillen oder Zufügen von Schußwunden. Irgendwo in diesem weiten Spektrum liegen jene verwirrenden Handlungen, bei denen der BPS-Patient – ohne suizidale Absicht – repetitiv und gezielt sich selbst verletzt – vornehmlich in der Form der Selbstschädigung der Haut durch Schneiden, Ritzen, Kratzen, Schlagen und Brennen. In der Kategorisierung von Favazza et al. (1993) handelt es sich dabei um den 3. Typus der «oberflächlichen und mittelschweren Automutilation» (vgl. Kap. 1.4.5).

Die Konzeptualisierung im Rahmen der Persönlichkeitsstörungen ist ohne Zweifel die zur Zeit vorherrschende theoretische Annäherung an die Patienten mit wiederholter und gezielter Automutilation. Einen oppositionellen Standpunkt vertritt Favazza (1989a, 1989b), welcher nach eigener Aussage das Phänomen der Automutilation vom «konzeptuellen Sumpf der Persönlichkeitsstörungen» wegbewegen will und es als ein eigenständiges klinisches Syndrom verstanden haben möchte (vgl. Kap. 1.6.2.4 und 3.3.4). Vorwiegend wird jedoch in der Literatur die repetitive und gezielte Form von Automutilation mit der BPS in Verbindung gebracht. Walsh et al. (1988) zum Beispiel formulieren: «It can be said that there is empirical support regarding the association between SMB [self-mutilative behavior] and the BPD [borderline personality disorder] diagnosis in both directions: Borderlines have been found to be frequently self-mutilative and self-mutilators have been found to be frequently diagnosed as borderlines» (S. 95). Sogar Autoren, die der Überzeugung sind, daß die diagnostische Beurteilung der Patienten mit repetitivem automutilativem Verhalten mehr über den Arzt als über den Patienten aussagt (Feldman 1988) und die die Diagnostizierung dieser Patienten mit der Geschichte der blinden Männer vergleichen, die einen Elefanten zu beschreiben versuchen, wobei jede Beschreibung abhängig ist vom Körperteil, der ertastet wird (Simpson 1976, 1977) – auch diese kritisch eingestellten Autoren formulieren: «I believe that the diagnostic category of borderline syndrome... is the most appropriate und most useful in understanding the causation and management of these very difficult problems» (Simpson 1977, S. 42); und Feldmann (1988): «Overall, the single most frequent diagnoses for self-cutting patients is borderline-personality disorder» (S. 254). In diesem Sinne haben sich auch Pao (1969),

Haenel et al. (1982), Battegay (1988) und Sachsse (1987, 1989, 1994) geäußert, wobei sie präzisierend hinzufügen, daß diese Patienten am besten «der *Borderline-Struktur mit pathologischem Narzissmus*... zuzuordnen sind» (Sachsse 1987, S. 60).

3.2.1 Falldarstellungen

Fall 5

Eine Beschreibung des automutilativen Aktes aus der Sicht einer BPS-Patientin findet sich bei Gardner und Cowdry (1985): «The impulse to carry out my self-destructive fantasy overcame the strength of my resistence not to. I walked into the women's bathroom and slit my side with a razor blade, making a very superficial cut at first, then cutting deeper and deeper. As I started to cut, the physical pain and blood became a welcome distraction. As I cut deeper, fulfilling my fantasy at least to some degree, my mind began to feel relieved of the torment, my body eased of the tension, and I began to feel comforted» (S. 395f).

Fall 6

Eine 24jährige Frau mit einer BPS schreibt über sich selbst: «When will I stop self-mutilating? I think it is related to the phenomenon of depersonalization and feeling <not me> and feeling that nobody can hear or understand my words describing my inner emptiness, its acute pain, and the <tapes> I recall from childhood which depicted me as a monster who could hurt herself or die or never be born. Certainly understanding that it is within my control to stop it has not been productive – it merely makes me more frustrated (along with my therapist) when I do it again. In the past year or two, though, I have switched from quantity to <quality> in what I do – now using a razor to do infrequent deep cuts that need stitches, rather than shallow cuts with blunter objects. This scares me a lot» (Favazza et al. 1988, S. 26).

Fall 7

«Eine junge Krankenschwester kommt nach einem kurzfristigen stationären Aufenthalt in einer psychiatrischen Einrichtung nach Tiefenbrunn zur klinischen Behandlung. Vorausgegangen war nach ihrer Schilderung ein Leben, seit langem mit Angst und Panik ausgefüllt, in dem sie noch immer periodisch Bekannte habe aufsuchen können, um sich <abzulenken>. Dann aber habe sie sich <andere Fluchtwege> gesucht: Alkohol, jede Art von Beruhigungsmitteln, die sie als Krankenschwester entwenden konnte sowie Drogen. Manchmal habe sie sich mit dem Messer in den linken Arm geschnitten oder mit dem Kopf solange gegen die Wand geschlagen, bis er ganz verbeult gewesen sei. In die Wunden habe sie dann noch Zitronensaft und Alkohol geträufelt, damit sie richtig brannten. Dann sei ihr inneres Gefühl der Leere etwas geringer geworden. Wenn das Blut floß, wurde sie ruhig, denn <da weiß man, was man hat... und spürt sich wieder richtig>... Wegen zweimaliger Suizidversuche wurde sie in eine psychiatrische Einrichtung gebracht.

Erst mit dem Zurücktreten der impulshaften Handlungen enthüllte sie eine Leidensgeschichte, in der der Körper in verschiedener Weise involviert war» – dazu gehörten Erbrechen in Zuständen von Angst und Wut, Eßstörungen in der Pubertät, Promiskuität während der Zeit ihrer Ausbildung, selbstinduzierte migränenartige Kopfschmerzen und – in der Gegenwart – die sichere Überzeugung, von einem 18jährigen Jungen, von dem sie sich abgelehnt fühle, schwanger zu sein. «Erst bei der Frage, was denn wohl das Schlimmste für sie sei, antwortete sie: <Wenn ich mich wie in Watte fühle – das ist schlimm!>»

Der rote Faden in der Lebensgeschichte dieser Frau besteht in der «Schilderung eines unwerten, von allem Anfang an nicht gewünschten Kindes, das von Vater und Mutter mißachtet und geschlagen wurde und daß das Gefühl des stets Unterdrückt- und Gequältseins auch im weiteren beruflichen Leben nie verloren hatte. Von der Großmutter verwöhnt und mit Essen <gepäppelt>, hatte sie sich eine Sehnsucht nach einer harmonischen Beziehung erhalten, eine solche eben nie erreicht. Gerade von liebevollen Männern habe sie sich immer wieder rasch zurückgezogen oder sich vor anderen, die ihr die kalte Schulter gezeigt hätten, erniedrigt.

In der Töpfergruppe formt sie zum Erschrecken der Teilnehmer einmal eine ausgehöhlte Figur, ein anderes Mal einen Säugling mit großen Löchern im Körper» (Neun und Dümpelmann, 1989, S. 36f).

Fall 8

Eine 21jährige Frau litt zum Zeitpunkt ihres Eintritts in die Menninger Klinik bereits ungefähr vier Jahre an Bulimie, Depression und automutilativem Verhalten, welches darin bestand, daß sie ihren Kopf gegen Gegenstände schlug, sich Schnittwunden und an ihren Armen und Brüsten mit Zigaretten und anderen geeigneten Objekten Brandwunden zufügte. Die Patientin wurde auf verschiedenen Abteilungen behandelt und erhielt die Diagnose einer schizoaffektiven Störung bei schizoider Persönlichkeit.

Drei Jahre nach ihrer Entlassung wurde sie erneut für einige Monate (in einer staatlichen Klinik) hospitalisiert. Die Diagnose lautete nun: schizoaffektive Störung bei Borderline-Persönlichkeit. Bei ihrer Aufnahme war sie übergewichtig, nachfolgend nahm sie kontinuierlich an Gewicht ab. Der Aufenthalt war gekennzeichnet durch automutilatives Verhalten einerseits und Verfall ihres physischen und psychischen Zustandes (aus Gründen der Mangelernährung) andererseits; der psychische Zustand war geprägt von Depression, suizidalen Gedanken und Gefühlen des Verlassenseins; wegen des lebensbedrohlichen physischen Zustands wurde die Patientin schließlich mit dem Flugrettungsdienst in die Menninger Klinik geflogen, wo sie zum zweiten Mal Aufnahme fand.

Die Familiengeschichte der Patientin enthüllte, daß auch ihre Mutter depressiv, suizidal und automutilativ war. Ihren Vater beschrieb die Patientin als distanzierten Mann mit einer Alkoholproblematik. Die Ehe der Eltern war schwierig, schien jedoch durch die gemeinsame Bewältigung der Krankheit der Tochter gefestigt worden zu sein. Die Eltern wurden kürzlich beide Mitglieder der Zeugen Jehovas und tendierten dazu, die Probleme der Tochter als Zeichen der Besessenheit von Dämonen aufzufassen.

Während des ersten Monats ihres Aufenthaltes entwickelte sich aus einer selbstinduzierten Wunde am Arm der Patientin ein chronischer Ulcus. Sie steckte Heftklammern in die Wunde, was zu Infektionen führte, welche eine chirurgische Behandlung unvermeidlich machten. Die Patientin bekannte, daß die automutilativen Handlungen ihr ermöglichten, Gefühle zu empfinden. Weiter berichtete sie, daß sie manchmal auch von einem anderen Selbst oder einer anderen Persönlichkeit zu den Selbstverletzungen gezwungen würde. Auch benutzte die Patientin die automutilativen Akte, um die Aufmerksamkeit des Behandlungsteams auf sich zu lenken. Zudem brachte sie durch ihr Verhalten – wie erwähnt – auch ihre Eltern näher zueinander (Katz und Levendusky 1990, S. 398f).

Fall 9

Artha wurde mit 18 Jahren in eine psychiatrische Klinik aufgenommen wegen eines «chaotischen Lebensstils» mit automutilativem Verhalten, zahlreichen Suizidversuchen durch das Aufschneiden der Pulsadern und Überdosen von Pharmazeutika, Polytoxikomanie, Promiskuität, Fernbleiben von der Schule, häufigen Auseinandersetzungen mit der Mutter und heftigen Konflikten mit Gleichaltrigen. Der sechswöchige Aufenthalt in der Klinik fand seine Fortsetzung in einer Einzel- und einer Familientherapie.

Arthas Schwierigkeiten waren eng verbunden mit dem Tod ihres Vaters. Sie war damals 14 Jahre alt. Sie beschreibt ihren Vater als einen warmen und liebevollen Menschen, von dem sie sich bevorzugt fühlte. Er sei die

Nabe der Familie gewesen, der Rest der Familie die Speichen. Seit dem Tod ihres Ehemanns halte sich die Mutter nur zu Hause auf, depressiv zurückgezogen. Kurz nach dem Tod des Vaters begann Artha Marihuana zu rauchen. Dies half ihr, sich zu entspannen und zu vergessen, daß sie ihren Vater niemals mehr sehen würde. Sie sagte, daß sie nie über den Verlust des Vaters geweint habe und nie mit ihrem Bruder oder ihrer Mutter über seinen Tod gesprochen habe.

Arthas Drogenkonsum führte dazu, daß sich ihr Freundeskreis veränderte. Sie zog mit Freunden in der Drogenszene herum, war in kleinere Diebstähle und Vandalenakte verwickelt. Die Mutter nahm von ihren Aktivitäten Notiz, war jedoch zu schwach, etwas dagegen zu unternehmen, im Gegenteil, sie wurde noch hoffnungsloser und zog sich noch mehr zurück.

Mit der Zeit wurde für Artha sogar das Party- und Drogenleben zu langweilig. Mit den früheren Freunden hatte sie jedoch keine Verbindung mehr. Es blieb ihr also nur die Wahl, entweder mit ihren «Drogenfreunden» zusammenzubleiben oder die Zeit alleine zu verbringen. Doch wenn sie zu viel Zeit mit sich selbst beschäftigt alleine in ihrem Zimmer verbrachte, sei sie – wie sie sagte – nervös geworden und habe Angst gespürt. Daher suchte sie trotz allem immer wieder die alten Freunde auf.

In der Schule wurde Artha für die Lehrer und Behörden zu einem zentralen Problem. Lehrern gegenüber war sie trotzig, sie blieb unbegründet der Schule fern und stand unter Verdacht, jüngeren Schülern Drogen anzubieten. Nur weil sie sich bisweilen in eine charmante Person verwandeln konnte, vermochte sie den Schulverweis zu vermeiden.

Schon vor dem Tod ihres Vaters hatte sie Beziehungen zu Jungen, doch nach seinem Tod ging sie eine ganze Reihe von kurzlebigen sexuellen Kontakten mit ihr kaum bekannten Personen ein. Diese kurzen Beziehungen waren geprägt von Drogen- und Alkoholkonsum, sie blieb ganze Nächte von zu Hause weg, sorgte sich beim sexuellen Verkehr in keiner Weise um Schwangerschaftsschutz.

Diese kurzen Beziehungen pflegten jeweils in einer explosiven Auseinandersetzung zu enden. Wenn Artha keinen Freund hatte, war sie zu Hause mürrisch und reizbar. Dies waren auch die Perioden, in denen sie sich schnitt – normalerweise in Form mehrerer paralleler Schnitte am Arm, welche keine medizinische Versorgung verlangten. Zusätzlich nahm sie manchmal auch Pillen aus der Hausapotheke und schluckte diese wahllos.

Auf die Einzeltherapie sprach Artha zunächst sehr gut an; sie war voller Bewunderung für den Therapeuten. Nach zwei Monaten jedoch wurde sie zunehmend fordernd und abwertend – kritisierte den Therapeuten, wenn dieser die Stunde beendete, «gerade dann, wenn sie etwas Wichtiges sage», sie wurde wütend und anklagend, wenn dieser ein Detail nicht mehr wußte, da «dies zeige, daß er sie nicht ernst nehme»; sie brach mehrmals die Stunde ab mit der Mitteilung, sie werde niemals wiederkommen. Dieses stürmische Verhalten dauerte mehr als zwei Jahre.

Während dieser Zeit konnte sie jedoch die Schule abschließen, und eine neue Aufnahme in einer Klinik konnte vermieden werden – doch sie versetzte den Therapeuten durch mitternächtliche Telefonate, in denen sie von Selbstverletzung und Suizidversuchen sprach, oftmals in Angst und Entsetzen. Der Therapeut mußte den Telefonanrufen Grenzen setzen und seiner Patientin immer wieder erklären, daß diese Restriktionen nicht als Strafe zu verstehen seien, sondern als Mittel, um eine klare und konstante Beziehung zu ermöglichen.

Im dritten Jahr begann Artha bezüglich des automutilativen Verhaltens Fortschritte zu machen. Sie begann zu erkennen, daß die Probleme schon vor dem Tod des Vaters ihren Anfang genommen hatten, sie konnte vermehrt über schmerzhafte und traumatische Erfahrungen in ihrer Kindheit sprechen. Immer noch tendierte sie zwar dazu, sich oberflächliche Schnittverletzungen zuzufügen, wenn Beziehungen abbrachen oder zu intensiv wurden, doch das automutilative Verhalten verminderte sich. Dieser Änderung vorausgegangen waren zwei wichtige Schritte: einmal die Entscheidung, das Rauchen von Marihuana aufzugeben – aus ihrer Überzeugung, daß dies die Selbstkontrolle vermindere und zudem depressiv und paranoid mache. Der zweite wichtige Schritt bestand in der eingehenden Diskussion ihrer Einstellung ihrem Körper gegenüber, z.B. ihrer festen Überzeugung, daß sie häßlich sei (Walsh et al. 1988, S. 108–112).

3.2.2 Der innere Zusammenhang der Automutilation mit den Charakteristika der Borderline-Persönlichkeitsstörung

In den beiden gegenwärtig bedeutendsten nosologischen Klassifikationssystemen wird in der Beschreibung der BPS das Symptom der Automutilation explizit angeführt. In der kurzen Darstellung der BPS in der ICD-10 werden «selbstbeschädigende Handlungen» hauptsächlich im Zusammenhang des spezifischen Beziehungsverhaltens dieser Patienten gesehen. Im DSM-III-R gelten «selbstverstümmelnde Verhaltensweisen» als ein Kriterium für die BPS-Diagnose.

Das DSM-III-R kennt acht Kriterien für die BPS. Dabei handelt es sich jeweils – wie bei jeder Persönlichkeitsstörung – um stabile und anhaltende Gefühls-, Denk- und Verhaltensmuster, welche die Beziehung zur eigenen Person wie auch zur Umwelt prägen. Für die Diagnose einer BPS müssen mindestens fünf der acht Kriterien erfüllt sein. Nicht alle BPS-Patienten zeigen das Symptom der Automutilation, doch bei denjenigen Betroffenen, die dieses Symptom aufweisen, läßt sich ein innerer Zusammenhang mit den anderen Kriterien der BPS aufweisen. Das Auftreten von Automutilation wird im DSM-III-R als Zeichen einer schweren Form der BPS betrachtet. Im Rahmen dieser Arbeit kann es nicht darum gehen, die komplexe Thematik der BPS in extenso zu behandeln. Nachfolgend sollen – bezugnehmend auf die Darstellung von Walsh et al. (1988) – die im DSM-III-R angeführte diagnostische Kriterium für die BPS in Beziehung gesetzt werden mit dem Symptom der Automutilation. Zugleich werden jeweils kurz therapeutische Implikationen angesprochen. Hierdurch wird deutlich, daß *sich im automutilativen Handeln viele Facetten der BPS kristallisieren.*

1. «Wiederholte Suiziddrohungen, -andeutungen oder -versuche oder andere selbstverstümmelnde Verhaltensweisen»

Borderline-Persönlichkeiten, die sich selbst Verletzungen zufügen, *beabsichtigen damit in der Regel nicht, sich das Leben zu nehmen.* Dieses Verhalten dient vielmehr dazu, einen anderen, *erträglicheren emotionalen Zustand zu erreichen.* Es kann auch eingesetzt werden, um bestimmte *Reaktionen bei anderen hervorzurufen.* Die automutilativen Handlungen werden absichtlich gewählt, um ein ganz bestimmtes Ziel inter- oder intrapersonaler Natur zu erreichen.

Meist sind die automutilativen Handlungen von geringer Letalität: «Am häufigsten und am wenigsten problematisch ist sicherlich die *oberflächliche Schnittverletzung der Haut durch Rasierklingen* oder andere scharfe Gegenstände» (Sachsse 1994, S. 31). Seltener und problematischer sind tiefe Schnitte bis zur Verletzung der Muskelfaszie, der Gefäße und der Nerven. Manchmal werden von den Betroffenen auch extreme Risiken eingegangen (auf Dächer steigen, Überdosierungen von Medikamenten usw.), um andere von der Ernsthaftigkeit ihrer suizidalen Absicht zu überzeugen. Ernsthafte Verletzungen und vollendete Suizide können dabei auch aus einer *Fehlkalkulation des automutilativen Aktes durch den Patienten* resultieren. Die Handlungen können im einzelnen so schreckenerregend und potentiell lebensgefährlich sein, daß es auch für den erfahrenen Kliniker oft schwierig ist, zwischen Drohung und realer Absicht zu unterscheiden. Sachsse (1994) weist zudem darauf hin, daß Automutilation bei Patienten mit BPS nie isoliert auftritt (F 7, 8, 9): «Sie ist stets verbunden mit weiteren selbstschädigenden Verhaltensweisen und Symptombildungen. Alle Patientinnen haben Suizidversuche hinter sich, dabei meist mehrere akut lebensbedrohliche, die nur durch intensivmedizinische Maßnahmen behandelbar waren» (S. 32; vgl. Kap. 1.6.2.5).

Gunderson (1984; zit. in Walsh et al. 1988) weist darauf hin, daß Therapeuten entweder zur Überreaktion (protektives Verhalten) oder zur Ignorierung (des «ohnehin nur manipulativen» Verhaltens) neigen. Der Autor weist darauf hin, daß der Patient mit BPS ein wirkliches Verlangen nach einer Reaktion des Therapeuten hat und es Aufgabe des Therapeuten sei, dem Patienten zu helfen, seine Bedürfnisse auf eine alternative, direktere Weise auszudrücken. Der Therapeut soll also *nicht ignorierende Zurückhaltung üben, sondern auf eine stützende Art antworten, aber nicht so, als ginge es um Leben oder Tod.* Auf die Wichtigkeit, dem Patienten zu helfen, direkter zu kommunizieren, verweist auch die Untersuchung von Simpson (1975), welche bei Patienten mit Selbstschädigung der Haut eine signifikant höhere Schwierigkeit feststellt, die eigenen Gefühle und Bedürfnisse zu verbalisieren.

2. «Chronische Gefühle der Leere oder Langeweile»

Borderline-Patienten berichten sehr oft von quälenden Gefühlen der Leere, Langeweile und inneren Unruhe (Fälle = F 5 bis 9), so daß sie Wege suchen, um sich als lebendig zu erfahren. Kernberg (1991) berichtet folgendes:

> «Manche Patienten berichten uns von einer schmerzlichen und beunruhigenden inneren Verfassung, die sie häufig als Leeregefühl beschreiben. In typischen Fällen gewinnt man den Eindruck, als sei dieses Leeregefühl überhaupt ihre Grunderlebnismodalität, der sie ständig zu entfliehen versuchen, sei es, indem sie sich in mannigfache Aktivitäten stürzen oder hektisch in sozialen Kontakten engagieren, sei es durch Einnahme von Drogen oder Alkohol oder durch eine ständige Suche nach Triebbefriedigungen sexueller, aggressiver oder oraler Art und zwanghafte Verhaltensweisen, womit sie sich von ihrem inneren Erleben abzulenken versuchen. Bei anderen dagegen hat es den Anschein, als wehrten sie sich schon gar nicht mehr gegen dieses Empfinden von Leere und Sinnlosigkeit; sie nehmen gewissermaßen einen mechanischen Lebensstil an und erledigen ihren Tagesablauf mit einem alles abtötenden Gefühl von Unwirklichkeit oder einer allgemeinen Verschwommenheit ihres subjektiven Erlebens, in der sie mit jeder menschlichen oder dinglichen Umgebung, in der sie sich gerade befinden, zusammenzufließen scheinen» (S. 246f).

Eine der Methoden, dieses Gefühl der Leere und Langeweile zu lindern, stellt das automutilative Verhalten dar. Nicht nur die selbstverletzende Handlung selbst gibt das Gespür für die eigene Lebendigkeit zurück, sondern schon das vorausgehende Planen, die ausgestoßenen Drohungen und die konkreten Vorbereitungen haben belebende Wirkung. Viele folgen in der Vorbereitung der Handlung einem persönlichen *Ritual* – z.B. in der Art, wie die Rasierklinge, die Verbände, die Alkoholtupfer und andere Utensilien bereitgelegt werden. Wenn auch die Entscheidung zur Ausführung selbst oft einen plötzlichen und impulsiven Charakter hat, geht ihr doch ein längeres «Brüten über der Sache», ein spannungsvolles Hin-und-her-Überlegen voraus.

Verschiedene empirische Studien belegen, daß Leeregefühle wie auch der Zustand innerer Gespanntheit diejenigen emotionalen Zustände sind, die der Automutilation der offenen Hautschädigung häufig vorausgehen. In einer Arbeit von Simpson (1975), in der eine Gruppe von 24 «wrist cutters» nach dem ihrem automutilativen Akt vorausgehenden Zustand befragt wurden, nannten 21 als wichtigstes oder zweitwichtigstes Symptom das Gefühl der Leere, 18 berichteten von Spannungszuständen. Von den 23 von Rosenthal et al. (1972) untersuchten Patienten beklagten sich 16 über chronische Gefühle der Leere. In beiden Studien war diesbezüglich ein signifikanter Unterschied zur Kontrollgruppe festzustellen.

Manche Borderline-Patienten berichten auch von dissoziativen Zuständen (F 6, 7, 8), die zur Automutilation führen (Kap. 3.2.3). Sie beschreiben, wie sie sich wie anästhesiert oder wie innerlich tot empfinden. Die Empfindung des Schmerzes und der Anblick des Blutes schenken ihnen (wie häufig auch bei Schizophrenen) die *Gewißheit, daß sie trotz allem am Leben sind.* Kurz: Automutilation ist ein wirkungsvolles Mittel, um unerträgliche Gefühle der Leere und der Dissoziation zu beenden.

Automutilation bewirkt jedoch nicht nur eine Veränderung des inneren psychischen Zustandes, sondern mündet schließlich auch in einen Sturm von Aktivitäten und Reaktionen der Umgebung. Nicht nur *intrapsychisch* verschafft sich demnach der Patient Erleichterung vom unerträglichen Gefühl der inneren Leere, sondern er erreicht oft auch interpersonell ein verstärktes emotionales Involviertsein in die menschliche Gemeinschaft.

Therapeutisch muß nach Walsh et al. (1988) auf zwei wichtige Ziele hingearbeitet werden: Zum einen sei es notwendig, daß des Patienten Toleranzschwelle für Gefühle der Langeweile erhöht wird; zum anderen müsse ihm geholfen werden, Beziehungen, Aktivitäten und Werte zu entwickeln, die seinem Leben genügend Herausforderung und Bedeutung geben. Dies zu erreichen stellt für Borderline-Patienten ohne Zweifel eine sehr schwierige Aufgabe dar.

3. *«Verzweifeltes Bemühen, ein reales oder imaginäres Alleinsein zu verhindern»*

Bei automutilativen Borderline-Patienten «findet sich regelhaft ... eine *ausgeprägte Angst vor dem Alleinsein*» (Sachsse 1994, S. 33). Dieses Problem ist direkt verbunden mit den Gefühlen der Langeweile und Leere. Wie die Geschichte von Artha (F 9) deutlich zeigt, wachsen Gefühle der Leere, der Nervosität, der Gespanntheit, ja gar der Verzweiflung, wenn sie alleine ist und sich von anderen abgeschnitten fühlt.

Viele der Betroffenen erfuhren bereits als Kind einen fundamentalen Mangel an Beziehungen, sie fürchten sich nun vor der Rückkehr dieser Gefühle des Verlassenseins und Abgelehntseins. Die Gefühle der Deprivation mobilisieren immense Anstrengungen, andere an sich zu binden. Ein Teufelskreis entwickelt sich. Die Freunde und die Familienmitglieder spüren diese exzessiven Ansprüche, schrecken davor zurück und distanzieren sich innerlich; dies wiederum verstärkt die Isolationsgefühle der Borderline-Persönlichkeiten, und sie greifen zu immer drastischeren Strategien – so zum Beispiel zu Automutilation. Automutilation hat einen so *kraftvollen Appellcharakter*, daß diese Strategie – zumindest bei Laien – mit größter Wahrscheinlichkeit mit Erfolg das angepeilte Ziel erreicht, die anderen aus ihrer Zurückhaltung herauszuholen (vgl. Kap. 4.2.2).

Gerade diese kraftvolle Wirkung eines automutilativen Aktes macht eine angemessene Reaktion so schwierig. Walsh et al. (1988) sind der Ansicht, der Therapeut solle nicht mit zusätzlichen Sitzungen und irregulären Zusammenkünften reagieren; wichtig sei, daß der Patient den Therapeuten als konstant präsent und beteiligt erfährt, unabhängig von Manipulationen durch automutilatives Handeln. Besondere Sorgfalt ist gefordert, wenn der Therapeut in die Ferien verreist oder eine Therapiestunde absagen muß, da in solchen Situationen leicht die Gefühle der frühen Deprivation wieder auftauchen und den therapeutischen Prozeß unterlaufen. Dazu paßt Rosenthals et al. (1972) Beobachtung, daß sich mehr als die Hälfte der automutilativen Patientinnen einer von ihnen untersuchten psychiatrischen Klinik am Freitag oder Samstag Schnittwunden zufügte; eine weitere Häufung stellten sie am Mittwochnachmittag fest, wenn das Behandlungsteam die Klinik zu verlassen pflegte, um eine auswärtige Nachbehandlungsstation zu versorgen. Dies zeigt an, wie unabdinglich eine sorgfältige Organisation der Ferienvertretung ist.

4. *«Ein Muster von instabilen, aber intensiven zwischenmenschlichen Beziehungen, das sich durch einen Wechsel zwischen den beiden Extremen der Überidealisierung und Abwertung auszeichnet»*

In stabilen, konstanten Beziehungen fühlen sich Borderline-Persönlichkeiten nicht wohl; sie suchen vielmehr aufregende, dramatische und ungewöhnliche Beziehungen (F 7, 9). Sobald eine Beziehung zu normal, zu distanziert und berechenbar ist, beginnen die bekannten Gefühle der Leere und des Verlassenseins aufzutreten. Sie werden dann versuchen, auf irgendeine Art mehr Intensität, Spannung, Konflikte in die Beziehung zu bringen.

Eine der Methoden, die *emotionale Dichte in Beziehungen zu modulieren und zu kontrollieren,* stellt die Automutilation dar. Ist eine Beziehung distanzierter und ruhiger geworden, kann dies durch eine automutilative Handlung sehr schnell geändert werden. Die turbulente Reaktion der Umgebung entspricht exakt den Bedürfnissen nach Intensität und Anteilnahme, unter deren Mangel diese Patienten leiden. Walsh et al. (1988) weisen auf ihre Beobachtung hin, daß Borderline-Persönlichkeiten gerade die chaotische und dichte Beziehungskonstellation nach der automutilativen «Tat» als perfekt und ideal erleben, weil sie genau das erhalten, was sie brauchen. Nach einiger Zeit jedoch werden die Beziehungen wieder «normal» – das aber ist der Zustand, in welchem der Borderline-Patient seine Beziehungspersonen am meisten attackieren und ihnen Egoismus und mangelnde Anteilnahme vorwerfen wird.

Auch in der Therapie werden diese Patienten versuchen, ein stürmisches und chaotisches Milieu zu schaffen. Deshalb stellen Borderline-Persönlichkeitsstörungen «oft eine besondere Belastung für das Behandlungsteam dar, welches dann zwischen Zuwendung, Mitleid, Sorge einerseits und Wut, Ablehnung, Ausstoßung hin- und hergerissen, zerspalten sein kann (sogenanntes staff splitting)» (Scharfetter 1992b, S. 765). Eine Hauptaufgabe der Therapie besteht nach Walsh et al. (1988) darin, diesen Menschen zu helfen, eine realistischere, konstante, stabile Beziehung zu tolerieren. Deshalb sei die *therapeutische Haltung der konstanten Anteilnahme* so wichtig – *unabhängig von den Turbulenzen, die vom Patienten ausgehen:* «It is important for therapists to present themselves as fellow human beings with strengths and flaws, thereby undermining the cycles of idealization and devaluation» (Walsh et al. 1988, S. 101; siehe dazu Kap. 4.2.2.3).

5. «Instabilität im affektiven Bereich, z. B. ausgeprägte Stimmungsänderungen von der Grundstimmung zu Depression, Reizbarkeit oder Angst, wobei diese Zustände gewöhnlich einige Stunden oder, in seltenen Fällen, länger als einige Tage andauern»

Borderline-Persönlichkeiten erfahren ausgeprägte Stimmungsänderungen – manchmal innerhalb von Stunden. Die dysphorische Stimmungslage und die oft rapide Eskalation der Emotionen sind für diese Patienten schwer auszuhalten. In dieser Situation kann Automutilation als eine der Methoden dienen, um eine veränderte, wünschenswertere Stimmungslage herbeizuführen (F 5 bis 9). Tatsächlich berichten Patienten von einer schnellen – doch oft nur kurz anhaltenden – Stimmungsänderung nach einer automutilativen Handlung – so ein 39jähriger Lehrer: «Before every episode of self-mutilation I feel emotionally overwhelmed. The sight of my blood seems to release unbearable tension» (Favazza et al. 1988, S. 26). Automutilation ist für Patienten mit BPS also ein wirkungsvolles Mittel zur *Selbstmodulation des emotionalen Haushalts.* In der Therapie muß es nach Walsh et al. (1988) entsprechend darum gehen, mit den Betroffenen andere als deviante Wege zu finden, die eigenen Stimmungen zu modulieren.

6. *«Übermäßige, starke Wut oder Unfähigkeit, die Wut zu kontrollieren, z. B. häufige Wutausbrüche, andauernde Wut oder Prügeleien»*

Ausgeprägte Wutgefühle sind ein spezifisches Beispiel der affektiven Instabilität von Patienten mit BPS. Sie können diese Gefühle, die sehr leicht entstehen und schnell anwachsen, schlecht kontrollieren. Wut und Zorn finden oft in verschiedenen unangemessenen Weisen Ausdruck: In verbalen Wutausbrüchen und in physischer Gewalt – aber auch mittels Selbstverletzung kann *Wut ausgedrückt werden.* Manipulative Borderline-Persönlichkeiten erkennen, daß der Angriff auf den eigenen Körper auch benützt werden kann, *um andere zu verletzen,* besonders ihre Eltern und Freunde. Eine 22jährige Sekretärin sagte: «I cut my wrist... and told my boyfriend who was very late for our date, <this is how deeply you have hurt me>» (Favazza 1989b, S. 139f). Der Wut in Form von Automutilation Luft zu machen, hat bestimmte Vorteile gegenüber tätlichen und verbalen Wutausbrüchen gegen andere. Während direkte Angriffe auf andere meist Vergeltung zur Folge haben, kann der sich selbstverletzende Mensch auf Umsorgung und Empathie von seiten der anderen hoffen.

Wie Walsh et al. (1988) erwähnen, sind gerade auch Therapeuten oft Zielscheibe des automutilativen Ausdrucks von Wut (vgl. F 9). Borderline-Patienten vermögen nicht, Wut direkt zu zeigen, weil sie befürchten, dadurch die Zuneigung des Therapeuten zu verlieren. Durch Automutilation kann jedoch Wut (z.B. über eine als mangelhaft wahrgenommene Anteilnahme oder kritische Bemerkung des Therapeuten) auf indirektem Weg ausgedrückt werden. Die Aufgabe des Therapeuten besteht nun darin, dem Patienten diesen Vorgang transparent zu machen und ihm zur Erfahrung zu verhelfen, daß direktere Wege, Wut auszudrücken, für den Umgang mit Wutgefühlen angemessener und geeigneter sind.

7. *«Ausgeprägte und andauernde Identitätsstörung, die sich in Form von Unsicherheiten in mindestens zwei der folgenden Lebensbereiche manifestiert: dem Selbstbild, der sexuellen Orientierung, den langfristigen Zielen oder Berufswünschen, in der Art der Freunde oder Partner oder in den persönlichen Wertvorstellungen.»*

Die affektive Instabilität der Borderline-Persönlichkeiten steht in enger Verbindung zu ihrem wechselhaften, instabilen Selbstkonzept (F 7, 9). Sie sind von tiefen Selbstzweifeln geplagt, nicht selten fragen sie sich: Wer bin ich eigentlich? Nach Walsh et al. (1988) kann die Identitätsstörung dieser Patienten aus mehreren Gründen zu automutilativem Verhalten führen:

a) Als eine Person zu gelten, die sich selbst schneidet, kann selbst schon eine Identität geben. Sowohl im Behandlungsteam wie auch unter Freunden und in der Familie erhalten diese Patienten eine spezielle Position aufgrund ihres selbstverletzenden Verhaltens. Eine von Favazza et al. (1988) zitierte Patientin, die eine fünfjährige Geschichte der Automutilation vorweist, schreibt: «I cut myself first because I need to feel <special>. Although it doesn't begin as an attention getter, it soon becomes one. I woke up one day and felt special in my freakness... I feel a smug pride in my scars. I'm not eager to give up cutting. Take it away and I'm like everyone else» (S. 26).

b) Automutilation kann auch Schuldgefühle und Spannungszustände lösen, die aus der Identitätskonfusion resultieren.

c) Mit der Automutilation teilt der Betroffene den anderen indirekt mit, wie schwach er sich fühlt. Sein Handeln stößt entsprechend auf stützende, sorgende, aufwertende, lebensrettende Reaktionen, welche wenigstens kurzzeitig das Selbstgefühl heben im Sinne: «Ich bin es also doch wert, gerettet und geliebt zu werden.»

Therapeutisch muß es nach Walsh et al. (1988) darum gehen, dem Patienten den *Zusammenhang zwischen dem gestörten Selbstbild und der Automutilation* aufzuzeigen. Die *Einstellung dem eigenen Körper gegenüber* wird – wie bei Artha (F 9) – meistens ein zentrales Thema sein, denn – so stellt Sachsse (1994) fest – «alle Patientinnen», die sich selbst Verletzungen zufügen, «haben schwere Störungen des Körperbildes» (S. 33). Ziel der Therapie muß es sein, mit einer Verbesserung des Selbstbildes das Risiko der Automutilation zu mindern.

8. «Impulsivität bei mindestens zwei potentiell selbstschädigenden Aktivitäten, z. B. Geldausgeben, Sexualität, Substanzmißbrauch, Ladendiebstahl, rücksichtsloses Fahren und Freßanfälle»

Obwohl die Automutilation über längere Zeit geplant werden kann, hat doch die Ausführung der Handlung selbst – wie erwähnt – einen *impulsiven Charakter* (F 5). Wenn das Bedürfnis aufkommt, sich eine Schnittverletzung zuzufügen, gibt es fast kein Zurück mehr – die Handlung wird oft als ein fast unwiderstehlicher Drang, ja Zwang erfahren. Von diesem Charakter der Impulsivität sind Favazza et al. (1989a) so beeindruckt, daß sie diese Auftretensform der Automutilation als eigenständiges Syndrom unter die Impulsstörungen (wie Kleptomanie, Pyromanie und Trichotillomanie) aufnehmen möchten (vgl. Kap. 3.3.4).

Die Impulsivität des automutilativen Handelns zeigt deutliche Analogien mit anderen impulsiven potentiell selbstschädigenden Verhaltensweisen, welche bei Patienten mit BPS häufig vorkommen: Sexualverhalten, Substanzmißbrauch und «Eßattacken». Tatsächlich zeigt ein großer Anteil automutilativer Patienten (mindestens als Zwischenphase in ihrer Krankheitsentwicklung) auch *Störungen im Eßverhalten* (F 7, 8) – vor allem Adipositas und Bulimie – wie auch eine *Suchtproblematik* (F 7, 9) – vor allem Alkoholabusus, Benzodiazepin-Abusus und Polytoxikomanie (Pao 1969; Rosenthal et al. 1972; Simpson 1975; Favazza 1989b; Winchel 1991; Sachsse 1989, 1994).

Bezüglich des *Sexualverhaltens* herrscht keine einheitliche Meinung in der Literatur. Graff et al. (1967) und Simpson (1975) sprechen von einem Entweder-oder-Verhalten: promiskuitives Verhalten bei der einen oder überhaupt keine sexuellen Kontakte bei der anderen Hälfte der Patienten. In der Untersuchung von Rosenthal et al. (1972) an 24 jungen Frauen wurde dies nicht bestätigt, hingegen wurden bei den meisten Patientinnen sexuelle Identitätsstörungen festgestellt. In der Studie von Sachsse (1987) wiesen alle Patientinnen «Sexualstörungen in Form einer Alibidinie auf. Die Männer zeigten ausgeprägt feminine Züge, bei den Frauen zeigte sich eine durchgängige Ablehnung der eigenen Weiblichkeit und Sexualität» (S. 53).

Im Unterschied zu anderen Formen von impulshaftem Verhalten kann Automutilation schnell und sofort, ohne Vorbereitung und ohne materielle Kosten durchgeführt werden. Diese leichte Zugänglichkeit macht es sehr schwer, das impulsive automutilative Verhalten unter Kontrolle zu bringen – um so mehr als die impulsive Handlungsweise tief in der Borderline-Persönlichkeitsstruktur verwurzelt ist: «Since the impulsive mode is so intricately connected with the borderline lifestyle, many borderlines have great difficulty in altering this approach. They lack the ability to delay gratification, to dissipate unwanted feelings, and to tolerate frustration. Until these deficits are corrected, the impulsive style is likely to continue» (Walsh et al. 1988, S. 106f).

Eine Möglichkeit, automutilativen Handlungen trotz der erwähnten Erschwernisse vorzubeugen, besteht darin, dem Patienten zu helfen, Situationen zu identifizieren, die jeweils leicht zu Automutilation führen. Dies stärkt die Fähigkeit zur Selbstwahrnehmung und Selbstkontrolle. Zum Beispiel mag ein besonderes Risiko dann bestehen, wenn ein Patient mit BPS das Gefühl der Langeweile verspürt, alleine ist und sein Selbstwertgefühl tief ist (F 9).

Wie gezeigt, hängen alle acht Charakteristika der BPS innerlich mit dem automutilativen Verhalten zusammen. Zugleich wurden mit deren Darstellung *die von den Patienten am meisten genannten Gründe* für automutilative Akte veranschaulicht und in einen Kontext gestellt. (In Kap. 4.1.1 werden die von den Patienten mitgeteilten Gründe in einer Übersicht aufgeführt.) Mit den kurzen Hinweisen auf therapeutische Implikationen sollte gezeigt werden, daß automutilatives Verhalten nicht gesondert betrachtet und behandelt werden kann, was wiederum deutlich macht, wie komplex und anspruchsvoll die Therapie von BPS-Patienten ist, insbesondere solchen mit dem Symptom der Automutilation. Die empfohlene therapeutische Grundhaltung fassen Walsh et al. (1988) wie folgt zusammen: «More so than in many other forms of psychopathology, the relationship between the client and therapist is a critical yet highly difficult part of treatment. Self-mutilation is often used in a manipulative attempt to achieve a special, intense, overinvolved relationship with the therapist. The challenge for the therapist is *in maintaining appropriate boundaries, resisting manipulation by insisting on direct communication, and providing time and attention that are independent of acts of self-harm* (Hervorhebung v. Verf.)» (S. 107).

3.2.3 Automutilation und Depersonalisation

Dissoziative Zustände, in denen sich die Patienten «wie in Watte gebettet» (F 7), «leer», «empfindungslos», «nicht sich selbst» (F 6), «wie tot» fühlen, sind – wie erwähnt – oft eng mit automutilativen Handlungen verbunden. Dies wird von zahlreichen Autoren bestätigt. «Die Borderline-Persönlichkeiten können dermaßen depersonalisiert sein, daß sie sich nur dann in ihrer Körperlichkeit zu erleben vermögen, wenn sie sich eine Verletzung zufügen. Die lokalisierte Versehrung ihres eigenen Körpers gibt... diesen Individuen... wenigstens einen Ort in der Welt, den sie zu erleben vermögen. Diese Autodestruktion ist also nicht nur durch den Wunsch motiviert, sich zu schädigen, sondern auch durch das Bestreben, sich wenigstens so zu erfahren» (Battegay 1988, S. 66). Aus dieser Perspektive kann Automutilation als ein Versuch der Selbsthilfe verstanden werden – als *Autotherapie, um dem Zustand des emotionalen Todes zu entrinnen.* «The act of cutting is experienced as therapeutic in its effect and as a direct means of achieving reintegration and repersonalization» (Simpson 1975, S. 432).

Die Gefühle, welche den Zustand der Depersonalisation begleiten, können zwar je nach Persönlichkeitsstruktur im einzelnen unterschiedlich sein, sie werden jedoch von den Betroffenen im allgemeinen als unerwünscht, unerträglich und fremd erfahren. Die Befindlichkeit im Zustand der Depersonalisation ist schwer mitteilbar. Das nach Neun et al. (1989) in der Depersonalisations-Literatur am meisten geschilderte, die Änderung der Selbstwahrnehmung und des Selbsterlebens begleitende Gefühl ist das der *Verzweiflung*. Es handelt sich demnach hier um die Befindlichkeit eines Menschen, der eine tiefgreifende Krise durchlebt. Einerseits wird Hilflosigkeit, andererseits Hoffnungslosigkeit erfahren, das Gefühl des Aufgebens/Aufgegebenseins, das sich soweit steigern kann, daß der Patient nurmehr Ohnmacht oder das Gefühl der inneren Leere verspürt.

Rosenthal et al. (1972) befragten 18 weibliche Patientinnen, jeweils unmittelbar nachdem diese sich (insgesamt 25) Schnittwunden zugefügt hatten, welche Gefühle ihrer Handlung vorausgegangen seien. Am allermeisten wurde dabei das *Gefühl der Gefühllosigkeit* genannt: Obwohl Patientinnen oft von Gefühlen des Ärgers, des Selbsthasses oder der Angst gesprochen hatten, beschrieben sie durchgehend, wie diese Gefühle schließlich im Gefühl der Empfindungslosigkeit endeten. «One patient said, *<You feel a lot, but then you don't feel anything.>* The words <unreal> and <empty> were often used. Several patients said they had no feelings at all; one said she had no insides; one spoke of floating helplessly. One patient said that her body and mind seemed like separate things; another felt she was a separate being inside herself (Hervorhebung v. Verf.)» (S. 1365f). Aufgrund dieser Aussagen vermuten die Autoren, daß 23 der 25 Schnittverletzungen in einem depersonalisierten Zustand geschahen.

Den gesamten Ablauf des automutilativen Geschehens – von der vorausgehenden Zunahme der inneren Spannung bis zum Zustand der Depersonalisation und dem nachfolgenden Gefühl der Erleichterung – hat Simpson (1980) folgendermaßen beschrieben:

> «Tension may rise over the course of the day, and the idea of cutting may occur. Planning the occasion, or remembering where the blade has been, may be somewhat comforting. Increasingly there is <a feeling that something is going to happen,> or that <I have to do something. I'm going to cut>... The patient usually seeks solitude if not already alone, for the act is an intensely private ritual. As the increasing tension or rage at the frustrating object becomes overwhelming, there is transition into a state of depersonalisation which is described as <unreal,> <empty,> <numb,> <flouting – as if I had no inside>... The flat, dead, dissociated state is not bearable for long. Suddenly they cut. They may claim not to be fully aware of the act of cutting, saying, for example, with some surprise: <I find that I've cut myself.> Yet clearly they exercise some control, for the extent and depth of their wounds are usually limited and the site seems more often chosen than random. Some comment that they stop cutting when they have had <enough blood,> or simply <enough>» (S. 269).

Das psychische Erleben nach der automutilativen Handlung beschreiben viele Patienten als Rückkehr in die Realität, als *Heimkehr ins Leben:* Endlich ist das unerträgliche Gefühl der Gefühllosigkeit beendet; endlich tritt

Erleichterung nach einer Zeit von Hochspannung ein (Pao 1969; Rosenthal et al. 1972; Feldman 1988; Favazza 1992). Diese Erleichterung kann jedoch gefolgt sein von Gefühlen des Selbsthasses, der Enttäuschung, des Ekels, der Schuld und der Angst vor den Konsequenzen (Pao 1969; Feldman 1988).

Viele Patienten berichten, daß vor allem der *Anblick des Blutes* den positiven Gefühlswechsel ausgelöst habe (F 5, 7); sie seien – so formulieren sie – über das Blut «glücklich» gewesen, glücklich, es zu sehen, fasziniert davon, wie es warm pulsierend aus der Wunde quoll (Rosenthal et al. 1972, Favazza 1992). Eine Patientin sagte: Als ich das Blut sah, spürte ich, daß ich etwas in mir habe, daß ich nicht hohl und leer bin (Rosenthal et al. 1972). Einige Betroffene finden Erleichterung im Anblick der sich öffnenden und aufklaffenden *Wunde;* sie schildern, wie sie ein angenehmes Gefühl empfinden, wenn sie sozusagen den Schmerz sehen. Patienten, die physischen *Schmerz* empfinden, schildern ihn als erlösende Empfindung in ihrem Zustand der Empfindungslosigkeit. Viele empfinden jedoch während des Aktes der Automutilation keinen oder wenig Schmerz, was von Personen in dissoziativen Zuständen nicht überraschend ist (Rosenthal et al. 1972; Gardner et al. 1985; Favazza 1992; vgl. Kap. 1.5.2).

3.2.4 Risikofaktoren

Das repetitive automutilative Verhalten bei Patienten mit BPS beginnt im allgemeinen in der frühen Pubertät (in derselben Zeit, in der die Mehrheit der kulturell sanktionierten Selbstverletzungen in der Gestalt von Initiationsriten stattfindet). Das Verhalten kann wellenförmig zu- und abnehmen und schließlich einen chronischen Verlauf nehmen. Bei vielen Patienten verschwindet das Verhalten nach 10 bis 15 Jahren, wobei einzelne Episoden der Automutilation bestehen bleiben können (Favazza et al. 1993). Frauen überwiegen die Männer deutlich im Verhältnis 3:1 bis 5:1 (Sachsse 1987, 1994).

Einige Autoren interessierte die Frage, wie es zu dieser Form von Automutilation kommt. Stehen bestimmte *Erfahrungen in der Kindheit und Jugend* in Beziehung zur Entwicklung eines automutilativen Verhaltens? In der bereits in Kap. 1.6.2.5 erwähnten Kontrollstudie von Walsh et al. (1988) an 52 automutilativen Jugendlichen (in der Beurteilung der Autoren vornehmlich BPS-Patienten) sind die Prädiktoren für repetitives und oberflächliches automutilatives Verhalten untersucht worden. Sie sollen im folgenden zusammenfassend dargestellt werden; zuerst seien die *Kindheitsvariablen,* nachfolgend die Pubertätsvariablen angeführt.

1. Als einer der stärksten Prädiktoren für repetitive Automutilation gilt der *Verlust der Eltern* während der Kindheit, wobei jedoch nur der Beziehungsabbruch durch Trennung/Scheidung, durch Plazierung in einem Pflegeheim oder einer Kinderkrippe einen signifikanten Zusammenhang ergibt, während Tod der Eltern, Trennung von Eltern mit Plazierung bei Verwandten und Weggabe zur Adoption sich nicht als signifikante Prädiktoren erwiesen. Es scheint, daß vor allem eine bestimmte Form des Verlustes der Eltern (in Gestalt einer sich hinzögernden, nicht permanenten Trennung) einen ersten Baustein für die spätere Vulnerabilität hin zu einer automutilativen Entwicklung darstellt.

2. Als weiterer signifikanter Prädikator erwies sich das Erlebnis einer ernsthaften oder chronischen *Krankheit* (wie Asthma, Ekzeme, Epilepsie, orthopädische Krankheiten usw.) oder eines größeren *chirurgischen Eingriffs* während der Kindheit. Solche Erfahrungen können – so wird angenommen – zu einem gestörten Körperselbstbild und einer Entfremdung vom eigenen Körper führen. Zudem mögen die vielen medizinischen Prozeduren und Behandlungen einen sekundären Krankheitsgewinn bedeuten. Für ein Kind, welches Verlusterfahrungen gemacht hat oder welches abgelehnt und mißbraucht wurde, mag die aufmerksame Beachtung durch das medizinische Personal eine einzigartige und befriedigende Erfahrung sein; für einige mag es überhaupt das erste Mal sein, daß ihren Bedürfnissen liebend und sorgend entsprochen wird. Es liegt nahe, daß sich im Erleben dieser Kinder Krankheit und Unvermögen mit Umsorgung und Behaglichkeit verbinden (wie auch mit Schutz vor elterlichem Mißbrauch).

3. Zu den signifikantesten Prädiktoren für spätere Automutilation in der Pubertät gehörten – dies zieht sich wie ein roter Faden durch alle Untersuchungen – der *körperliche* oder *sexuelle Mißbrauch* (F 7) in der Kindheit (meist durch bedeutende Bezugspersonen). Für sexuell und physisch mißbrauchte Kinder ist eine gewisse Entfremdung vom eigenen Körper charakteristisch; sie erfahren ihn als verunreinigt, verseucht und schmutzig. Sie empfinden ihn als von ihrem wahren Selbst getrennt, als etwas Unloyales und Verräterisches. Dies mag das Fundament für potentielle Dissoziation, für mangelnde Integration von Körper und Psyche, für ein gestörtes Körperbild, für Selbsthaß, Selbstabwertung und für ein Leben in der Opferrolle sein. Außerdem ist für diese Kinder der physische Mißbrauch mit ihrem normalen kindlichen Bedürfnis nach körperlichem Kontakt zusammengefallen; die Befriedigung der körperlichen Kontaktbedürfnisse verbindet sich in ihrem Erleben mit dem Erleiden von Schmerz und Verletzung.

4. Als vierter Prädikator wurden autodestruktive Verhaltensweisen in der Familie des Kindes wie Automutilation, Suizid, Alkohol- oder Drogenabusus untersucht. Als signifikanter Zusammenhang erwies sich nur der zwischen *Alkoholismus in der Familie* (F 8) und späterer Automutilation.

5. Als letzte signifikante Kindheitsvariable erwies sich die Erfahrung von *Gewalt in der Familie.* Diese war definiert als wiederkehrende Aggression in der Familie, an der das Kind nicht direkt beteiligt ist; das Kind mag Beobachter der Gewaltanwendung gewesen sein, war jedoch nicht deren konkretes, physisches Opfer.

Zusammenfassend läßt sich sagen, daß Jugendliche mit automutilativem Verhalten *in der Kindheit* signifikant häufiger Trennungen (durch Fremdplazierung und Scheidung) erlebten. Sie litten eher unter einem schlechten Gesundheitszustand, wurden mit größerer Wahrscheinlichkeit physisch wie auch sexuell mißbraucht, waren wiederholt Zeugen von Gewalt, Impulsivität und Alkoholexzessen. Die Kombination all dieser Erfahrungen bedeutet, daß ein solches Individuum mit großer Wahrscheinlichkeit folgende Tendenzen entwickelt hat:

1. eine *Vulnerabilität bezüglich Trennungs- und Verlusterlebnissen;*
2. eine *Opferrolle* (Mißbrauch);
3. ein gestörtes und *entfremdetes Körperselbst* (Krankheit, Mißbrauch) und
4. eine Vorliebe für *impulsive, (selbst-)destruktive Verhaltensweisen* (Gewaltanwendung, Alkohol, Opferrolle).

Walsh et al. (1988) fassen die Faktoren der Kindheit prägnant in folgende Worte: «The result was therefore the establishment of a loss-vulnerable individual trained to be violent, impulsive, and substance-abusing, with a strong tendency toward self-abuse or self-victimization» (S. 66).

Doch nicht alle Kinder, die die genannten Erfahrungen durchstanden, werden später automutilativ – es müssen also *während der Pubertät* noch weitere Faktoren hinzukommen, damit das implosive Verhalten der Automutilation *ausgelöst* wird. Als solche zusätzliche Komponenten haben sich in der Untersuchung von Walsh et al. (1988) folgende späteren Erfahrungen erwiesen:

6. Automutilative Patienten erfuhren während der Pubertät signifikant mehr *Verluste von bedeutenden Beziehungspersonen* (F 9). Gerade aufgrund der frühen Trennungserfahrungen ist anzunehmen, daß Verluste von Beziehungspersonen oder Erfahrungen der Zurückweisung in der

Pubertät zu psychischen Krisen und die Entwicklung von automutilativen Verhaltensweisen begünstigen können.

7. Automutilative Patienten hatten in der Pubertät signifikant häufiger *Konflikte mit Gleichaltrigen* (F 9). Sie hatten Schwierigkeiten, stabile und vertraute Freundschaften aufzubauen. Überraschend erwiesen sie sich jedoch als sozial aktiver (innerhalb einer Gruppe devianter Jugendlicher); Sie waren nicht zurückgezogen und asozial, neigten zu vielen kurzlebigen, konfliktreichen Beziehungen. Auf der Basis der rudimentären Konfliktlösungstechniken in ihren Ursprungsfamilien (Gewalt, Alkohol, Impulsivität) ist anzunehmen, daß Konflikte mit Gleichaltrigen und Turbulenzen in Beziehungen in der Pubertät zu impulsiven Handlungen wie z.B. Automutilation führen.

8. Als weitaus stärkster Prädikator in der Pubertät erwies sich das Gefühl der *Entfremdung vom eigenen Körper:* (a) *Eßstörungen* (F 7, 8), (b) *Vernachlässigung der äußeren Erscheinung,* (c) Probleme bezüglich der *sexuellen Identität* und (d) ernsthafte oder chronische *Erkrankungen* (F 8) traten weitaus häufiger auf. Die Beziehung zwischen Eßstörungen (a) und automutilativem Verhalten erreichte die insgesamt höchste Korrelationsrate in der gesamten Studie, gefolgt von schwerer Erkrankung in den Jugendjahren (d) und sexueller Identitätsstörung (c). Die physischen und psychischen Veränderungen in der Pubertät stellen für *alle* Jugendlichen eine herausfordernde Entwicklungsaufgabe dar, die von mannigfachen Krisen begleitet wird. Bei Jugendlichen, die bereits seit ihrer Kindheit ihrem Körper entfremdet sind (durch Krankheit, Operation, Mißbrauch), werden die Veränderungen in der Pubertät mit höherer Wahrscheinlichkeit Angst, Unruhe und Ablehnung auslösen. Bei denjenigen, die in der Kindheit physischen Mißbrauch erfahren hatten, kann die zunehmende Körpergröße und physische Kraft ängstigende Gefühle der Vergeltung und Rache auslösen; bei denjenigen, die sexuellem Mißbrauch ausgesetzt waren, können sich durch die Entwicklung der primären und sekundären Geschlechtsmerkmale die Gefühle der Scham, der Schuld und der sexuellen Abscheu intensivieren; für jene schließlich, die ernsthaft krank waren oder es noch immer sind, können die pubertären Veränderungen das Leiden unter der körperlichen Unzulänglichkeit oder Entstellung verstärken. Insgesamt gesehen wird mit großer Wahrscheinlichkeit die körperliche Entfremdung, die in der Kindheit begonnen hat, durch die Veränderungen der Pubertät intensiviert werden. Automutilation ist dann nur eine von vielen Formen – vielleicht jedoch die dramatischste –, das tiefgreifende Gefühl des Unbehagens und der Unzufriedenheit mit dem eigenen Körper und der damit verbundenen

Selbstverachtung, Selbstablehnung und Selbsterniedrigung auszudrücken (Walsh et al. 1988).

9. Als weiterer Prädikator wurde der *Alkohol- und Drogenmißbrauch* (F 7, 9) während der Pubertät gefunden. Als Kinder waren selbstverletzende Jugendliche oft Zeugen, wie ihre Eltern Konflikte und Streßsituationen mit impulsiven Handlungen beantworteten (Kindsmißbrauch, Gewalt, Alkoholabusus). Es ist nicht überraschend, daß sie selbst später ebenfalls auf impulsive Art und Weise Belastungen zu bewältigen versuchen. Automutilation ist eine Facette eines übergeordneten impulsiven Verhaltens- und Lebensstils dieser Jugendlichen. Stehen sie unter Belastung durch Verlust einer Beziehung, durch Konflikte im Freundeskreis, durch ihr schlechtes Körperbild, so tendieren sie dazu, mit impulsiven Reaktionen darauf zu antworten.

Die Untersuchung von Walsh et al. (1988) zusammenfassend ist herauszustreichen, daß der für automutilatives Verhalten insgesamt *stärkste Prädikator* in der Kindheit und Jugend das Gefühl der *körperlichen Entfremdung* (8) darstellt, gefolgt von der kindlichen Erfahrung des Verlustes der Eltern (1) und des *physischen bzw. sexuellen Mißbrauchs* (3). Weiter machen die Ergebnisse deutlich, daß sowohl Faktoren in der Kindheit als auch solche in der Jugend für das Auftreten von Automutilation verantwortlich sind. Eine mögliche Interpretation der Resultate könnte lauten, in der Automutilation würden verschiedene kindliche Familienrollen ausagiert werden: das verlassene Kind, der physisch geschädigte Patient, das mißbrauchte Opfer, der Zeuge von Gewalt und Autodestruktion und schließlich der aggressive Angreifer. Automutilation wird schließlich aus den vielen möglichen Verhaltensweisen ausgewählt, weil sie allen gegenwärtigen psychischen Erfordernissen entgegenkommt: Sie löst Anspannung in einer konkreten, abrupten, dramatischen, impulsiven Art und Weise; sie ist gegen den eigenen entfremdeten und abgelehnten Körper gerichtet; sie ist eine der wenigen Möglichkeiten, sorgende Beachtung und Nähe in der Beziehung zu anderen zu erreichen; schließlich ist sie Ausdruck der kumulativen Verzweiflung und Wut über die fundamentale Erfahrung des Verlassenwerdens in der Vergangenheit und Gegenwart (Walsh et al. 1988, S. 75).

Zahlreiche Studien unterstützen die von Walsh et al. (1988) aufgestellten Prädiktoren. Pao (1969) veranschaulicht in seiner kasuistischen Untersuchung die den Patientinnen widerfahrene gravierende *mütterliche Deprivation* während der Säuglingszeit: Eine Mutter gestand ein, sich davor zu fürchten, Säuglinge zu berühren; eine zweite Mutter zog ihr Kind mit einem Buch auf, das empfahl, jede Art von Stimulation zu vermeiden, und sie war stolz darauf, die Patientin gestillt zu haben, ohne sie zu berühren.

Rosenthal et al. (1972) fanden bei Patientinnen mit Schnittverletzungen eine hohe Quote von *broken home* und *mütterlicher Deprivation,* von *schwerer Krankheit und Spitalaufenthalten* in der Kindheit wie auch eine signifikant häufigere negative Einstellung gegenüber *Menarche und Menstruation* (auch Simpson 1975; Favazza 1987; Kaplan 1991). Keine einzige der Patientinnen fügte sich übrigens vor der Menarche Schnittwunden zu; die meisten begannen etwa zwei Jahre nach der Menarche mit der Selbstapplikation von Schnittverletzungen (was die entscheidende Bedeutung der Veränderungen in der Pubertät – vgl. weiter oben Punkt 8 – unterstreicht).

Die Studie von Carroll, Schaffer, Spensley und Abramowitz (1980) bestätigte die signifikant höhere Rate von *parentaler Deprivation,* von *offener Gewalt* in der Familie, von sexuellem oder physischem *Mißbrauch* (von allen außer einer der Patientinnen berichtet) und des *Verbots, Wutgefühle auszudrücken.*

Shapiro (1987) weist in seiner Pilotstudie auf den entscheidenden Zusammenhang zwischen *gewaltsamem Inzest* und Automutilation hin. Insbesondere inzestuöser sexueller Mißbrauch, der durch physische Brutalität charakterisiert ist, führt bei den kindlichen Opfern zu Gefühlen der Selbstanklage und Selbstanschuldigung, welche in Akten der Automutilation kulminieren können. *Selbstanschuldigung* ist nach diesem Autor das psychische Verbindungsstück zwischen der realen Inzesterfahrung und dem automutilativen Verhalten, welches viel später im Leben und für das Opfer ohne bewußte Verbindung zum Inzesterlebnis auftritt.

Gemäß einer (nicht repräsentativen) Fragebogenuntersuchung von Favazza et al. (1989a) an 240 automutilativen Frauen erlebten 29 Prozent eine Trennung der Eltern durch *Scheidung* (das Durchschnittsalter zur Zeit der Scheidung betrug 10 Jahre); ein Drittel erlebte den *Tod* eines Familienmitglieds, meistens des Vaters. *Mißbrauch* in der Kindheit wurde von 62 Prozent berichtet, 29 Prozent nannten sowohl physischen wie auch sexuellen Mißbrauch, während 17 Prozent nur von sexuellem und 16 Prozent nur von physischem Mißbrauch berichteten. Das Durchschnittsalter des *sexuellen* Mißbrauchs lag bei 7 Jahren, und die durchschnittliche Dauer betrug 24 Monate; die meistgenannten Täter waren Freunde der Familie (43 %), Bruder (25 %), Vater (23 %), Onkel (13 %), Mutter und Stiefvater (je 6 %) und Großvater (4 %). Das Durchschnittsalter des *physischen* Mißbrauchs lag bei 6 Jahren, die Durchschnittsdauer betrug 5 Jahre; die meistgenannten Täter waren Mutter (50 %), Vater (45 %) und Bruder (16 %).

In der Untersuchung von Van der Kolk, Perry und Herman (1991), in der 72 Borderline-Patienten während vier Jahren beobachtet wurden, ließ sich ebenfalls ein signifikanter Zusammenhang zwischen automutilativem Verhalten und der kindlichen Erfahrung der *Trennung und Verwahrlosung* sowie des *sexuellen Mißbrauchs* feststellen.

Schließlich seien die Beobachtungen von Sachsse (1987, 1989, 1994) an 20 Patienten (17 Frauen, 3 Männern) mit automutilativem Verhalten erwähnt. Der Autor findet bei einigen der Patientinnen *Schädigungen während der Schwangerschaft* und *problematische Geburtsverläufe.* Auf diesem Hintergrund muß nach seiner Ansicht «auch die Frage einer minimalen zerebralen Dysfunktion (MCD) zumindest bei einigen dieser Patienten diskutiert werden, zumal schwere selbstschädigende Handlungen bei organischen Veränderungen bekannt sind» (Sachsse 1987, S. 53). Während der Säuglingszeit waren die Patientinnen *schwerer Deprivation* oder *Kindsmißhandlung* ausgesetzt. Die *Mütter* waren alle schwer *psychisch krank* (F 8, 9): oft litten sie an Depressionen mit chronischer Suizidalität und Alkohol- und Tablettenabhängigkeit sowie zahlreichen psychosomatischen und psychovegetativen Symptomen. Die Patientinnen mußten als Kinder frühzeitig Erwachsenenfunktionen für die insuffiziente Mutter übernehmen (sie trösten, überwachen, ihrem Leben einen Sinn geben, sie am Leben erhalten); zugleich war diese *frühe Parentifizierung* oft verbunden mit Schuldzuweisungen und Vorwürfen nicht nur durch die kranke Mutter, sondern auch durch den *Vater,* der häufig *Alkoholiker* war und zu Gewaltausbrüchen neigte. In der Latenzzeit und in der Pubertät stellt dieser Autor regelhaft schwere Realtraumata fest: Zusätzlich zu den oft massiven *gewalttätigen Mißhandlungen* (meist durch die Väter) waren mehr als zwei Drittel der Patientinnen *Inzest* oder inzestnahen Beziehungen ausgesetzt. Mehrere wurden vergewaltigt. Daß Mädchen viel häufiger Opfer sexuellen Mißbrauchs werden, ist nach Sachsse (1994) auch der Grund für den weit höheren Anteil an Frauen mit dem Symptom der repetitiven impulsartigen Automutilation. Die Familien der Patientinnen – so führt Sachsse (1987) weiter aus – weisen nach innen *instabile Generationen-Grenzen* auf, während nach außen die Grenzen meist sehr starr sind. In vier Fällen hat sich die Mutter der Patientin auf eine solche Weise suizidiert, daß diese sich *am Tod ihrer Mutter «mitschuldig» fühlen* mußte. Als Auslöser für die ersten Selbstverletzungen finden sich nach Sachsse (1989) neben traumatischen Erlebnissen wie dem «Versagen» beim Suizid der Mutter in den meisten Fällen Situationen, in denen die Übernahme eigener Verantwortung und Selbstbestimmung ansteht (z.B. Antritt einer selbstverantwortlichen Arbeitsstelle). Sachsse (1994) beschließt die fiktive Anamnese einer Frau D, in welcher alle erwähnten Leidenserfahrungen aufscheinen, mit folgenden, an die Leserschaft gerichteten Worten: «Ich hoffe, Sie finden diese fiktive Anamnese von Frau D maßlos übertrieben. Es würde mich freuen, wenn sie es wäre. Sie ist eher maßvoll gestaltet» (S. 37).

3.3 Automutilation bei Eßstörungen

Patienten mit Eßstörungen (Anorexie, Bulimie, Bulimarexie) stellen *eine der bedeutendsten Risikogruppen* für automutilatives Verhalten dar. Obwohl vereinzelt von diesen Patienten auch schwere Formen von Automutilation (wie Verstümmelung der weiblichen Genitalien) berichtet werden, besteht doch die häufigste Form in der leichten bis mittelschweren, repetitiven und absichtlichen Schädigung der Haut durch Schneiden und Brennen. Es handelt sich nach der Typisierung von Favazza et al. (1993) also vorwiegend um den dritten Typus der «oberflächlichen und mittelschweren Automutilation» (vgl. Kap. 1.4.5).

Der Zusammenhang zwischen Eßstörungen und Automutilation ist – in beiden Richtungen – von einer ganzen Reihe von Autoren beobachtet worden. Mehrere Untersuchungen, die von automutilativen Patienten ausgingen, fanden bei diesen eine auffällige Häufigkeit von Eßstörungen. In der Studie von Rosenthal et al. (1972) zeigte mehr als die Hälfte der automutilativen Patienten Symptome schwerer Eßstörungen; in der Studie von Simpson (1975) waren es mehr als 75 Prozent. Nach einer breiten Durchsicht der Literatur und aufgrund einer eigenen Umfrage schätzt Favazza (1987; et al. 1989a, 1989b), daß rund 50 Prozent der Frauen mit chronischer Automutilation in ihrer Anamnese eine Anorexie oder Bulimie aufweisen.

In umgekehrter Richtung vermuten Winchel et al. (1991) aufgrund einer Literaturübersicht, daß 25 Prozent bis 45 Prozent der Individuen mit Eßstörungen zugleich eine Geschichte der Automutilation aufweisen. Die Raten können innerhalb der Subgruppen der Patienten mit Eßstörungen variieren: Bei Bulimikerinnen ist die Rate höher als bei Anorektikerinnen; besonders hoch ist sie bei Bulimikerinnen mit Laxantienmißbrauch. Die *Koexistenz der beiden Störungen,* des Eßverhaltens und der Automutilation, ist augenfällig. Nach dem Urteil von Winchel et al. (1991) wird jedoch die Prävalenz des oft verborgenen Symptoms der Automutilation bei Patienten mit Eßstörungen leicht unterschätzt.

3.3.1 Falldarstellungen

Fall 10

Eine 22jährige Patientin fügte sich mit 16 Jahren zum ersten Mal eine Schnittverletzung zu, weil sie – wie sie sagte – Schuld und Angst verspürte wegen ihres Unvermögens, ihren persönlichkeitsgestörten Vater von Suizidversuchen abzuhalten. Im geheimen schnitt sie sich während eines Jahres regelmäßig in die Brust, den Bauch und die Oberschenkel, weil sie – wie sie berichtete – sich danach besser fühlte, weil dadurch die Schuldgefühle sich abschwächten, die Angst sich verminderte und Episoden der Depersonalisation ein Ende fanden. Die offenen Hautschädigungen nahmen im Laufe einer 15monatigen ambulanten Behandlung ab, doch darauf erschienen neue Symptome: die Angst, an Gewicht zuzunehmen, und der Gebrauch von Appetitzüglern. Wenn sich der Zustand ihres Vaters jeweils verschlechterte, fügte sie sich wieder Schnittwunden zu; sie wurde deswegen mehrere Male für kurze Zeit hospitalisiert.

Mit 19 Jahren wurde sie zum ersten Mal wegen Anorexie und Bulimie mit Laxantienmißbrauch hospitalisiert. Verbesserte sich diesbezüglich ihr Zustand, schnitt und brannte sie sich selbst jeweils mit zunehmender Intensität, so daß zwei Mal in der Woche Wunden genäht werden mußten. Auch hatte sie «hysterische Anfälle», in denen sie sich selbst verletzte. Während eines Jahres intensiver Psychotherapie verschwand das automutilative Verhalten vollständig, auch Symptome einer Eßstörung waren nicht mehr vorhanden.

Darauf versuchte sie in ihrem Umfeld einige größere Änderungen zu vollziehen. Dies führte wieder zu einer neuen Episode von Anorexie und Bulimie mit Laxantienabusus. Sie wurde erneut hospitalisiert, und als sie sich in der Klinik mit einigen realen und imaginären Zurückweisungen konfrontiert sah, begann sie wieder, sich selbst zu schneiden und zu brennen. Sie verließ die Klinik entgegen ärztlichem Rat und fand kurz danach Aufnahme in einer Klinik mit einem speziellen Programm für Patientinnen mit Eßstörungen. Zur Ergänzung des Programms nahm sie die psychotherapeutische Behandlung wieder auf. Während des darauffolgenden Jahres mißbrauchte sie sporadisch Laxantien; sie konnte ein knapp zufriedenstellendes Minimalgewicht halten und schnitt sich selber noch ein einziges Mal (Favazza et al. 1989b, S. 355f).

Fall 11

Eine 38jährige verheiratete Hausfrau und Mutter zweier Töchter fand Aufnahme in einer psychiatrischen Klinik wegen «Freßattacken» und nachfolgendem Erbrechen. Die Frau war bei der Aufnahme 1,50 m groß und 44,7 kg schwer. Die Patientin war früher epileptisch gewesen, sie erlebte mehrere große Anfälle, war jedoch zur Zeit der Aufnahme gut mit Medikamenten «eingestellt». Die Patientin wie auch ihr Ehemann waren immer über ihr Gewicht bekümmert: Während er mit der attraktiven, «mädchenhaften» Figur seiner Frau zu prahlen pflegte, beklagte sie sich, daß sie zu «fett» sei. Sie brachte sich regelmäßig zum Erbrechen, besonders nach «Freßanfällen». Ihr Ehemann berichtete, daß sich «hinter allen Ecken Eimer mit schimmeligem, altem Erbrochenen» befänden.

Die Bulimie begann drei Jahre vor der Klinikaufnahme, als ihr Gewicht zwischen 56,5 und 58,7 kg lag. Auf einer Party empfahl ihr damals eine Freundin: «Du solltest lernen zu erbrechen, nachdem du wie die Römer gegessen hast. Auf diese Weise kannst du dich sowohl am Essen erfreuen wie auch deinen Ehemann behalten.» Diesen Rat nahm sich die Patientin zu Herzen, sie brachte sich jetzt regelmäßig zum Erbrechen, anfangs mit dem Finger – später konnte sie das Erbrechen durch Autosuggestion induzieren. Die Patientin fühlte sich im Bauerndorf, wo sie zusammen mit ihrer Familie wohnte, wie auch in ihrer Ehe isoliert. Ihr Ehemann, so erinnerte sie sich, hatte in den frühen Ehejahren «spaßeshalber» einmal gesagt, daß im Falle einer Scheidung die Kinder ihm zugesprochen würden, weil sie Epileptikerin sei. Seit dieser Bemerkung habe sie sich durch die Ehe eingeschlossen gefühlt, habe aber dies ihrem Partner nie gesagt. Als ihre Nervosität und das dauernde Erbrechen sich steigerten, distanzierten sich der Ehemann und die beiden Kinder zunehmend von ihr, und sie wurde von ihnen als hilfloses und infantiles Wesen behandelt.

Einmal, nach einem Streit mit ihrem Ehemann, plante sie, sich mit einer Rasierklinge ins Handgelenk zu schneiden; doch dann spürte sie den Zwang, sich statt dessen in die Genitalien zu schneiden. Die Schnittwunden waren oberflächlich und heilten von selbst. Sie erzählte von dieser Begebenheit nur sehr zögernd und nur als Antwort auf eine direkte Frage nach eventuellen automutilativen Handlungen. Ihr Hausarzt bemerkte: «Sie schnitt sich in den einzigen Teil ihrer selbst, an dem *er* interessiert war. Des Ehemanns Interesse an ihr war weitgehend sexueller Natur.»

Die Patientin war für knapp drei Monate hospitalisiert. Während dieser Zeit war ihr Eßverhalten im großen und ganzen normal. In der Familientherapie wurde deutlich, daß der Ehemann in keiner Weise bereit war, auch nur wenigstens die grundsätzliche Möglichkeit in Betracht zu ziehen, daß er mit ein Teil des Problems sein könnte. In den Einzelsitzungen konnte die Patientin manchmal die heftigen Wutgefühle ihrem Ehemann gegenüber ausdrücken, mußte diese jedoch nach wenigen Minuten wieder verneinen.

Nach der Entlassung nahm die Patientin ihr altes anorektisches Verhalten wieder auf – unterbrochen von «Freßanfällen» und Erbrechen. Ihr Gewicht sank auf 40,6 kg. Das Verhältnis zur Familie verschlechterte sich zunehmend, und sie zog schließlich aus, lebte fortan allein und besuchte die Familie nur noch gelegentlich (French und Nelson 1972, S. 619f).

Fall 12

Während ihrer ersten Hospitalisation wegen Alkoholismus machte die damals 19jährige Frau B. eine 10tägige Fastenkur. Sie führte den Alkoholabusus weiter bis ins 21. Lebensjahr. Zehn Monate nach ihrem letzten Glas

Alkohol wurde sie wegen einer Depression hospitalisiert. Während der ersten Nacht auf der Abteilung wurde sie von einem Mitglied des Behandlungspersonals sexuell mißbraucht. Am nächsten Tag schnitt sie sich ins Handgelenk und führte dieses Verhalten während dreier Monate weiter; zudem begann sie Laxantien zu mißbrauchen. Vier Monate später, während einer Hospitalisation, stand sie erneut eine strenge Fastenwoche durch, und in der Folge aß sie nur noch Joghurt.

Neun Monate später heiratete sie und wurde eine «Super-Hausfrau», zeigte perfektionistisches Verhalten, beendete die automutilativen Handlungen wie auch das restriktive Eßverhalten. Nach sechs Monaten trennte sie sich jedoch von ihrem Ehemann, ging zurück in ihre Ursprungsfamilie und zeigte global ein zwanghaftes Verhalten. Der Laxantienmißbrauch wurde wieder massiver und die Nahrungsaufnahme wieder äußerst restriktiv. Als sie einmal eine 7tägige Fastenkur durch die Einnahme von Süßigkeiten unterbrach, wurde sie so wütend, daß sie sich in die Beine schnitt und für drei Monate hospitalisiert wurde. In dieser Zeit nahm sie wieder an Gewicht zu, schnitt sich jedoch bei jeder Gelegenheit, die sich ihr bot (insgesamt über 500 Mal).

Sie wurde in eine andere Klinik überwiesen, wo sie ein normales Eßverhalten entwickelte und mit der Hilfe eines Therapeuten die Eigenverantwortlichkeit für ihr Tun annehmen konnte. Seit ihrem Austritt vor fünf Jahren hat die heute 30jährige Frau normale Eßgewohnheiten beibehalten, ist dem Alkohol ferngeblieben, zeigte niemals wieder das Bedürfnis, sich selbst zu verletzen, und hat heute gute Arbeitszeugnisse und einen großen Freundeskreis (Favazza et al. 1989b, S. 356).

Fall 13

Die heute 24jährige Patientin fügte sich zum ersten Mal mit 13 Jahren Schnittwunden zu, weil sie wütend auf ihren alkoholisierten Vater war, welcher sie während vieler Jahre sexuell mißbraucht hatte: «Ich konnte es ihm nicht heimzahlen, so schnitt ich mich selbst, danach fühlte ich mich besser.» Im Alter von 17 bis 19 Jahren schnitt sie sich selbst repetitiv, um – wie sie sagte – die depressive Stimmung zu mindern. Während der darauffolgenden vier Jahre handelte sie nicht mehr automutilativ, wurde jedoch stattdessen schwere Alkoholikerin und nahm «Straßendrogen» jeder Art zu sich. Wie sie selbst sagte, ersetzten damals Alkohol und Drogen das selbstverletzende Verhalten.

Im Alter von 23 Jahren wurde sie für mehrere Monate wegen Anorexie hospitalisiert. Nach der Entlassung nahm sie an Gewicht langsam, aber stetig bis zum Grad einer mäßigen Fettleibigkeit zu. Darauf nahm sie den Konsum von Alkohol wieder auf und wurde erneut hospitalisiert. Sie wurde auf Diät gesetzt, und der Alkoholkonsum wurde ihr auf der geschlossenen Abteilung verboten: «So mußte ich also wieder mit dem Schneiden beginnen.»

Die Patientin sagte, daß Schnittwunden, Alkoholkonsum, Verweigerung der Nahrung «auswechselbare Wege der Selbstverletzung» seien – und sie fügte die Bemerkung an, daß das Sich-selbst-Schneiden die beste aller Methoden sei, weil dadurch andere Personen davon abgehalten werden, ihr zu nahe zu kommen, weil es ihr das Gefühl gebe, sich unter Kontrolle zu haben (obwohl sie darin zustimmte, daß sie ihr Bedürfnis, sich zu schneiden, meistens nicht unter Kontrolle habe), weil sie so an ihrem Vater Rache nehmen könne und weil sie auf diese Weise wieder die Realität spüren könne, wenn sie jeweils «keine Gefühle» mehr habe oder «wie hypnotisiert» sei (Favazza et al. 1989b, S. 356f).

3.3.2 Das Caneis-Syndrom

Die weiblichen Genitalien können durch vielerlei Handlungen Verletzungen erfahren: durch Vergewaltigung, durch selbstinduzierten Abort, durch Einführen von Objekten während der Masturbation, durch chirurgische Eingriffe und durch Gewebeschäden während des Gebärens. Von psychopathologischer Automutilation der weiblichen Genitalien ist dagegen äußerst selten berichtet worden (Fall = F 11). Nach Favazza (1987) gibt es nur sechs Publikationen zu diesem Thema. Im Kontrast dazu finden sich rund 62 Veröffentlichungen über männliche genitale Automutilation (Martin et al. 1991). Für eine genauere Untersuchung müßte jedoch die gynäkologische Literatur einbezogen werden.

Auffällig ist, daß die wenigen berichteten Fälle von Automutilation der weiblichen Genitalien häufig gerade im Zusammenhang mit einer Eßstörung stehen. In einigen Publikationen zu dieser Thematik wird gar ein *spezifisches Syndrom* postuliert, bei dem die weibliche genitale Automutilation zusammen mit einer Eßstörung auftritt (French et al. 1972; Simpson 1973; Goldney und Simpson 1975). Goldney et al. (1975) geben schließlich der klinischen Trias *weibliche genitale Automutilation, Eßstörung* und *histrionische Persönlichkeit* den Namen «Caneis-Syndrom».

Wie im 12. Buch der Metamorphosen von Ovid beschrieben, wurde Caneis vom Gott des Meeres, von Neptun, vergewaltigt. Danach gab er ihr als Entgelt einen Wunsch frei, worauf Caneis erwiderte:

> «<Dies Unrecht erweckt einen dringenden Wunsch mir:
> Nie mehr solches erleiden zu können. So sei ich kein Weib mehr!
> Schenk mir's, und du hast alles gewährt!> Sie sagte die letzten
> Worte mit tieferem Ton: es schien eine männliche Stimme,
> Wie es auch war! Schon hatte der göttliche Herrscher des tiefen
> Meeres den Wunsch ihr erfüllt und dazu noch geschenkt, daß der Jüngling
> Unverwundbar bleibe und nie einer Waffe erliege» (Ovid, Met. 12, 202 ff).

Es mag eine große Dunkelziffer bestehen. Jedenfalls ist die Literatur zur psychopathologischen Automutilation der weiblichen Genitalien zu klein für die Etablierung eines eigenständigen Syndroms. Ein Syndrom, welches sich aus der genitalen Automutilation und einer Eßstörung zusammensetzt, ist nach Favazza (1987) bereits aus folgendem Grund nur teilweise richtig: «The fact is that females with an eating disorder comprise a high-risk for *all* forms of self-mutilation» (S. 187). Entsprechend könnte die Sage von Caneis eine Thematik ansprechen, die Patientinnen mit Eßstörungen und automutilativem Verhalten insgesamt betrifft. Diese soll im folgenden verdeutlicht werden.

3.3.3 Ähnlichkeiten zwischen Eßstörungen und Automutilation

Eine *historische* Verbindung zwischen eingeschränkter Nahrungsaufnahme und körperlicher Selbstpeinigung kann bereits im mittelalterlichen Europa in den asketischen Praktiken der weiblichen Heiligen festgestellt werden. Wie Croß (1993) in ihrer Übersicht über die entsprechende historische Literatur zeigt, umfaßten die zwischen dem 13. und 15. Jahrhundert sehr weit verbreiteten Askeseübungen intensives Fasten wie auch spontanes oder induziertes Erbrechen, begleitet von Schlafentzug, Amenorrhöe und konstanter, pausenloser Aktivität; auch heimliches, zwanghaftes Verschlingen von Nahrung ist dokumentiert. Zur asketischen Lebensweise dieser Frauen gehörten auch Flagellation sowie die Verwundung des eigenen Körpers durch Schneiden, Kratzen und Brennen .

Gestörtes Eßverhalten und repetitive, absichtliche Automutilation treten bei ein und derselben Person nicht selten gleichzeitig oder einander wechselseitig ablösend auf (F 7, 8, 10, 12, 13). Es bestehen zudem klare *demographische* Übereinstimmungen: Beide Störungen sind bei Frauen eindeutig häufiger als bei Männern, und beide haben ihren Beginn vornehmlich in der Pubertät (vgl. Kap. 1.6.2.4, 2.5, 3.3.4). Im weiteren sind auch *phänomenologisch* frappierende Ähnlichkeiten zu beobachten: Bei beiden Störungen empfinden die Patientinnen ein unwiderstehliches, zwanghaftes, fast suchtartiges Bedürfnis zu schneiden, zu verschlingen, zu erbrechen oder zu fasten; beide Störungen haben zudem eine emotional kathartische, selbstreinigende Funktion, indem sie Zustände der Angst, der Wut, der dissoziativen Empfindungslosigkeit modulieren und auf diese Weise eine entlastende Wirkung haben; der schädigende Umgang mit dem Körper geschieht bei beiden Verhaltensweisen im allgemeinen im verborgenen, wobei in beiden Fällen das dargebotene Marterbild auf die Umgebung schließlich eine appellative Wirkung zeitigt.

Worin liegen nun die Gründe der häufigen Koexistenz wie auch der epidemiologischen und phänomenologischen Ähnlichkeiten der beiden Störungen? Croß (1993), welche die Literatur über die beiden Störungsbilder eingehend vergleicht, sieht die zentrale Gemeinsamkeit darin, daß sie beide im Grunde Ausdruck eines *pathologischen Konflikts zwischen Körper und Selbst* sind. Auch wenn Automutilation und gestörtes Eßverhalten als bizarr und selbstzerstörerisch erscheinen, sind sie doch beide als (deviante) Versuche aufzufassen, diesen pathologischen Konflikt zu lösen: «Delicate self-mutilation and the eating disorders are nonetheless... attempts to *own* the body, to perceive it as self (not other), known (not uncharted and unpredictable), and impenetrable (not invaded or controlled from the outside)» (Croß 1993, S. 54; Willenberg 1989). Diese Thematik wird auch in der Sage von Caneis angesprochen, wenn diese den (durch ein traumatisches Ereignis hervorgerufenen) Wunsch hat, zum Schutz ihrer personalen Integrität ihr eigenes Geschlecht aufzugeben. Ohne über die Ursache dieses pathologischen Konflikts eine abschließende Aussage machen zu können, würde doch auch hierhin die Caneis-Sage den wichtigen Hinweis geben, daß eine Verletzung der körperlichen Integrität in einer Macht-Ohnmachtsbeziehung (inzestuöse Erfahrungen, sexueller Mißbrauch) oftmals den beschriebenen pathogenen Konflikt bedingt (vgl. Kap. 3.2.4).

Patienten mit *Eßstörungen* oder mit automutilativem Verhalten versuchen je auf ihre Weise, ihren Körper (asketisch) zu transzendieren und zu beherrschen. Anorektikerinnen z.B. «ziehen einen wachsenden Lustgewinn aus dem süchtigen Erleben der körperlichen Bedrohung und vermögen das Leben erst in dieser Grenzsituation zu erfahren» (Battegay 1988, S. 34f). Sie setzen sich über die Notwendigkeit der Nahrungszufuhr, über Gesetze, an die Menschen normalerweise gebunden sind, hinweg und beweisen so indirekt – sich selbst und ihrer Umgebung – Macht, Autonomie und Unabhängigkeit. Für einen 18jährigen anorektischen Patienten z.B. ist Besitz und Kontrolle des Körpers (in Form der eingeschränkten Nahrungsaufnahme) Ausdruck seines Bedürfnisses nach Selbstbestimmung: «Es ist mein Leben. Wenn ich nicht essen will, wieso macht meine Mutter ein solches Getue darum?» (Bruch 1991, S. 136). Die pausenlose, manisch anmutende Aktivität und das Bemühen um einen mageren und straffen Körper geben diesen Patienten ein grandioses Gefühl von Freiheit, Unbesiegbarkeit und physischer Leichtigkeit – fast das Gefühl des Fliegens.

In gleichem Maße können auch *automutilative Akte* – sich selbst und der Umgebung gegenüber – Ausdruck von Eigenkontrolle, Macht und Unabhängigkeit sein (F 13). Eine 22jährige Frau formuliert: «Self-harm gives me a feeling of control when I cannot find control in the environment» (Favazza 1989b, S. 139). Der Machtaspekt des selbstverletzenden Verhaltens wird vor allem von Kernberg (1991) betont, wenn er schreibt: «Bei manchen Patienten mit Selbstschädigungstendenzen... beobachtet man manchmal eine wahre Lust und einen enormen Stolz über diese Macht der Selbstdestruktion, eine Art von Allmachtsgefühl und Stolz darüber, daß man nicht auf die Befriedigung durch andere angewiesen ist, was im lustvollen selbstdestruktiven Akt symbolisch bekräftigt wird» (1991, S. 149). Automutilation kann erscheinen als «an expression of <cold rage>, with a sense of triumph over pain and death, a reassertion of independence and power» (Kernberg 1987, S. 345). Selbstschädigendes Verhalten kann ein so taugliches Mittel in einem (z.B. familiären) Machtkampf sein, weil die anderen es nicht ignorieren und zugleich nicht verhindern können. «Self-mutilation empowers the child while simultaneously threatening the parents...This type of power struggle is similar to attempts to force patients with anorexia nervosa to eat» (Walsh 1988, S. 203). Nichts erzwingt wirkungsvoller Beachtung.

Der pathologische Konflikt zwischen Körper und Selbst zeigt sich vor allem im Gefühl der *Entfremdung vom eigenen Körper:* «However, by adolescence, alienation from the body – particulary the sexual body – is crucial to the full-blown presence of an eating disorder or delicate self-mutilation» (Croß 1993, S. 56). Durch die psychischen und physischen Veränderungen während der Pubertät kann die Entfremdung vom eigenen Körper einen Höhepunkt erreichen. Patientinnen mit Eßstörungen empfinden tiefes Unbehagen über die normale Zunahme des Körperfetts während der Pubertät. Mittels Diät wird versucht, die störenden körperlichen Veränderungen zu stabilisieren. Das Unbehagen dem eigenen Körper gegenüber, dessen Ablehnung und Verachtung können so weit gehen, daß automutilative Phantasien entstehen können; so bemerkte eine 12jährige anorektische Patientin: «I'd like to get a knife and cut off the flab just like that» (Croß 1993, S. 56). Tatsächlich sind aus Gründen der Unzufriedenheit mit dem eigenen Leib bzw. wegen des negativen Körperbildes «oft ungeheure Aggressionen gegen sich selbst bei diesen Menschen festzustellen, die so weit gehen, daß sie sich immer mehr körperlich reduzieren» (Battegay 1988, S. 34). Wie in Kapitel 3.2.4.(Punkt 8) erwähnt, leiden auch automutilative Patientinnen unter einem extrem negativen Körperbild. Die Entfremdung vom eigenen Köper ist der signifikanteste Prädikator für automutilatives Verhalten in der Pubertät. In einer Befragung von 240 automutilativen Frauen «haßten» 34 Prozent ihre Brüste, «19 Prozent indicated they would be better off without a vagina» (Favazza et al. 1989a, S. 285).

Unmittelbar mit dem Gefühl der Entfremdung vom eigenen Körper hängt die bei beiden Störungen beobachtete ablehnende Einstellung gegenüber *Menarche und Menstruation* zusammen (vgl. Kap. 3.2.4). Während die Menstruationszyklen bei Patientinnen mit Eßstörungen oft ganz ausbleiben (primäre oder sekundäre Amenorrhöe), wird in der Studie von Rosenthal et al. (1972) berichtet, daß Patientinnen mit chronischem automutilativem Verhalten sich über 60 Prozent ihrer Verletzungen jeweils in jenen Tagen zufügten, in denen die Menstruation eintrat. (Dieses Ergebnis ist jedoch von anderen Untersuchungen nicht berichtet worden.) In der Studie von Favazza et al. (1989a) gaben 10 Prozent der Patientinnen an, sich deshalb zu verletzen, um den Beginn der Menstruation zu verhindern oder diese schneller zu beenden.

Viele Autoren, die über Eßstörungen schreiben, betonen die *sexuellen Konflikte* dieser Patientinnen. «Girls who have only a tenuous sense of body ownership may experience sexual intercourse as psychological invasion and masochistic submission... Inherent in the desire to be thin is the desire to have an asexual, latency-age body» (Croß 1993, S. 75). Nach Croß (1993) halten sich im allgemeinen Patientinnen mit Eßstörungen entweder sexueller Aktivität völlig fern (im Falle von Anorektikerinnen) oder gehen zwanghaft und wahllos sexuelle Verbindungen ein (eher bei Bulimikerinnen). In einigen Studien wurde dieses Entweder-oder-Verhalten auch bei automutilativen Patientinnen beobachtet (Graff et al. 1967; Simpson 1975); jedenfalls wurden immer sexuelle Identitätsstörungen festgestellt (Kap. 3.2.2, Punkte 7 und 8). Da die beiden Populationen sich teilweise decken, ist es nicht weiter erstaunlich, daß sich leicht Ähnlichkeiten feststellen lassen; in diesem Kapitel sollen auch nur Hinweise für die Vermutung angeführt werden, daß es sich bei diesen beiden (häufig koexistierenden) Störungen um *unterschiedliche Manifestationen desselben zugrundeliegenden pathologischen Prozesses* handeln könnte.

Zusammenfassend darf gesagt werden, daß Eßstörungen und Automutilation einem tiefgreifenden Gefühl der Unzufriedenheit mit sich selbst entspringen, welches sich in der Verachtung und Ablehnung des eigenen Körpers konzentriert und sich in der *direkten* (Automutilation) oder *indirekten* (Eßstörungen) Schädigung desselben ausdrückt. Bruch (1991) formuliert: «Man könnte sagen, daß Anorexia nervosa allein durch ihr Vorhandensein beweist, daß die haßerfüllte Selbstverachtung nicht wirklich mit dem Übergewicht zu tun hat, sondern mit einer tiefen Unzufriedenheit. Nicht eine der anorektischen Patientinnen, die ich über die vielen Jahre hinweg kennengelernt habe, hatte es sich vorgenommen, diesen Zustand mitleiderregender Auszehrung zu erreichen. *Alles, was sie hatten erreichen wollen, war, daß sie sich besser mit sich selbst fühlen wollten.* Da sie gemeint hatten, das Dicksein sei der Grund für ihre Verzweiflung, waren sie entschlossen, diesen Zustand zu korrigieren. Gleichgültig, welches Gewicht sie in diesem Kampf um Selbstachtung und um den Respekt anderer erzielten, es war «nicht das richtige», um ihnen innere Sicherheit zu geben; und so ging der Abwärtskurs immer weiter (Hervorhebung v. Verf.)» (S. 133). Ähnlich wurde im

Kapitel über die Borderline-Persönlichkeitsstörung die Entstehung und Entwicklung des chronisch automutilativen Verhaltens beschrieben: als *Selbstheilungsversuch* – als Versuch, eine verzweifelte Situation zu überwinden, sich der eigenen Existenz zu versichern oder einen unerträglichen emotionalen Zustand zu beenden.

Automutilation wie auch gestörtes Eßverhalten sind jedoch *deviante* Selbsthilfeversuche, die nur kurzfristig Erleichterung verschaffen. Bei beiden Störungen werden – überspitzt formuliert – *die psychologischen Probleme zu physischen* und entsprechend wird auf der physischen Ebene eine Lösung verfolgt, die jedoch – weil am falschen Ort gesucht – immer ein Notbehelf bleibt und nach dauernder Wiederholung ruft (Croß 1993). Die Handlungen, die anfangs darauf abzielten, das Selbstgefühl, unerträgliche Emotionen wie auch die Umgebung zu kontrollieren, übernehmen längerfristig selbst die Kontrolle. Beide Störungen haben den *Charakter einer Sucht.* Die Welt engt sich ein auf ein zwanghaftes Beschäftigtsein mit dem Körper und mit Gedanken an die nächste Mahlzeit, das nächste Erbrechen, die nächste Schnittverletzung. Jeder Tagesplan endet in der Suche nach einer Gelegenheit, diese Rituale auszuführen. Der Patient mit einer Eßstörung sucht seinen Körper nach Fettregionen ab, der automutilative Patient sucht an seinem Körper die geeignete Stelle für den nächsten Schnitt. Der Versuch, Selbstkontrolle auszuüben, indem der Körper tyrannisiert wird, schlägt um in die Tyrannei des Körpers. Der Körper ist nun nicht mehr Zufluchtsort, sondern feindliches Gebiet. «In these patients, the body and the self have a paradoxical relationship that is both estranged and obsessively intimate. As a result, they feel painfully dissociated – yet not liberated – from their bodies» (Croß 1993, S. 61). Als ein zentrales Therapieziel muß daher – wie erwähnt – die *Aussöhnung mit dem Körper* angesehen werden.

3.3.4 Automutilation als Impulsstörung

Wie ist das häufige Vorkommen der Automutilation bei Patienten mit Eßstörungen *diagnostisch* zu beurteilen?

1. Einmal besteht die Möglichkeit, Automutilation bei Patienten mit einer Eßstörung als Indikation für eine zusätzliche *Diagnose einer BPS* aufzufassen. In diesem Sinn entsprechen nach Battegay (1988) Patienten mit Eßstörungen, «diagnostisch gesehen, meist den Borderline-Persönlichkeiten» (S. 35). Diese diagnostische Annäherung beurteilen Favazza et al. (1989b) jedoch als problematisch, da BPS ein so breites Spektrum an Aspekten umfasse, daß je nach Diagnostiker eine sehr große oder sehr ge-

ringe Zahl von Patienten als Borderline-Persönlichkeiten beurteilt werden. Eine so umfassend angewandte diagnostische Kategorie sei praktisch-therapeutisch wenig hilfreich. Favazza et al. (1989a) weisen weiter darauf hin, daß automutilatives Verhalten und Eßstörung auch bei anderen, z.B. bei histrionischen Persönlichkeitsstörungen zusammen vorkommen können.

2. Eine weitere Interpretationsmöglichkeit liefern Lacey und Evans (1986). Sie fokussieren in ihrem Artikel die impulshaften Aspekte bei Personen mit substanzinduzierten Störungen, Eßstörungen, Automutilation, verschiedenen Persönlichkeitsstörungen und klassischen Störungen der Impulskontrolle (Explosible Störung, Kleptomanie, Pathologisches Spielen, Pyromanie). Sie vermuten, daß sich innerhalb jeder dieser klinischen Populationen eine Gruppe von Personen mit einer schlechten Prognose ausfindig machen läßt, die sich durch mehrere gegeneinander auswechselbare Störungen der Impulskontrolle auszeichnen. «We argue that these *multi-impulsive* patients represent a distinct group with a <multi-impulsive personality disorder>» (Lacey et al. 1986, S. 641). Nach diesen Autoren lassen sich gerade bei Patientinnen mit Eßstörungen, insbesondere bei Bulimikerinnen, mit hoher Evidenz multiple Störungen der Impulskontrolle feststellen.

Das Konzept einer *multiplen Störung der Impulskontrolle* würde den bei vielen Patienten mit Automutilation festgestellten Wechsel zwischen verschiedenen Impulshandlungen gut erfassen (F 7 bis 13). In einigen Fällen geht die Eßstörung dem automutilativen Handeln voraus, während es in anderen Fällen umgekehrt ist. Automutilation endet gewöhnlich, wenn sich eine Eßstörung entwickelt, tritt jedoch häufig wieder auf, wenn sich die Eßstörung normalisiert (F 10). Eine strikte Abfolge wurde nicht beobachtet, jedoch ist von den drei selbstschädigenden Impulshandlungen *Automutilation, gestörtes Eßverhalten und Alkoholmißbrauch jeweils eine in einem bestimmten Zeitabschnitt dominierend;* zum Beispiel kann sich eine Patientin anfangs Schnittwunden zufügen, darauf eine Periode des Alkoholabusus durchlaufen, welche von einer anorektischen Entwicklung abgelöst wird, worauf erneut Alkoholmißbrauch auftreten kann und schließlich wieder die Automutilation im Vordergrund steht (F 13). Patientinnen berichten, daß von den drei genannten Verhaltensweisen der Alkoholabusus am leichtesten und die Automutilation am schwierigsten zu überwinden sei (Favazza et al. 1993).

3. Eine dritte Möglichkeit besteht darin, daß die automutilativen Patienten eine eigene Gruppe mit einem *spezifischen Syndrom* konstituieren. Diese Konzeptualisierung hat Favazza (1989a, 1989b, 1992; et al. 1989b,

1990, 1993) verschiedentlich favorisiert, indem er auf den Vorschlag einer Impulsneurose (Siomopoulos 1974) und den eines <deliberate self-harm syndrome> (DSH; definiert als direkte, repetitive Selbstverletzung mit geringer Letalität) von Pattison et al. (1983) zurückgreift (vgl. Kap. 1.6.2.4). Das DSH wird von Favazza et al. (1990) schließlich neu benannt als *Repetitives Automutilations-Syndrom (RAS):* «While isolated acts of self-mutilation constitute relatively non-specific symptoms in a host of mental disorders, Repetitive Self-Mutilation appears to be a distinct syndrome in which self-mutilative acts become established as repetitive responses to disturbing psychological symptoms or environmental events» (Favazza et al. 1990, S. 81).

Je mehr Favazza et al. (1993) mit habituell automutilativen Patienten konfrontiert waren, um so mehr waren sie nach eigener Aussage vom *Impuls- und Suchtcharakter der Automutilation* und von ihrer Ähnlichkeit mit den Eßstörungen und dem Alkoholabusus beeindruckt. Deshalb schlugen sie vor, das RAS im DSM-IV unter die *Störungen der Impulskontrolle* der Achse I aufzunehmen. Für das neue Syndrom sollen – in Anlehnung an die Hauptmerkmale von Störungen der Impulskontrolle des DSM – folgende diagnostische Kriterien gelten:

a) Beschäftigung damit, sich körperlich selbst zu verletzen;

b) wiederholte Unfähigkeit, den Impulsen, sich selbst zu verletzen, zu widerstehen (bewußter Widerstand oder nicht, geplant oder nicht);

c) zunehmendes Spannungsgefühl unmittelbar vor der automutilativen Handlung;

d) Gefühl von Vergnügen oder Erleichterung während der Durchführung der Automutilation;

e) die automutilative Handlung steht nicht im Zusammenhang mit einer bewußten suizidalen Absicht, einem Wahn, einer Halluzination, Transsexualität oder schweren Oligophrenie.

Als Begründung für die Einführung eines Automutilations-Syndroms führt Favazza (1987, 1989a) vor allem strategische Gründe an: Erst wenn Automutilation nicht mehr nur als eines der vielen Kriterien für Persönlichkeitsstörungen der Achse II (im DSM) gelte und erst wenn Automutilation endlich als ein eigenständiges Syndrom der Achse I Anerkennung finde, werde es einerseits für Patienten leichter sein, Hilfe zu suchen, und würden andererseits die Anstrengungen von Therapeuten, Forschenden und Geldgebenden auf diesem Gebiet legitimiert und gefördert. Für Favazza et al.

(1988) drängt sich für den Prozeß des öffentlichen Bewußtwerdens der Automutilation der Vergleich mit der Geschichte der Eßstörungen auf:

> «Self-mutilation appears to be more common practice than is generally realized. Our current awareness of self-mutilation parallels our appreciation of eating disorders about 15 years ago. At that time, anorexia and bulimia were thought to be rather rare but interesting conditions. Once public and professional awareness was heightened, however, a surprisingly large number of patients came <out of the closet.> As a consequence, more patients with eating disorders are seeking help during early stages of their illness, numerous facilities and programs for the treatment of eating disorders have emerged, and a great deal of research is ongoing. The same sequence of events very well may take place in regards to self-mutilation» (S. 29).

Anzeichen des wachsenden Bewußtseins bezüglich der Automutilation sehen Favazza et al. (1988) in der stetigen Zunahme von Veröffentlichungen zu dieser Thematik, der Entstehung von Selbsthilfegruppen für automutilative Personen in den USA (mit dem Namen «Self Abuse Finally Ends» oder abgekürzt: S. A. F. E.), der Eröffnung von speziellen Therapieeinrichtungen für Automutilationspatienten (z. B. an einer psychiatrischen Klinik in Chicago) und im Beginn von Forschungsprogrammen über Biologie sowie Epidemiologie der Automutilation an verschiedenen Universitäten in den USA.

3.4 Automutilation bei Oligophrenie und Autismus

Die stereotype Form der Automutilation tritt gehäuft bei (institutionalisierten) Oligophrenen und beim frühkindlichen autistischen Syndrom auf. Oligophrenie und frühkindlicher Autismus sind zwar verschiedenartige Störungen, jedoch sind Art und Weise des automutilativen Verhaltens sowie die Therapie des hier interessierenden Symptoms bei beiden Populationen ähnlich. Deshalb werden sie hier gemeinsam diskutiert.

Wie bereits im Kapitel über die Epidemiologie dargestellt, tritt nach Prävalenzstudien aus dem englischsprachigen Raum selbstverletzendes Verhalten bei 8 Prozent bis 14 Prozent der institutionalisierten Oligophrenen auf (Schroeder et al. 1980). Eine deutlich höhere Rate von 35 Prozent bis 41 Prozent ergaben deutschsprachige Studien (Brezovsky 1985, Rohmann et al. 1992).

Brezovsky (1985) fiel auf, daß 22 Prozent der von ihm untersuchten automutilativen geistig Behinderten autistische Tendenzen zeigten. Diese Beobachtung veranlaßten Rohmann et al. (1992), dieses Phänomen in einer Nachfolgestudie genauer zu untersuchen; dabei zeigten 74 Prozent der nichthospitalisierten Kinder und Jugendlichen mit der Diagnose einer autistischen Störung (DSM 299.0) und 60 Prozent der mehrfachbehinderten

Kinder mit autistischen Zügen (DSM 299.8) automutilative Verhaltensauffälligkeiten; Kontrollgruppen von nichtautistischen geistig mehrfachbehinderten Kindern zeigten einen Anteil von 19 Prozent und eine Rate von 38 Prozent bei mehrfachbehinderten stationären Langzeitpatienten. Aufgrund dieser Ergebnisse vermuten Rohmann et al. (1992), daß «selbstverletzende und selbstschädigende Verhaltensweisen als relativ autismusspezifische Symptome anzusehen sind» (S. 30).

Die zwei gängigsten nosologischen Klassifikationssysteme bieten spezielle Kategorien, um die stereotype, nichtfunktionale Form von Automutilation zu klassifizieren: die Stereotype Bewegungsstörung (F98.4) in der ICD-10 und die Stereotype Bewegungsstörung mit autoaggressivem Charakter (307.3) im DSM-III-R. Nach der ICD-10 treten Stereotype Bewegungsstörungen ohne und mit automutilativem Charakter am häufigsten in Verknüpfung mit Intelligenzminderung (F7) auf, wobei – wenn dies der Fall ist – beide Störungen klassifiziert werden sollen. Im DSM-III-R werden stereotype automutilative Verhaltensweisen als Nebenmerkmal der Geistigen Behinderung (317-319) angeführt, wobei das automutilative Verhalten entweder erlernt oder mit einer zugrundeliegenden somatischen Krankheit verknüpft sein kann (z.B. mit einer X-chromosomalen-rezessiven erblichen Störung wie beim Lesch-Nyhan-Syndrom; vgl. Kap. 4.5.1); häufig wird laut DSM-III-R zusätzlich zu einer Geistigen Behinderung eine Stereotype Bewegungsstörung mit autoaggressivem Charakter diagnostiziert.

Stereotype Automutilation (wie das Beißen in den Handrücken) wird in der ICD-10 auch als unspezifisches Merkmal des Frühkindlichen Autismus (F84.0) erwähnt, welches besonders häufig in Verbindung mit einer zusätzlichen schweren Intelligenzminderung auftritt. Das DSM-III-R listet selbstschädigendes Verhalten als Nebenmerkmal der Tiefgreifenden Entwicklungsstörungen auf, wovon die Autistische Störung (299.0) die einzige Unterkategorie darstellt.

3.4.1 Falldarstellungen

Fall 14

Sally ist eine 24jährige Frau mit einer mittelgradigen geistigen Behinderung. Sie ist einziges Kind einer Familie, die gesellschaftlich dem Stand der oberen Mittelklasse angehört. Sally zeigte verschiedene Formen automutilativen Verhaltens. Sie schlug den Kopf gegen harte Objekte, so daß jeweils die Kopfhaut aufriß; zwei Mal endete das Anschlagen des Kopfes im Zustand der Bewußtlosigkeit. Auch schlug sie sich oft so massiv ins Gesicht, daß sie rote Striemen davontrug, zudem zerkratzte sie sich die Arme und

Beine. Als Sally 19 Jahre alt wurde, war ihr Verhalten für ihre Eltern nicht länger tragbar. Sie wurde zum ersten Mal fremdplaziert in einer privaten psychiatrischen Klinik. Die Behandlung bestand zu Beginn in der Abgabe von verschiedenen Medikamenten. Keines hatte jedoch einen merklichen Einfluß auf das selbstverletzende Verhalten. Schließlich wurde zum Mittel der Immobilisation gegriffen, um ernsthaften Verletzungen zuvorzukommen. Außerdem mußte Sally nun ununterbrochen einen Schutzhelm tragen.

Nach acht Monaten Aufenthalt und Behandlung waren die Eltern über die Langsamkeit der Fortschritte unbefriedigt. Aus diesem Grund verlegten sie ihre Tochter in ein Wohnheim, wo verhaltensverändernde Methoden angewandt wurden. Diese vermochten jedoch ebenfalls nur bescheidene Veränderungen in Sallys Verhalten zu bewirken; die Frequenz der automutilativen Handlungen wurde zwar geringer, doch traten sie noch immer mehrmals täglich auf.

Ein Jahr später waren die Eltern so enttäuscht über die Unfähigkeit der professionellen Therapeuten, die selbstverletzenden Verhaltensmuster zum Verschwinden zu bringen, daß sie beschlossen, ihre Tochter wieder nach Hause zu nehmen. Weil sie verzweifelt waren und eine Langzeithospitalisation verhindern wollten, griffen sie heimlich zu ihrer eigenen radikalen Behandlungsstrategie. Sie räumten in ihrem Haus einen Abstellraum aus und polsterten seine Wände vollständig aus. Daraufhin wurde Sally jedesmal, wenn sie sich automutilativ verhielt, mit gebundenen Händen in diesen Raum gebracht und für mehrere Stunden in der Dunkelheit allein gelassen (was dem «time out» in der Verhaltenstherapie entspricht).

Innerhalb von zwei Monaten verminderte sich die Frequenz selbstverletzenden Verhaltens von mehrmals täglich auf einmal monatlich. Nach einem Jahr mußten die Eltern das Einsperren nur noch sehr selten als Strafe benützen; die Drohung, sie einzusperren, genügte, um das Verhalten zu kontrollieren. Zwei Jahre nach dem Beginn dieser Prozedur enthüllten Sallys Eltern ihr Vorgehen gegenüber Therapeuten. Sie fühlten sich ihrer Tochter sehr verpflichtet und waren sichtlich in Sorge um sie. Die Entstehung und Durchführung des Plans, ihre Tochter zu isolieren und strikt von jeder Selbstverletzung abzuhalten, war stets begleitet von Gefühlen der Schuld und der Angst; diese Gefühle der Scham und Schuld blieben bestehen trotz des Erfolgs ihrer Strategie (Walsh et al. 1988, S. 133f).

Fall 15

Jake ist ein 44jähriger Mann mit einer mittelgradigen geistigen Behinderung. Er lebt in einer Wohnung zusammen mit zwei anderen geistig Behinderten. Jake besitzt eine gute Verbalisationsfähigkeit. Praktische und häusliche Tätigkeiten kann er selbständig verrichten. Täglich wird er von einem Mitglied des Betreuungspersonals besucht, welches ihm, falls notwendig, Unterstützung und Struktur gibt.

Wenn Jake frustriert ist, weil eine Arbeit nicht gelingen wollte, oder wenn er auf seine Mitbewohner wütend ist, zerkratzt er sich mit seinen Fingernägeln sein Gesicht, manchmal bis es blutet. Während eines Monats zeigt er dieses Verhalten etwa drei Mal.

Das therapeutische Ziel besteht nun darin, daß Jake angepaßter mit seinen Frustrationen umgehen kann. Er wird darin bestärkt, seine Enttäuschungen und seine Wut jeweils verbal auszudrücken. Zweimal in der Woche wird sein Verhalten mit ihm besprochen: Er wird gelobt und belohnt, wenn er sich nicht zerkratzt hat; die problematischen Situationen werden besprochen, welche zum selbstverletzenden Verhalten geführt haben (oder hätten führen können), und es werden Wege ausgelotet, wie er solche Situationen besser bewältigen kann (Walsh et al. 1988, S. 150f).

Fall 16

Ein 26jähriger Mann mit einer schweren geistigen Behinderung zeigt das Symptom des Kopfschlagens seit seinem 4. Lebensjahr. Mit 22 Jahren wurde er an sein Bett festgebunden und mußte fortan einen dicken Gummikragen um seinen Hals tragen. Wenn er losgebunden wurde, pflegte er sofort seinen Kopf an den nächstgelegenen Gegenstand zu werfen oder ihn mit der Faust oder dem Knie zu schlagen. Das automutilative Verhalten wurde von den Behandelnden als ein Mittel interpretiert, sich selbst als eine von der Umwelt unterschiedene Person zu erfahren. Es wurde ein Behandlungsprogramm ausgedacht, bei dem der Patient vielen Stimuli ausgesetzt ist: Ein Radio wurde neben seinem Bett angedreht, Mobiles wurden über dem Bett aufgehängt, parfümierte Seifen und Hautemulsionen, Süßigkeiten und Kaugummis mit Geschmacksstoffen wurden eingesetzt. Zwei Betreuer widmeten ihm regelmäßig Zeit, gingen auf Spaziergänge und betrieben Konversation mit ihm. Innert Wochen reduzierte sich das Verhalten des Kopfschlagens, ein Jahr später mußte er nicht mehr festgebunden werden. Nach vier Jahren war er fähig, an einfachen Gruppenspielen teilzunehmen, einfachen Anweisungen zu folgen und automutilatives Verhalten zu vermeiden (Collins 1965; zit. in Favazza 1987, S. 69)

Fall 17

Folgende Therapiesequenzen stammen aus der Fallstudie einer erfolgreichen Behandlung automutilativen Verhaltens (auf lerntheoretischer Grundlage) bei einem sechsjährigen Kind mit der Diagnose eines Lesch-Nyhan-Syndroms (vgl. Kap. 4.5.1): «Mit zweieinhalb Jahren wurden erstmals Selbstverletzungen beobachtet, wobei der Junge zunächst auf die Lippe biß. Später riß er mit den Fingern an ihr und schlug mit den Armen gegen Lippe und Kopf sowie mit dem Kopf gegen die Schulter oder gegen in der Nähe befindliche Gegenstände. Die Eltern appellierten an seine Vernunft, bestraften ihn und versuchten schließlich, ihn durch Fixierung der Arme oder durch Handschuhe zu schützen. Die Mutter beobachtete, daß diese Verhaltensweisen wesentlich seltener auftraten, wenn das Kind seiner Lieblingsbeschäftigung, Spielen im Wasser, nachging, daß sie sich jedoch in Situationen häuften, in denen es durch Freude oder Ärger erregt war. Im Alter von fünf Jahren trat mit der Eingliederung in einen Spastiker-Kindergarten eine erhebliche Zunahme der Autoaggressionen auf...»

Als der Junge zum ersten Mal von den Behandelnden gesehen wurde, war er «ständig angebunden. Wenn die Hände frei waren, zeigte er keinerlei Spielverhalten, sondern schlug ununterbrochen mit der linken Hand auf die Lippe oder riß daran. Außerdem versuchte er, mit dem Kopf auf die Schulter zu schlagen. Die Schmerzempfindung schien nicht gestört zu sein; er weinte, wenn er sich verletzt hatte...

Zum Schutze des Kindes, zur Erleichterung der Pflege und als Voraussetzung für eine gezielte Förderung schien eine stationäre Behandlung indiziert. Dabei sollte das selbstverletzende Verhalten mindestens soweit reduziert werden, daß die Gesundheit nicht mehr gefährdet schien. Zusätzlich sollte der Junge neue Verhaltensweisen mit den Händen erlernen, die eine Beschäftigungs-Alternative zum Lippenbeißen boten». Die Behandlung bestand aus drei Phasen: a) dem Vorversuch, b) der intensiven Behandlung (Abbau selbstverletzenden Verhaltens und Aufbau von Alternativverhalten) und c) der ambulanten Behandlung.

In der *Phase des Vorversuchs* wurde mit Medikamenten kein Erfolg erzielt, daher begann man mit einer Verhaltenstherapie. «Nach den 48 Beobachtungssitzungen begann die *intensive Behandlung.* Wieder wurde das Kind im Behandlungsraum viermal täglich 15 Minuten lang in seinem Wagen sitzend losgebunden. In selbstverletzungsfreien Zeiten fütterte der Therapeut das Kind, blickte es dabei an und sprach zu ihm. Er sprach es auch dann beruhigend an, wenn es Verhaltensweisen zeigte, die dem Lippe-Reißen häufig vorausgingen, wie z.B. erhöhte motorische Unruhe. Sobald jedoch selbstverletzende Tätigkeit auftrat, sagte der Therapeut energisch <nein> und drehte das Kind mit seinem Wagen von sich weg. Gleichzeitig unterbrach er jeden sozialen Kontakt und das Füttern für 30 bis 60 Sekunden (Ausschlußverfahren).» Diese Behandlung wurde zwei Monate lang immer vom gleichen Therapeuten durchgeführt, danach auch von anderen Betreuungspersonen über viele weitere Monate. Neben dem Abbau automutilativen Verhaltens wurde der Aufbau neuer Verhaltensweisen gefördert, welche mit der selbstverletzenden Handlung nicht vereinbar sind.

Zunächst wurde durch Imitationslernen eine bessere Kontrolle der Armmotorik angestrebt, worauf z.B. das selbständige Trinken geübt wurde.

In der *ambulanten Phase* wurde zu Hause «zunächst der Helm nur stundenweise aufgesetzt, in der übrigen Zeit war der Junge mit Manschetten fixiert. Er verlangte dann aber häufiger nach dem Helm und wollte nicht mehr mit Manschetten festgebunden werden, d.h., er war bald ganze Tage lang nicht mehr fixiert und nur durch den Helm geschützt. Schon nach zwei Wochen konnte die Mutter den Helm für zunehmend längere Zeit weglassen, und nach vier Wochen wurde der Helm manchmal einen Tag lang nicht mehr gebraucht und allmählich nur noch in belastenden Situationen aufgesetzt. Zu erwähnen ist noch, daß das Kind sich nach der Entlassung etwa zwei- bis dreimal so fest in die Zunge gebissen hatte, daß es blutete. Die Mutter hatte darauf sehr entsetzt und erschreckt reagiert. In den nächsten Tagen streckte ihr der Junge in belastenden Situationen regelmäßig demonstrativ die verletzte Zunge heraus. Bei konsequentem Ignorieren verschwand dieses Symptom jedoch nach kurzer Zeit und trat erst Monate später im Verlauf eines für das Kind wohl zu anstrengenden Auslandurlaubs vorübergehend wieder auf» (Koch, Kane, Jochmus, Kane, Wilhelmstroop 1979, S. 84–87).

Fall 18

Alan ist ein 17jähriger autistischer Jugendlicher. Er kann sich nicht sprachlich ausdrücken, doch versteht er bis zu einem gewissen Grad Gesprochenes. Er besucht ein hochstrukturiertes Schulprogramm für autistische Kinder. Während der Schulstunden zeigt er häufig selbststimulierende stereotype Bewegungen wie Händeklatschen sowie Schwanken mit dem Oberkörper. Problematisch sind die automutilativen Verhaltensmuster, die ohne erkenntlichen Grund auftreten. Alan beißt sich wiederholt in die Hand, welche aus diesem Grund große Schwielen aufweist, zudem schlägt er sich mit der Hand seitlich an den Kopf. Jede der beiden automutilativen Verhaltensformen ereignet sich durchschnittlich einmal in drei Minuten.

Es wird für Alan ein individueller verhaltenstherapeutischer Plan ausgearbeitet: Die Lehrer sollen Alan ignorieren, wenn er selbstverletzendes Verhalten zeigt – sie sollen von ihm wegschauen und jeweils für eine Minute nicht mit ihm sprechen. Das angestrebte Verhalten besteht darin, daß Alan seine Hände von seinem Kopf fernhält, da auf diese Weise beide selbstschädigenden Verhaltensformen verunmöglicht sind. Wenn Alan das angestrebte Verhalten länger als zwei Minuten zeigt, wird er mit einer Kleinigkeit zum Essen belohnt. Verbales Lob wird so oft und prompt wie immer möglich erteilt (Walsh et al. 1988, S. 149).

3.4.2 Besonderheiten der stereotypen Automutilation

Wie die Beispiele zeigen, unterscheidet sich die Art und Weise selbstverletzenden Verhaltens bei Oligophrenie und Autismus in verschiedener Hinsicht von den automutilativen Verhaltensweisen der bisher besprochenen Populationen (Remschmidt 1985; Steinhausen 1993). Vier wesentliche *Unterschiede* werden von Walsh et al. (1988) genannt:

1. Die bei Oligophrenen und Autisten beobachtbaren Formen von Automutilation sind *«primitiver»*, d.h., die Verhaltensabläufe sind weniger komplex (z.B. werden meist keine Werkzeuge benutzt wie Messer, Glassplitter, Zigaretten usw.) und verlangen geringere feinmotorische Koordination (als die Applikation von Schnitten und Brandwunden). Typische Formen der Automutilation sind u.a. das Schlagen (z.B. des Gesichtes), wiederholtes Kopfanschlagen (an Gegenständen), Beißen eigener Körperteile (z.B. Handrücken, Lippen, Zunge), Kratzen, Boxen, Bohren mit den Fingern in den Augen (Fälle = F 14 bis 18).
2. Die *Frequenz* des automutilativen Verhaltens ist bei geistig behinderten und autistischen Individuen tendenziell viel *höher* (F 14, 16–18). Nicht selten zeigt sich automutilatives Verhalten mehrfach täglich, während bei den bisher diskutierten Populationen Automutilation typischerweise nicht täglich, sondern solitär oder in Intervallen von mehreren Tagen bis mehreren Monaten auftritt.
3. Das Auftreten automutilativer Handlungen ist bei Autisten und Oligophrenen meistens *unmittelbarer* durch die augenblickliche Situation bestimmt, z.B. durch die Verfügbarkeit von Verstärkern oder den Grad der Stimulation (F 16, 17).
4. Bei geistig Behinderten steht das selbstverletzende Verhalten öfter mit einer klar identifizierbaren zugrundeliegenden organischen Störung in Verbindung. Automutilation kann als Korrelat einer Störung auftreten, bei welcher die *biologischen Faktoren* die psychologischen, sozialen und kulturellen Faktoren deutlich übertreffen (F 17).

Während leichtere Formen automutilativen Verhaltens häufig noch einen klaren Situationsbezug erkennen lassen (z.B. Spannungszustand, Überforderung, Verweigerung, Wut; F 15), finden schwere Formen von Automutilation oft ohne erkennbaren Grund, ohne ersichtliche funktionell-finale Bedeutung statt (F 14, 18). Das automutilative Verhalten ist in diesen Fällen *stark automatisiert,* dem Betroffenen ist jegliche Selbstkontrolle entzogen, er «ist sozusagen sich selbst ausgeliefert» (Rohmann et al. 1992, S. 17). Favazza (1987) stellt fest: «This type of atypical self-mutilation tends to be a public act lacking conscious intent, symbolic meaning, and connectedness with an individual's life experiences» (S. 200f).

Automutilation von Oligophrenen und Autisten hat im gesamten tendenziell einen repetitiven, rhythmischen, *stereotypen Charakter* (F 14, 16–18). Einige Autoren versuchen Automutilation mit stereotypem Charakter von «reinen» Stereotypien, die verletzende Wirkung haben *können,* abzugrenzen (Jones 1987). Nach Tröster (1992) hingegen muß, solange die Funktion repetitiver Bewegungsmuster noch nicht geklärt ist, zu Recht offenbleiben, «ob selbstverletzende Verhaltensweisen als eine extreme Ausprägung der Bewegungsstereotypien zu betrachten sind... oder eine in ätiologischer und funktionaler Hinsicht separate Klasse von Verhaltensauffälligkeiten darstellen» (S. 335). Aus diesem Grund untersucht Tröster (1992) Bewegungsstereotypien und selbstverletzendes Verhalten zusammen (siehe Kap. 1.5.3).

Trotz den genannten Unterschieden zu den anderen Formen von Automutilation sind jedoch auch *Ähnlichkeiten* festzustellen: Wie die Fallbeispiele zeigen, hat auch die stereotype Automutilation bei Autisten und Oligophrenen durchaus *interpersonelle* wie auch *intrapsychische Aspekte;* auch hier kann Automutilation der Kommunikation, der Entlastung von Spannungszuständen oder der Selbststimulation dienen (vgl. Kap. 4.2.3 und 4.3). Entsprechend hat sie einen oft erst nach eingehender Beobachtung erkenntlichen Situationsbezug (F 15 bis 18).

3.4.3 Automutilation bei Oligophrenien

Bewegungsstereotypien und selbstverletzendes Verhalten treten nicht nur bei geistig behinderten, sondern auch bei vielen nichtbehinderten Kindern auf (Kap. 1.5.3). Unterschiede ergeben sich vor allem bezüglich (1.) der jeweils dominierenden Formen sowie (2.) der Bedeutung der Stereotypien innerhalb des ganzen Verhaltensrepertoires der Kinder (Tröster 1992):

1. Bei geistig Behinderten sind Körperschaukeln, Schlagen des Kopfes, Kopfschlagen, Beißen und Kratzen die vorherrschenden Bewegungsstereotypien. Das Bohren in den Augen, das Drücken der Augäpfel wird bei blindgeborenen Kindern häufig beobachtet. Bei nichtbehinderten Kindern treten (jedoch meist als vorübergehende Phänomene in bestimmten Entwicklungsphasen) das Daumenlutschen, Drehen der Haare, Körperschaukeln, Kopfschlagen und die Onychophagie auf. Im Vergleich zu nichtbehinderten treten also bei geistig behinderten und blinden Kindern deutlich *gravierendere Formen* von (teilweise selbstverletzenden) Stereotypien auf.

2. Die Intensität, d.h. die Frequenz und Dauer der Bewegungsstereotypien, ist bei nichtbehinderten gewöhnlich deutlich geringer als bei behinderten und blinden Kindern. Bei behinderten Kindern haben (selbstverletzende) Stereotypien oft einen *dominierenden Status* im Verhaltensrepertoire. Zudem treten bei ihnen mehrheitlich mehrere unterschiedliche automutilative Stereotypien auf (Rohmann et al. 1992).

An 142 nichtbehinderten Heimkindern im Alter von zehn Monaten bis elf Jahren hat Tröster (1992) die *situativen Bedingungen* untersucht, unter denen Bewegungsstereotypien typischerweise auftreten. Danach zeigten die Kinder Bewegungsstereotypien vorzugsweise, wenn sie müde waren (51,8 %), sich langweilten (44,6 %), sich konzentrieren sollten (43,4 %), nichts mit sich anzufangen wußten (39,8 %) oder sich anstrengen sollten (36,1 %). Am wenigsten Bewegungsstereotypien traten auf, wenn die Kinder lasen (6 %), sich freuten (9,6 %) oder aßen (10,8 %). Im Vergleich dazu zeigten nach der Untersuchung von Brezovsky (1985) behinderte Kinder automutilative Verhaltensweisen hauptsächlich als Reaktion auf Unlust (45 %) und als operantes Verhalten (31 %). Bei beiden Populationen treten Bewegungsstereotypien gehäuft in dysphorischer Stimmung auf, jedoch scheinen sie bei nichtbehinderten Kindern weniger durch die Folgen in der Umgebung bestimmt zu sein (operantes Verhalten).

Auch innerhalb der Population der geistig Behinderten selbst sind Unterschiede auszumachen. Die selbstverletzenden Handlungen scheinen mit *niedrigerem Intelligenzquotienten* zuzunehmen. In der Untersuchung von Brezovsky (1985) dominieren die automutilativen Oligophrenen im IQ-Bereich von O bis 50. Ab IQ von 51 und besonders ab IQ von 61 war eine deutliche Abnahme des automutilativen Verhaltens zu beobachten. In der statistischen Auswertung konnte ein signifikanter Unterschied zwischen der Gruppe mit schwerer und schwerster und der Gruppe mit leichterer geistiger Behinderung bezüglich Selbstverletzungen festgestellt werden.

Wie lassen sich diese Ergebnisse interpretieren? Hypothetisch zieht der Autor die Möglichkeit in Betracht, daß die selbstschädigenden Stereotypien durch ein *Stehenbleiben auf einer Entwicklungsstufe,* in der diese Verhaltensweisen auch bei Kindern mit einer durchschnittlichen Intelligenz vorkommen, zustande kommen (vgl. Kap. 4.4). Zusätzlich stellt Brezovsky (1985) die Hypothese auf, daß bei automutilativem Verhalten (schwer) geistig Behinderter *physiologische Faktoren* eine zentrale Rolle spielen, da bei extrem niedriger Intelligenz oft eindeutig hirnorganische Schädigungen festzustellen sind (vgl. Kap. 4.5). Erwähnenswert ist in diesem Zusammenhang die von Nissen (1975) geäußerte Vermutung, daß bei schwergradig geistig Behinderten «biologische Schwächen der Schmerzerfassung oder der Schmerzempfindung» (S. 37) eine Rolle spielen – «biologisch» in dem

Sinne, daß diese Individuen nicht fähig sind, durch eine adäquate psychische Wahrnehmung (Bewertung und Einordnung) der Schmerzempfindung derselben einen situationsangepaßten Stellenwert zu geben.

Sowohl geistig Behinderte als auch Autisten mit automutilativen Verhaltensweisen zeigen häufig *Fremdaggression.* In den Untersuchungen von Brezovsky (1985) und Rohmann et al. (1992) zeigten 28 Prozent bzw. 67 Prozent der automutilativen Oligophrenen auch fremdaggressives Verhalten. Dabei wurde beobachtet, daß Autoaggression und Fremdaggression in schnellem Wechsel aufeinander folgen. Es wird vermutet, daß dieser Wechsel, das «Umschalten» von der einen Form von Aggression auf die andere vom Erregungszustand abhängig ist, wobei Autoaggression mit einem hohen Erregungsniveau korrelieren dürfte (Rohmann, Elbing, Hartmann 1987a).

Bei 9 Prozent der automutilativen Behinderten konnte Brezovsky (1985) beobachten, wie sich die Patienten *aus eigener Initiative* vor selbstverletzenden Handlungen zu schützen versuchten. Einige legten ihre Hand auf den Tisch oder gaben sie dem Betreuer, um sich vor dem Schlagen mit der eigenen Hand zu schützen. In anderen Fällen setzten sich die Patienten auf die eigenen Hände oder steckten sie in die Kleider. Diese Patienten schienen unter ihrem Selbstkontrollverlust sichtlich zu leiden, und sie empfanden die «Selbstfixierung» als angenehm. Dieses Phänomen der Selbstbeschränkung machen sich Rohmann et al. (1992) therapeutisch zunutze, indem sie die Patienten *zu Selbstfixierungen anleiten,* z.B. indem diese Gegenstände tragen (wie eine Tasse), sich den Arm über den Kopf legen oder mit beiden Händen eine Puppe festhalten. Es wurde beobachtet, daß solche Methoden von Patienten nur selbständig entwickelt werden, wenn von den Betreuenden kein Schutz angeboten und eine gewisse Frequenz an automutilativem Verhalten zugelassen wird.

Die möglichen Ursachen der Automutilation bei geistig Behinderten werden im letzten Teil der Arbeit behandelt. Doch sei bereits hier angeführt, daß vor allem *drei ätiologische Hypothesen* breite Anerkennung finden, ohne daß jedoch eine einzelne favorisiert wird:

1. der organische Faktor;
2. der Mangel an Stimulation;
3. Automutilation als angelerntes Verhalten (Vermeidungshypothese und Hypothese der positiven Verstärkung).

3.4.4 Automutilation bei Autismus infantum

Der echte frühkindliche Autismus ist ein sehr seltenes Phänomen. Er zeichnet sich durch eine qualitative Beeinträchtigung der zwischenmenschlichen

Beziehungsfähigkeit und der Kommunikationsfähigkeit wie auch durch ein eingeschränktes, stereotypes, repetitives Aktivitäts- und Interessenrepertoire aus. Frühkindlicher Autismus ist von der Oligophrenie abzugrenzen, «die vor allem dann, wenn sie unerkannt bleibt, oft mit einer Beziehungsstörung und mit einem Rückzug des Kindes einhergeht. Dieser kann so stark werden, daß man von autistischen Zügen im Verhalten sprechen muß. Das autistische Verhalten ist dann aber sekundär und reaktiv entstanden» (Herzka 1991, S. 84). Umgekehrt sind leichtere Formen des Autismus (Asperger-Typ) nicht leicht von den Oligophrenien zu unterscheiden. Oft sind nicht alle charakteristischen Symptome vorhanden. «Dann spricht man von autistischen Symptomen oder von einer geistigen Behinderung mit autistischen Zügen. In diesem Bereich sind die Grenzen gegenüber geistiger Behinderung fließend» (Tölle 1991, S. 234). Autismus ist insgesamt ein ziemlich heterogenes Phänomen, welches durch die Symptomatik einer frühen und sehr schweren *Störung der Beziehungsfähigkeit und der Kommunikation* gekennzeichnet ist.

Die Ätiologie des Autismus infantum ist im einzelnen noch ungeklärt; genetische, zerebralorganische und psychogenetische Faktoren werden diskutiert (Herzka 1991; Tölle 1991; Steinhausen 1993). Die am häufigsten vertretene Auffassung betrachtet den frühkindlichen Autismus als eine Folge der «gestörten Wahrnehmungsverarbeitung» (Kehrer 1974), der «entkoppelten Informationsverarbeitung» (Hartmann und Rohmann 1984; Hartmann 1986) oder als *«kognitive Erfassungsstörung»* (Tölle 1991). In der therapeutischen Konsequenz dieser Theorie muß es darum gehen, die Informationsflüsse zu koppeln, die gestörten kognitiven Funktionen zu beheben (siehe dazu Kap. 4.2.3.1).

Eine wichtige Voraussetzung für das Lernen des Kindes ist seine Fähigkeit zur Nachahmung. Es imitiert aus eigenem Antrieb Handlungen seiner Umgebung, es empfindet bestärkende Freude, wenn dies gelingt, und durch die bestätigende Zuwendung der Erwachsenen erfährt es zusätzliche Verstärkung. Beim autistischen Kind ist die *Imitationsfähigkeit* aufgrund der gestörten Wahrnehmungsverarbeitung nicht oder nur *mangelhaft* ausgebildet: Das Kind kann die Handlungen in seiner Umgebung nur bruchstückhaft wahrnehmen und deshalb auch nicht nachahmen. Es lebt in einer Isolierung, in einer Eigenwelt. Dies hat zur Folge, daß es hauptsächlich durch Eigenerfahrung lernt. Es eignet sich z.B. durch Selbstverstärkung Stereotypien an, die durch die mitmenschliche Welt nur schwer korrigierbar sind.

Aus der *lerntheoretischen Perspektive* werden die Symptome des Autismus als Folge des geschilderten fehlgeleiteten Lernens infolge des Wahrnehmungsdefizits aufgefaßt: Stereotypien, Automutilation, Aggression werden als (durch unkorrigierbare Selbstverstärkung) gelernte *Verhaltens-*

exzesse verstanden; Kontaktmangel, Mutismus, Unselbständigkeit andererseits werden als *Verhaltenslücken* gedeutet. Kehrer (1974) zieht daraus zwei verhaltenstherapeutische Konsequenzen:

1. Da das Kind «fast nichts <spielend> von seiner Umwelt lernt, auch kein Sozialverhalten, müssen seine Betreuer ihm über lange Zeit durch intensives Training Lernhilfen geben.

2. Weil der kleine Autist durch Selbstverstärkung, umweltunabhängig, unerwünschte Verhaltensweisen lernt und sich auf diese Weise teilweise seine eigenen Regeln schafft, muß so früh wie möglich versucht werden, Fehlverhalten zu unterdrücken, denn es ist nicht nur störend und wirkt auf die Umwelt <krankhaft>, sondern es hindert das Kind auch – z.B. solange es Stereotypien praktiziert –, <vernünftige> und erwünschte Handlungen auszuführen» (S. 235).

Voraussetzung für die Planung der Verhaltenstherapie ist eine genaue *Verhaltensanalyse* in Form einer «Baseline Data» (wie dies in F 15, 17, 18 gemacht wurde). Dabei wird sowohl das erwünschte wie auch das unerwünschte Verhalten exakt beschrieben, quantifiziert und protokolliert; im Falle der selbstschädigenden Stereotypien müssen Art, Situation, darauf folgende Konsequenzen, Frequenz, Intensität und Dauer des Verhaltens aufgenommen werden. Für die Behandlung von stereotypen selbstverletzenden Verhaltensweisen stehen aus der Lerntheorie hauptsächlich zwei Verfahren zur Verfügung: *das Aversionsverfahren* und *die Verstärkung neuer inkompatibler Handlungen* (F 17, 18). «Bei der Behandlung, d.h. Reduktion von Stereotypien, wird im allgemeinen so vorgegangen, daß die unerwünschte Bewegung durch ein scharfes Wort: <Halt>, <Nein> oder durch Festhalten unterbrochen wird und sofort eine andere Tätigkeit begonnen wird. Prinzipiell geht es darum, dem Autisten für seine Stereotypien keine Zeit zu lassen, indem er so viel wie möglich sinnvoll beschäftigt wird» (Kehrer 1974, S. 237). Wichtig für das Lernen neuer Verhaltensmuster ist der *Aufbau von Imitationsverhalten.* In einem Shaping-Programm werden anfangs einfache Bewegungen vorgemacht, wobei zu Beginn die Hand des Therapeuten nachhilft; später werden die zu imitierenden Handlungen immer komplexer, bis das Zielverhalten erreicht ist (F 17).

Die Erfolge der Verhaltenstherapie bei autistischen Kindern sind nach Kehrers (1974) eigener Erfahrung mit 23 autistischen Kindern differenziert zu beurteilen: In den Bereichen Sozialkontakt, intellektuelle Förderung und Sprache sind zum Teil gute Erfolge erzielt worden. «Die schlechtesten Ergebnisse wurden bei den Stereotypien erreicht. Bei 20 in dieser Hinsicht behandlungsbedürftigen Patienten war der Erfolg achtmal mäßig, fünfmal gut; siebenmal trat keine Änderung ein. Ebenfalls schlecht war der Erfolg bei einem Jungen mit erheblicher, fast ständiger Selbstbeschädigung» (S. 239f). Eine auf der Basis der Lerntheorie erfolgreiche Verhaltenstherapie – jedoch nicht mit einem autistischen Patienten – wurde in F 17 dargestellt.

3.4.5 Ethische Überlegungen

Brezovsky (1985) empfiehlt wie Kehrer (1974) die Kombination von abbauenden und aufbauenden verhaltenstherapeutischen Verfahren (Verhinderung von Automutilation und Verstärkung neuer Handlungen), doch auch dieser Autor bekennt, daß «keine <Patentrezepte> zur Beeinflussung spezieller autoaggressiver Verhaltensweisen gegeben werden können» (S. 61). Die Therapie von Patienten mit automutilativen Stereotypien stellt *erhebliche Anforderungen an die Belastbarkeit aller beteiligten Personen.* Die tägliche systematische Durchführung von Therapien über mehrere Monate (F 17), wobei – wenn überhaupt – nur geringe Fortschritte oder sogar Rückfälle zu verzeichnen sind, ist äußerst strapaziös. Zudem sind verhindernde, aversive Verfahren (z.B. Fixierung, Elektroverfahren, «time-out») für alle Betroffenen zusätzlich psychisch belastend. Sie können bei den Behandelnden Unsicherheit, Schuldgefühle hervorrufen und das Selbstwertgefühl einschränken (F 14).

Auf jeden Fall befinden sich bei chronisch stereotyp automutilativen Patienten die Behandelnden in einem *ethischen Dilemma.* Rohmann et al. (1992) illustrieren das Problem mit folgendem Beispiel:

> «Wahrscheinlich ist jeder von uns, der mit autoaggressiven Kindern zu tun hat, immer wieder sehr betroffen, wenn er mitansehen muß, wie sich diese Kinder selbst verletzen. Oft haben wir das Gefühl, daß uns die Schläge mehr wehtun als vielleicht dem Kind selbst.
> Ratlosigkeit und Mitleid erfüllen uns. Aus unserem eigenen moralischen Auftrag heraus werden wir versuchen, das Kind zu schützen, an den Schlägen zu hindern, indem wir es festhalten, trösten und wenn dies nichts hilft, wie meist der Fall, es auch mechanisch fixieren, z.B. festbinden oder medikamentös zu behandeln.
> Dieses Bemühen führt aber oft zu keinem Erfolg, eher im Gegenteil, das Kind wird sich noch mehr schlagen, sich auf eine neue Art, vielleicht sogar schlimmere Art (wie Schlagen mit dem Kopf ö.ä.), verletzen.
> So führte uns unsere ethisch wertvolle Haltung und Handlung in ein doppeltes Dilemma:
> a) wir haben irgendwie das selbstverletzende Verhalten unterstützt, erkennbar durch zunehmende Häufigkeit,
> b) wir haben das Kind in eine Abhängigkeit und Unselbständigkeit geführt (durch die Fixierung), die es vollkommen handlungsunfähig macht. Wir haben im Sinne einer Schutzhaft ein Gefängnis gebaut.
> So kann das beste Wollen und Handeln uns trotzdem unrichtig handeln lassen, obwohl wir meinen, ethisch folgerichtig gehandelt zu haben» (S. 75f).

Für die Bewältigung bzw. Minimierung dieses ethischen Dilemmas formulieren Rohmann et al. (1992) *drei Forderungen:* Vor dem Handeln sollte sich der Behandelnde *erstens* zuerst einmal informieren, orientieren und mit Kollegen und Kolleginnen verschiedenster Fachrichtungen in einen *Diskurs* treten (Diskursethik). Schließlich muß sich dann jeder Behandelnde fragen, «was er emotional vertreten und ertragen kann und ob er sich dabei sicher fühlt... Es reicht also nicht aus, unsere ethischen Überlegungen nur an der Umwelt und am Kind zu orientieren, sondern wir müssen *uns als Mensch miteinbeziehen,* auch, um nicht physisch oder psychisch an der uns gestellten schwierigen Aufgabe zu zerbrechen (Hervorhebung v. Verf.)» (Rohmann et al. 1992, S. 79).

Als ethische Regel gilt *zweitens,* dasjenige therapeutische Verfahren zu wählen, das bei möglichst geringer psychischer und physischer Belastung des Patienten den größtmöglichen Erfolg verspricht. (Dieser Grundsatz wurde in F 17 vor Therapiebeginn explizit bedacht.) Das Resultat einer *Güter- und Übelabwägung* ist immer ein Kompromiß. Diese zweite Forderung beinhaltet auch, sich in der therapeutischen Zielsetzung ganz von den individuellen Bedürfnissen des Patienten bestimmen zu lassen (z.B. ist vielleicht eine bestimmte Stereotypie die einzige Freude des Patienten, oder sie stellt für ihn ein Mittel der Selbstberuhigung dar) und den Patienten so weit wie nur möglich mitentscheiden zu lassen (Alternativen anbieten, Möglichkeiten der Selbstfixierung), was jedoch bei schwerst geistig Behinderten und schweren Autisten kaum möglich ist.

Drittens stellen die Autoren die Forderung auf, daß Kritik am therapeutischen Vorgehen und das Einbringen von ethischen Bedenken wichtig sind, doch sollte dies konstruktiv geschehen und mit durchführbaren Alternativvorschlägen verbunden sein. (In F 14 haben die Eltern nicht aus Bösartigkeit, sondern aus Ratlosigkeit und Verzweiflung zu ihrer rigiden aversiven Strategie gegriffen. Diesen Eltern Sadismus oder Terrorisierung vorzuwerfen – was vor allem bei Mißerfolg sehr schnell der Fall wäre –, ist fehl am Platz, um so mehr als die professionellen therapeutischen Alternativen anscheinend keinen Ausweg boten.)

Abschließend stellen die im Zentrum für Autismusforschung und Entwicklungstherapie der Rheinischen Landesklinik in Viersen (D) forschenden Autoren die Forderung nach mehr Personal bei Schwerstbehinderten. Sie stellen eine positive «Korrelation zwischen geringem Personalaufkommen und besonders stark gestörten bzw. behinderten Patienten» fest, «wobei Autoaggressionen/Aggressionen das größte Extrem darstellen. Mit anderen Worten, *je schwieriger die Patienten, desto weniger Personal»* (Rohmann et al. 1992, S. 80). Hier sehen die genannten Autoren eine Gefahr für emotionale Verwahrlosung und Hospitalismus, die wiederum mögliche Voraussetzungen für die Entwicklung von autoaggressiven Verhaltensmustern darstellen.

3.4.6 Automutilation und Hospitalisierungseffekt

> «In das Heim für die Geschädigten und schwer Erziehbaren zwischen drei und vierzehn Jahren ging Heinrich jeden Monat einmal... Sie kamen in den Eßsaal, Reinhold griff nach Heinrichs Hand: achtzig Kinder, kein Fenster, Licht aus vergitterten Lampen, Tische verschmiert, Kleider bekleckert, Stille, nur das Scharren der Blechlöffel in den Näpfen. <Mit vollem Mund spricht man nicht>, stand in gotischen Buchstaben an der Wand.
> Was essen die? fragte Reinhold. Werden sie satt?
> Die sterben früh, sagte Heinrich.
> Haben die Eltern, fragte Reinhold.
> Sind alle tot, sagte Heinrich und zog Reinhold weiter, gefallen, verhungert, erfroren, zum Fenster rausgesprungen. Schwindsüchtige, Säufer, Mörder.
> Der Waschraum lag neben dem Eßsaal: zwei Eisenwannen, eine Holzbank mit Löchern, auf einem Loch ein Mädchen festgeschnallt.
> Bist der Sohn, gell, sagte ein fetter Mann, kniff Reinhold in die Wange und hielt einen Schlauch hoch: Schau, Bub, wer hier in die Hosen scheißt oder ins Bett pißt, wird abgespritzt, und wers zum zweitenmal macht, kommt in die Kammer. Der Mann riß eine Tür auf: Wenn du einer von den Hiesigen wärst und zum zweitenmal in die Hosen geschissen hättest, dürftest du vierundzwanzig Stunden da drin hocken, denn stehen kannst du nicht, dafür ist die Kammer zu niedrig, und liegen kannst du auch nicht, dafür ist die Kammer zu eng, und damit daß deine Augen gesund bleiben, gibts auch kein Licht, und damit daß du nicht schon wieder scheißen mußt, auch nichts zum Fressen. Und nach zwei, drei Mal hätten wir dem kleinen Scheißkerl hier den Hosenschiß abgewöhnt.
> Im Schlafraum lagen die Kranken und die Verkümmerten schon in den Betten: Eisengestelle, eins neben dem andern, graue Decken, Lederriemen, keine Borde, Schränke, Spielsachen, zwei Kinder an ihr Bett gefesselt.
> Was ist mit dem Mädel, fragte Heinrich eine Schwester.
> Hat sich den Finger bis auf die Knochen zerbissen» (Berkéwicz 1992, S. 40f).

Dieses krasse literarische Beispiel einer Automutilation in einem deutschen Heim der dreißiger Jahre entspricht sicherlich nicht den modernen Umständen. Doch soll es für die Tatsache stehen, daß *emotionale Verwahrlosung ein bedeutender Faktor* für die Entstehung von automutilativen Verhaltensweisen darstellt (vgl. Kap. 4.3.2). Tölle (1992) weist darauf hin, daß institutionalisierte Kinder, Kinder mit frühen Entwicklungseinschränkungen, mit schweren kognitiven Defiziten, Teilleistungsstörungen oder Sinnesdefekten aufgrund fehlender oder mangelhafter Kontakterfahrung oder aufgrund fehlender Stimulation autistische Verhaltensmuster zeigen können.

Automutilatives Verhalten ist «häufiger beobachtbar bei Patienten, die längerfristig in unterschiedlichen Institutionen (Kliniken, Heimen usw.) untergebracht sind» (Rohmann et al. 1992, S. 11). Zwar ist Automutilation auch bei behinderten Kindern zu finden, die in Familien lebten, das Verhalten tritt jedoch bei Kindern in *Kliniken qualitativ und quantitativ massiver* auf. In einer Untersuchung an 16 456 geistig Behinderten, die in der Regel in Familien lebten, wurde eine Rate von 2,6 Prozent an automutilativen Patienten gefunden (Rojahn, Fenzau, Hauschild 1985; zit. in Rohmann et al. 1992); bei Behinderten in einem stationären Langzeitaufenthalt waren – wie erwähnt – 35 Prozent bis 41 Prozent automutilativ. Die Gründe für diese erklärungsbedürftigen Unterschiede sind nach Rohmann et al. (1992) einerseits im Hospitalisierungseffekt (Personalmangel, Restriktion, mangelnde Zuwendung und Stimulation; siehe F 16) zu suchen, andererseits darin, daß nur spezifische Formen von Automutilation in Familien tragbar sind. Letztere Möglichkeit betrachten die Autoren für die Erklärung der auffallenden Differenzen als nicht ausreichend: «Diesem absurd erscheinenden Verhalten, für das es bis heute, vergleichsweise zu anderen Krankheitsbildern, wenig schlüssige Erklärungsansätze gibt, wurde bisher in der klinischen Forschung recht wenig Beachtung geschenkt» (S. 9).

Tröster (1991) stellt zudem bei den von ihm untersuchten *nichtbehinderten* Kindern einen gewissen statistischen Zusammenhang fest zwischen der Anzahl der «beobachteten Bewegungsstereotypien (ohne Daumenlutschen) und der Dauer ihres Heimaufenthaltes bzw. der Dauer ihrer Trennung vom Elternhaus» (S. 351). Bei Kindern, bei denen eine frühere Mißhandlung in der Herkunftsfamilie vermutet wurde, konnte der Autor zudem signifikant häufiger Bewegungsstereotypien beobachten. Diese Ergebnisse lassen vermuten, daß belastende Enwicklungsbedingungen das Auftreten von Stereotypien begünstigen. In welcher Weise die belastenden Faktoren stereotypienfördernd wirken, ist jedoch – so Tröster (1992) – noch weitgehend ungeklärt. Korrelationsstudien sagen nichts aus über einen ursächlichen Zusammenhang.

Dieser Grundsatz gilt auch für die vielfach zitierten Untersuchungen von Green (1967, 1968; vgl. Kap. 4.3.1). Der amerikanische Autor untersuchte 1967 automutilatives Verhalten bei 70 schizophrenen Kindern im Schulalter. Dabei stellte er fest, daß diejenigen Kinder, die automutilatives Verhalten zeigten, eine höhere Inzidenz kindlichen Kopfschlagens in der Anamnese aufwiesen. Das *infantile Kopfschlagen* könne demnach *als ein Vorläufer der späteren Automutilation* aufgefaßt werden. In einer zweiten Studie beobachtete Green (1968), daß schizophrene Kinder mit automutilativem Verhalten in den ersten Lebensjahren häufiger schwerer *physischer Bestrafung* (physischem Mißbrauch) ausgesetzt waren. Der Autor stellt einen Zusammenhang her zwischen physischer Mißhandlung bzw. Deprivation und (späterem) automutilativem Verhalten. Selbstverständlich lassen sich diese Ergebnisse nicht ohne weiteres auf andere Populationen übertragen. Trotzdem geben sie einen Hinweis auf einen Zusammenhang zwischen frühkindlicher Deprivation und automutilativem Verhalten, auf den verschiedene Autoren hinweisen (Kap. 4.3; dazu vgl. auch 3.2.4).

Dieser Hinweis auf das *Deprivationssyndrom* ist um so gewichtiger, als die Entwicklung einer beständigen Beziehung bei geistig behinderten Kindern gerade auch *von seiten des Kindes her* erschwert ist. «Behinderte Kinder finden den Weg zur Mutter nur schwer, und es ist eine Anleitung zum Spiel und zur Kommunikation notwendig» (Herzka 1991, S. 69). Die beeinträchtigte Entwicklung der Sinnesorgane, der Bewegungsfähigkeit, der kognitiven Funktionen erschweren den behinderten Kindern die Beziehungsaufnahme und die Kommunikation in hohem Maße. Auch die Bewältigung von Angst (Furcht vor Dunkelheit, vor Neuem und Unbekanntem, vor Verlassenheit) ist für das behinderte Kind aufgrund seiner Entwicklungseinschränkungen ungleich schwieriger. Stimulation muß ihm in erhöhtem Maß von außen dargeboten werden, da es weniger sich selbst stimulieren oder aktiv Stimulation aufsuchen kann. Das behinderte Kind ist insgesamt schlechter für die Bewältigung von Belastungen und Mängeln ausgerüstet. Um so einschneidender wirken sich bei diesen Kindern Störungen der Beziehungsbildung aus, die *von der Bezugsperson* herrühren. In Institutionen sind dafür mannigfache potentielle Gründe vorhanden: weil die Pflegepersonen quantitativ oder qualitativ nicht genügend präsent sind (sein können), weil sie zu häufig wechseln, weil ältere Spielkameraden fehlen, weil das Spielmaterial eintönig ist, weil durch die Routine und die restriktiven Verhältnisse allgemein wenig Stimulation vorhanden ist (Herzka 1991).

Die Entwicklung einer beständigen Beziehung, die Bildung des Urvertrauens ist also bei behinderten Kindern sowohl von seiten des Kindes wie auch von seiten der Bezugsperson(en) her erschwert. Dieses schwierige Wechselspiel ist bei Kindern in Institutionen besonders vielfältigen Störungen ausgesetzt. Die Folgen können sich bei einigen u. U. in häufigerem und intensiverem automutilativem Verhalten manifestieren. Weitere Studien über den Zusammenhang von stationärem Langzeitaufenthalt und Automutilation bei behinderten Kindern und Erwachsenen könnten zu einem besseren Verständnis dieser wichtigen Problematik beitragen.

4. Theorieansätze zur Ätiologie der Automutilation

Automutilation ist ein verwirrendes, komplexes und noch wenig erforschtes menschliches Verhalten. Das sich selber schädigende Handeln eines Menschen widersetzt sich vorschnellen und vorgefertigten Erklärungen. Wie jedes menschliche Verhalten ist auch Automutilation vielfach determiniert. Biologische und psychologische, soziale und kulturelle Faktoren spielen in wechselseitiger Verknüpfung eine Rolle. Es ist evident, dass bei jedem Typus von Automutilation und bei jeder diagnostischen Gruppe die ursächlichen Faktoren anders gewichtet und kombiniert sind. Entsprechend haben die verschiedenen theoretischen Erklärungsansätze auch je unterschiedliche Krankheitsbilder als Ausgangspunkt. Allerdings gibt es zahlreiche Überschneidungen und Verbindungen zwischen den Populationen mit automutilativem Verhalten bezüglich des Phänomens der Automutilation. Angesichts des gegenwärtigen Forschungsstandes scheint es nicht zweckmäßig, bestimmte Formen automutilativen Verhaltens grundsätzlich abzugrenzen und gesondert zu behandeln, denn Einsichten, die sich aufgrund einer bestimmten Form von Automutilation ergeben, können für andere Formen unverhofft fruchtbar werden. Die unterschiedlichen theoretischen Ansätze beleuchten je bestimmte Facetten des interessierenden Verhaltens, sie erscheinen wie Grundbausteine einer noch zu leistenden umfassenderen Theoriebildung. Im folgenden werden zunächst die Erklärungen der Betroffenen selbst im Mittelpunkt stehen. Danach werden verschiedene interaktionelle, psychologische und biologische Erklärungsansätze vorgestellt. Die soziokulturelle Dimension wurde bereits im zweiten Kapitel erörtert.

4.1 Intrapsychische Funktionen der Automutilation

Die Frage nach dem funktional-finalen Sinn einer Symptomhandlung geht zunächst vom *Selbsterleben der Betroffenen* aus (Scharfetter 1990). Ausgangspunkt ist des Patienten eigene Antwort auf die Frage, was ihn zu einem bestimmten Verhalten bewegt, warum er ein bestimmtes Symptom hervorbringt, welchen Zweck es für ihn hat. Aufbauend auf den Selbstinterpretationen der Patienten können auf einer weiteren Reflexionsstufe – auf dem Hintergrund einer bestimmten Theorie – die Symptome z.B. als autotherapeutische Selbstrettungsversuche, als Dekompensationsabwehr, als Suizidersatz oder als narzisstischer Gewinn verstanden werden.

Grundsätzlich ereignen sich automutilative Handlungen als Reaktionen auf psychologische und umweltbedingte Störungen. Entsprechend werden *intrapsychische* und *interpersonelle* Funktionen der Automutilation unterschieden. Schwerpunktmäßig mag bei den einen die interaktionelle (bewußt oder unbewußt), bei den anderen die intrapsychische Wirkung im Vordergrund stehen; bei einer dritten Gruppe wiederum mögen beide Bereiche gleichzeitig bedeutungsvoll sein. Dieses Kapitel beschränkt sich auf die intrapsychischen Funktionen der Selbstschädigung; die interaktionellen Aspekte werden in Kap. 4.2 diskutiert.

Die funktional-finale Betrachtungsweise ist von Bedeutung, da durch das Offenlegen der Nöte, die den Patienten zu automutilativem Handeln veranlassen, die *Therapiebedürftigkeit* des Patienten spezifiziert wird. Der Zweck ihres automutilativen Handelns ist jedoch nicht allen Patienten ohne weiteres als Selbstinterpretation zugänglich. Viele sagen zunächst: «Es kommt so, es geschieht automatisch» (Scharfetter 1992b, S. 765). Oft ist die Einsicht in die Funktion des automutilativen Handelns das Ergebnis eines längeren – die Introspektion fördernden – therapeutischen Prozesses und damit bereits ein Zeichen des heilsamen Abstand-nehmen-Könnens. In diesem Prozeß soll die therapeutische Person sich jedoch mit vorschnellen Interpretationen des automutilativen Handelns zurückhalten, denn die Erklärungen können – wie ersichtlich wird – sehr vielfältig sein. Darauf hat Figueroa (1988) sehr eindringlich hingewiesen:

> "Dynamic therapists often, while well intentioned, become overzealous in their explications of intrapsychic processing. Complex interpretations may appear on the surface to reflect brilliant insight and understanding of unconscious motivations. But, especially with archaic and preverbal pathology, these interpretations more often than not are far from the experience of the patient. When the patient becomes puzzled or angry with alien and pressured interpretations, therapists may defend themselves with the reassurance that the patient is being resistant of defensive, or is 'repressing' or 'unconscious' of the truth. *This kind of attitude can be very damaging when working with a self-destructive patient.* Awareness of the multiple determinants of self-mutilation is only so much armchair speculation if *not firmly rooted in, and confirmed by, the patient's experience* (Hervorhebung v. Verf.)" (S. 286).

Bezugnehmend auf die Darstellungen von Sachsse (1987, 1994) und Favazza (1987, 1989b) werden im folgenden – gleichsam als Zusammenfassung des Bisherigen – die vielfältigen intrapsychischen Wirkungen des automutilativen Verhaltens dargestellt. Dabei werden authentische Patientenaussagen im Zentrum stehen.

4.1.1 Automutilation in der Selbstinterpretation der Betroffenen

4.1.1.1 Automutilation als spannungslösendes Mittel

Ein Akt der Automutilation kann von überstarker Spannung und Angst befreien. Patienten vergleichen die Wirkung der Automutilation mit dem Aufschlitzen eines Dampfkessels oder mit dem Zerplatzen-Lassen eines Ballons (Favazza 1987). Die Bedeutung der Metaphern ist klar: Durch das Schneiden der Haut entsteht eine Öffnung, durch welche die Anspannung, die Angst und alles Schlechte aus dem Inneren des Körpers blitzartig entweichen. «Es ist wie Kotzen – einem ist schlecht, und man spuckt das Schlechte aus» (Kaplan 1991, S. 407). Die Patienten beschreiben «die Symptomhandlung als etwas, das sie global von <Druck> entlastet. Wird die innere Gespanntheit zu stark, stellt sich ein veränderter Bewußtseinszustand ein mit einer Trance, während der die Selbstverletzung erfolgt. Der Schmerz beendet die Trance, das Blut vermittelt ein Gefühl von Wärme und Lebendigkeit (<Blut tut gut> schrieb mir eine Patientin), und es folgt ein Zustand von Befreiung und Erleichterung» (Sachsse, 1987, S. 61). Die entspannende, beruhigende, entlastende Wirkung der Automutilation ist vergleichbar mit derjenigen von physischer Verausgabung, Muskelentspannungstraining, Alkoholabusus und hochdosierten Tranquilizern (Favazza 1987, Sachsse 1994).

4.1.1.2 Automutilation als Mittel gegen Leeregefühle

Patienten berichten, wie sie in Situationen des Alleinseins und der Einsamkeit von Empfindungen der Dysphorie, der Leere und Inhaltslosigkeit überwältigt werden. Diese objektlose Depression kann psychotische Gefühlsqualitäten annehmen, wie aus folgender Mitteilung zu entnehmen ist: «Gestern nachmittag habe ich in unserer Wohngemeinschaft die Küche sauber gemacht. Ganz plötzlich überfiel mich das Gefühl: Du bist hier ganz alleine! Alles veränderte sich. Die Küche wurde irgendwie unwirklich. Mich beschlich ein Gefühl, das ich gar nicht mehr beschreiben kann, so ähnlich wie in diesem entsetzlichen Kriegsfilm <Apocalypse now>, so etwas wie Grauen. Ja. Das trifft es vielleicht noch am ehesten. Ich konnte das nicht aushalten. Ich habe mir einfach ein Schälmesser gegriffen und geschnitten» (Sachsse 1994, S. 42). In diesen Situationen kann Automutilation dem Grauen ein Ende setzen.

4.1.1.3 *Automutilation, um sich als lebendig zu erfahren*

Eng mit der Überwältigung von Gefühlen der Anspannung, der Angst und der Leere hängt das erschreckende Gefühl der Empfindungslosigkeit und des emotionalen Todes zusammen. Ein Patient formulierte: «I'd rather die than face being unreal. You go through life doing things automatically, like a machine. And then at the end of the day you try to match events with an emotion and try to experience them as a whole being. It's all right to hurt yourself because it proves you are real» (Favazza 1987, S. 195). Die Schmerzempfindung oder das Sehen des Blutes und des Schnittes durchbrechen nicht nur die Einförmigkeit der Depersonalisation, sondern beweisen auch, daß der Akteur tatsächlich lebendig und die Körpergrenze der Haut intakt ist. «Ich muß mich selbst zerkratzen, damit ich im Schmerz und Blut meine eigene Grenze erfahre» (Scharfetter 1990, S. 70). Die Patientin von Kafka (1969) berichtete, wie sie das Fließen des Blutes spürte, welches sie verglich mit einem köstlichen warmen Bad, das, während es sich über die Hügel und Täler ihres Körpers ausbreitete, seine Konturen nachzeichnete und seine Form modellierte. Eine andere Patientin schilderte: «Ich spürte meine Haut dann gar nicht. Die Schnitte tun überhaupt nicht weh. Dann sehe ich Blut, fühle es fließen und spüre, daß es warm wird. Das ist eine wohlige Wärme. Dann weiß ich und fühle ich, daß ich überhaupt lebendig bin. Blut tut gut. Und dann kommt erst der Schmerz, aber auch gar nicht so schlimm. Es ist gut, sich wieder zu spüren» (Sachsse 1994, S. 42). Therapeutisch wird man einem Patienten, der Automutilation als Mittel zur Beendigung der Depersonalisation und zur Selbstversicherung der eigenen Lebendigkeit und der Kohäsion seines Körpers einsetzt, «nichtschädigende leibeinbeziehende Maßnahmen zur Rekonstruktion des Vitalitätsgefühls anbieten» (Scharfetter 1992, S. 765).

4.1.1.4 *Automutilation als treuer, sicherheitsspendender Freund*

Eine 18jährige Serviceangestellte berichtete, daß Automutilation ihr Sicherheit gebe, da sie wisse: Auch wenn alles andere mißlingt und sie gefühllos und leer bleibt, der Schmerz und das Blut werden immer für sie da sein. Für eine andere Patientin war das automutilative Verhalten – wie sie sagte – ein gefühlswarmer, verständnisvoller Freund, der sie durch schwere Zeiten begleitete (Favazza 1987). Fühlt sich jemand allein, ungeliebt und nicht liebenswert, so kann Automutilation also – wie ein guter Freund – Trost, Wärme und Sicherheit spenden.

4.1.1.5 Automutilation, um Selbstkontrolle zu erlangen

Automutilation kann dazu dienen, bei Gedankendrängen, schnellem Stimmungswechsel und instabiler Umgebung die Kontrolle zu erlangen. Dieses Motiv ist nach Favazza (1987) eines der meistgenannten: «When I feel hyper my mind races and I can't sleep, then I almost always harm my feet and legs... Sometimes I hit myself with a hammer... Then I'm calm again», «Self-harm gives me a feeling of control when I cannot find control in the environment», «I didn't 'decide on' self-abuse. I just did it because it calmed me down. I would be so hurt and so angry I'd feel like I was exploding. Better cut me than someone else. The pain gave me a focal point» (S. 199). Automutilation dient dazu, im Sturm der Gedanken und Gefühle Selbstkontrolle zu erlangen und diesen innerseelischen Sturm aufzuhalten.

4.1.1.6 Automutilation, um sich von Wut zu befreien

Viele automutilative Patienten empfinden rasende Wut auf sich selbst, weil sie ihren hohen Ansprüchen nicht gerecht werden, weil sie anderen real oder vermeintlich Schlechtes angetan haben oder einfach weil sie sich als «schlechte Menschen» betrachten. Manche sind wütend auf ihre Eltern und andere wichtige Bezugspersonen – oder auf Institutionen wie z.B. Kliniken. Oft hadern sie mit ihrem Schicksal und mit der «ungerechten Welt». Durch die Automutilation können sie diese angestaute Wut «rauslassen». Ein 19jähriger kirchlicher Mitarbeiter äußerte: «I get my anger out of me when I hurt myself. It would not be expressed in my family; you always had to smile. Also with my religion it is a sin to be angry. Cutting gives me a way to vent my anger» (Favazza 1989b, S. 140). Hier erscheint Automutilation als der ungefährlichere Weg, angestauter Wut Luft zu machen, als die direkte Äußerung von Wut gegenüber anderen, da diese womöglich Vergeltung üben.

4.1.1.7 Automutilation, um sich zu bestrafen

Die Wut auf die anderen kann sich auch in Form von Selbstentwertung, Selbsthaß und Selbstbeschuldigung gegen die eigene Person wenden: «Zuerst war ich voll wütend. Wütend auf alle und jeden. Alle meinten es schlecht mit mir. Dann kehrte sich das um, ich war allein an allem schuld, alle anderen hatten recht. Diese Schuld wollte ich herausschneiden» (Sachsse 1994, S. 42). Eine 33jährige Hausfrau erklärt: «My father tried to have sex with me when I was 22 years old, and I felt like a frightened child.

I cut myself because I feel so much hate for myself» (Favazza 1989b, S. 140). Eine andere Patientin teilte mit, sie fühle jeweils, daß sie bestraft werden müsse; nach der Verletzung fühle sie dann Erleichterung (Favazza 1987).

4.1.1.8 Automutilation, um sich einzigartig und mächtig zu fühlen

Dieses Motiv wird in der Therapie lange Zeit verheimlicht. Sachsse (1987) berichtet von einer Patientin, welche sich einen Korkenzieher durch den Handrücken gerammt hatte und mit spöttischer Verachtung eine lokale Anästhesie ablehnte, «obwohl es höllisch weh tat, als die das wieder rausgezogen haben. Aber gleichzeitig war ich unheimlich stolz» (S. 63). Manche Selbstschädiger strahlen eine Aura der körperlichen Omnipotenz und Unabhängigkeit aus – so sagte eine Patientin: «These are my arms; I do with them as I please, whenever I please. If I choose to make them ugly, they will be ugly» (Podvoll 1969, S. 220). Einige Selbstschädiger zeigen ihre Narben mit einem selbstzufriedenen Stolz als Aushängeschild ihres Mutes (Favazza 1989a). Selbstverletzendes Verhalten kann ein wichtiger Bestandteil der eigenen Identität werden: «Was eine echte Ritzerin ist, die hat ihre Rasierklinge immer bei sich» (Sachsse 1994, S. 44). Die meisten Patienten verstecken aber ihre Narben, weil sie sich ihrer schämen.

4.1.1.9 Automutilation, um den inneren Schmerz zu übertönen

Der Schmerz der Schnittverletzungen sei weniger schlimm, weniger ekelhaft als die inneren Konflikte, deshalb schneide sie sich, erklärte eine Patientin von Favazza (1987). Sachsse (1994) berichtet von einer Patientin, die sagte, sie schneide sich selbst, «damit ich den großen Schmerz nicht spüre» (S. 55). Der Autor vergleicht dieses Motiv mit Verhaltensweisen, die wir aus dem Alltag kennen: Zutiefst verzweifelte Menschen reiben sich die Knöchel der Hand an einer Mauer blutig, Menschen in tiefer Trauer schlagen sich mit den Fäusten gegen die Brust, wenn der Schmerz zu groß wird. «Der helle Hautschmerz ist eine Möglichkeit, viszeralen Schmerzen etwas entgegenzusetzen» (Sachsse 1994, S. 55). Im Vergleich zum tiefen, dunklen inneren Schmerz der Trauer, der Zerrissenheit, der Angst, welcher sich im Bauch, in den Eingeweiden, im Hals, im Herzen ausbreitet, ist der umschriebene Schmerz eines Schnittes in der Haut eine Erleichterung.

4.1.1.10 Automutilation als Nervenkitzel

Eine 30jährige Gymnasiallehrerin erzählt, wie Automutilation es ihr ermögliche, in der Situation der Lebensbedrohung das Leben zu erfahren; es sei ein Nervenkitzel zu sehen, wie weit sie gehen könne und wieviel wirklichen Schmerz sie ertragen könne. Ein 24jähriger Gefängnisinsasse berichtet von euphorischen Gefühlen, wenn er sich jeweils selbst schneidet; er fühle sich gelangweilt, wenn er es nicht tun könne; bisher habe er keinen gleichwertigen Ersatz gefunden (Favazza 1989b). Hier dient Automutilation der Erregung und Stillung des Stimulationshungers – analog gefährlichen Sportarten und Thrill-Seeking zur Sättigung des Reizhungers wie Eis-Klettern, Free Climbing, Air-Surfing, Bungy-Jumping, S-Bahn-Surfen, Reality-TV und vieles mehr.

4.1.1.11 Automutilation als Reaktion auf Halluzinationen und Wahngedanken

Wenn die Wahngedanken und die akustischen Halluzinationen beeinträchtigend, herabwürdigend, verfolgend sind (vgl. Kap. 3.1.3), so kann der automutilative Akt eine *Beschwichtigungsgeste* darstellen – im Sinne von: Ich habe mich selbst verletzt, deshalb braucht ihr mich nicht länger zu verfolgen. Ein Opfer wird dargebracht, um die bedrohende Macht abzuwehren, zu besänftigen, zu befrieden. Auch als Mittel der *Sühne,* der Reinigung, der Selbstbestrafung für Sünden kann Automutilation eingesetzt werden: Nach dem Besuch eines Nachtklubs empfand ein depressiver Mann belastende Schuldgefühle; eine Statue der heiligen Maria befahl ihm, seine Augen herauszureißen, um sich von der Sünde zu reinigen (Favazza 1989b). Automutilation kann weiter dazu dienen, unwiderstehliche *Impulse zu kontrollieren:* Ein Patient kastrierte sich selber aus Angst, durch sein übermäßiges sexuelles Verlangen seine Freundin zu verlieren – die Stimme des Teufels befahl ihm: «Now you can't control yourself. Go ahead and cut it off» (Favazza 1987, S. 183).

Wie in den oben erwähnten Beispielen deutlich wird, haben in Psychosen automutilative Handlungen oft eine *abwehrende Funktion:* Abwehr von Unheil durch Reinigung, Selbstbestrafung, Opfer sowie Abwehr von unerwünschten (oft sexuellen) Impulsen. Die Lösung des Problems besteht manchmal darin – dies ist besonders deutlich bei Patienten, die in der Psychose Symbolisches konkret verstehen –, daß die Gefühle der eigenen Schlechtigkeit und Minderwertigkeit oder die Bedrohung durch Feinde lokalisiert werden: Nicht die eigene Person ist dann völlig schlecht, sondern das Schlechte ist in einem bestimmten Körperteil lokalisiert; nicht die ganze

Person ist von einem feindlichen Dämon besessen, sondern z. B. nur das Auge. Ist das Böse bzw. Dämonische so geortet, bedeutet die Entfernung des betroffenen Organs zugleich die Befreiung vom Bösen bzw. Dämonischen (von Törne 1974; Favazza 1987).

Neben dieser Unheil abwehrenden, apotropäischen Funktion weist Scharfetter (1991, 1992b) auf die *symbolisch-magische Bedeutung* der Automutilation bei einigen Schizophrenen hin, z. B. wenn sich ein Patient das Symbol einer Rose in die Lippen schneidet oder sich das Augenlicht nimmt, weil er in der realen Welt überall nur Bosheit und Lüsternheit sieht.

Automutilation kann auch einen verzweifelten Versuch darstellen, die Aufmerksamkeit von den *Halluzinationen abzuwenden* und die alptraumartige Episode zu beenden. Sie hat hier die Wirkung eines hochdosierten Neuroleptikums (Sachsse 1987, 1994). Selbstverletzung kann schließlich dazu dienen, *sich der eigenen Existenz* und Lebendigkeit, der Körperrealität und Körpergrenzen, der Kohärenz der eigenen Persönlichkeit *zu vergewissern.* In diesem Sinn kann sie als Versuch gedeutet werden, der Bedrohung des Ich-Bewußtseins zu entfliehen oder sie zu überwinden (Scharfetter 1990).

Nicht berücksichtigt sind in dieser Zusammenstellung die Gründe für automutilatives Handeln bei Störungen, die in dieser Arbeit nicht erörtert wurden, wie z. B. bei nichtpsychotischen Transsexuellen, bei sexuellem Masochismus, bei sexueller Fixierung auf Amputationen (Apotemnophilie).

4.1.2 Automutilation in der Fremdinterpretation der Behandelnden

4.1.2.1 Automutilation als Autotherapie

Automutilation kann – wie ersichtlich wurde – bei einer Reihe von unerwünschten Symptomen einen schnellen, jedoch kurzlebigen Aufschub bewirken. Sie evoziert Erleichterung in Episoden von Depersonalisation, überstarker Spannung, Angst, Wut, Halluzinationen, starken Schuldgefühlen, Gedankendrängen und schnellen Gefühlswechseln, Langeweile und fehlender Stimulation, Depression, Einsamkeit, Leere und Unsicherheit. Deshalb bezeichnet Favazza (1987) Automutilation als *symptomreduzierende Selbsttherapie,* die zwar ohne Zweifel wirkungsvoll, jedoch mit einigen Problemen verbunden ist: Erstens dauert die durch die Automutilation erzielte Erleichterung oft sehr kurz; zweitens wird die den Symptomen zugrunde liegende Störung nicht behandelt, was die dauernde Wiederholung der «Selbsttherapie» notwendig macht und so die physiologische Schädigung zunehmend gravierender werden läßt; doch auch wenn die physiologische

Gefahr oft unbedenklich ist, so führt – drittens – chronische Automutilation längerfristig zu sozialem Ausschluß; viertens schließlich kann Automutilation tödlich enden; der Tod kann akzidentiell eintreten, bei zunehmender Verzweiflung mag zudem das Letalitätsrisiko automutilativer Handlungen ansteigen.

4.1.2.2 Automutilation als Dekompensationsabwehr

Ähnlich wie Favazza (1987) bezeichnet Sachsse (1994) die repetitive Form der meist oberflächlichen Automutilation als *«zentrale, meist die einzige Möglichkeit der Selbstfürsorge»* (S. 41), welche weit wirkungsvoller sei als Tranquilizer, Antidepressiva und Antipsychotika (Neuroleptika). Beide Autoren berichten von der Beobachtung, daß bei Patienten, welche durch Fixierung am Selbst-Schneiden gehindert werden, der depersonalisierte Zustand in eine kurze psychotische Episode (Favazza et al. 1988) bzw. einen psychosenahen Zustand mit angsterregenden Halluzinationen (Sachsse 1994) übergehen kann. Bei dem von Favazza (1987) beschriebenen Fall der 20jährigen Janet, einer Patientin mit chronischer offener Hautschädigung, führte die Unterbindung der Symptomhandlung in einem verhaltenstherapeutischen Programm unmittelbar zu einem «hysterischen Pseudoanfall». Die Verhaltenstherapie wurde sodann abgebrochen, eine konventionelle Psychotherapie wurde begonnen. Janet lernte in der darauffolgenden Zeit den Beginn der angsterzeugenden Episoden der Depersonalisation zu erkennen. Es wurde evident, daß die Schnitte in die Haut ein Mittel waren, um diese Episoden zu beenden. Nach vielen Fehlschlägen wurde schließlich ein weniger schädliches, aber ebenso effizientes Mittel der Selbsthilfe gefunden: Laute Rockmusik aus Kopfhörern an beiden Ohren (Walkman) vermochte entweder den depersonalisierten Zustand zu beenden oder ihn ohne Furcht zu ertragen helfen.

Das Beispiel macht deutlich, daß der Impuls zur Automutilation als ein Signal für eine drohende Dekompensation und Fragmentierung des Ichs verstanden werden kann (Sachsse 1994). Subjektiv wird die Dekompensation von den Patienten als ein Wegtreten, Absacken, Abstürzen, Einbrechen erlebt. Aufgrund der sehr niedrigen Frustrations-, Angst- und Ambivalenztoleranz und mangels sogar primitivster Abwehrmechanismen sind diese Individuen genötigt, aus der Realität, die sie nicht ertragen, «auszusteigen». Es «droht ihnen in Überlastungssituationen eine Regression unmittelbar auf pathologische symbiotische Erlebnisverarbeitungen mit der Gefahr von Fragmentierungserfahrungen» (Sachsse 1987, S. 61). Selbstverletzende Handlungen haben in solchen Situationen *die Funktion, die Dissoziation und Fragmentierung des Ichs zu verhindern oder zu beenden.*

4.1.2.3 Automutilation als Suizidersatz

Ein starres, starkes und strenges Über-Ich – das nach Sachsse (1987) bei Patientinnen mit offener Hautschädigung recht häufig zu beobachten ist – duldet kein Versagen und keine Defizite. Dies führt notwendigerweise zu Insuffizienz- und Schuldgefühlen, zu Selbstverachtung und Selbsthaß. Automutilation fungiert bei diesen Personen dann als *«Selbstbestrafung zur Entlastung des Überichs»* (S. 62). Dieser Mechanismus wird seit Menninger (1935, 1938/1989) als partieller, fokaler, kleiner oder larvierter Suizid bezeichnet (vgl. Kap. 1.6.2.1). Auch psychotischen Patienten mit schwer lastenden Schuldgefühlen, welche ihrer fixen Überzeugung, daß sie harte Bestrafung oder gar den Tod verdienten, nicht zu entrinnen vermögen, bleibt nur noch, Befreiung von Schuld zu erfahren, indem sie «dafür zahlen». Tatsächlich kann durch ein großes Opfer wie Autoenukleation, Autokastration oder Autoamputation in manchen Fällen ein Suizid abgewendet werden. «Undoubtedly, self-enucleation in many psychotic persons substitutes for suicide» (Favazza 1987, S. 89). Nach ihrer Tat fühlen sich die Betroffenen häufig erleichtert und ruhiger. Automutilation kann demnach in gewissen Fällen die Funktion eines Suizidersatzes übernehmen und so als Suizidprophylaxe dienen.

4.1.2.4 Automutilation als narzisstischer Gewinn

Die Eigeninterpretationen der Selbstschädiger (Punkt 8) geben einen Hinweis darauf, daß Automutilation als narzisstisches Regulativ dienen kann (Sachsse 1987). Sie vermittelt den Betroffenen das Gefühl der Macht, über sich und andere zu herrschen; sie ist verbunden mit Stolz auf den eigenen Mut, auf die Unabhängigkeit vom Körper, auf die eigene Schmerzunempfindlichkeit; sie gibt das Gefühl, etwas Besonderes zu sein; manchmal baut sich eine ganze Identität über die Automutilation auf. Vor allem Kernberg (1991) hebt diesen Aspekt der Automutilation hervor, wenn er bei Patienten «eine wahre Lust und einen enormen Stolz über diese Macht der Selbstdestruktion» beobachtet und sieht, wie sie «das Leiden und die Ohnmacht derer, die ihnen nahestehen – den Therapeuten eingeschlossen –, triumphierend genießen» (S. 149). Die Möglichkeit, aus der Symptomhandlung einen narzisstischen Gewinn zu ziehen, *masochistische Triumphe* zu feiern, kann die *Therapie beträchtlich erschweren.*

4.2 Automutilation und Kommunikation

Die *interaktionelle Wirkung* der Automutilation ist *außerordentlich kraftvoll.* Dies ist spürbar an den immensen und widersprüchlichen Gefühlen, die selbstverletzendes Verhalten in der Umgebung auslöst: Schrecken, Schuld, Erbarmen, Wut, Hilflosigkeit, Ohnmacht, Traurigkeit, Haß, Furcht, Verständnislosigkeit, Ekel und Mitleid. Es erstaunt nicht, daß Automutilation für manche nicht nur intrapersonell notwendig ist, sondern auch interpersonell unentbehrliche Funktionen hat.

Die *Kombination der intrapsychischen und interpersonellen Wirkungen* einer automutilativen Handlung kann im Einzelfall zu Schwierigkeiten in der Beurteilung führen. Denn die Wirkung auf andere ist *keinesfalls immer bewußt intendiert;* die Symptomhandlung löst durch sich selbst – unabhängig von einer bewußten Intention – viele Gefühle und Handlungen aus. Darauf macht Sachsse (1994) aufmerksam, wenn er in bezug auf die repetitive offene Hautschädigung schreibt: Es gilt zu unterscheiden, ob die Automutilation «von der Patientin wirklich als Mitteilung intendiert war oder nicht. Sonst tut der Therapeut der Patientin unrecht. <Ich bin wütend über die Patientin, also wollte mich die Patientin wütend machen> ist keine angemessene Gegenübertragungsdiagnostik, sondern ein innerseelischer Entlastungsversuch des Therapeuten, der die Patientin wenigstens anschuldigen möchte, wenn er sich durch sie schon depotenziert sieht» (S. 44). Der Autor geht davon aus, daß bei Patientinnen mit repetitiver leichter Automutilation die Wirkung auf die Umwelt anfänglich meistens nicht intendiert ist. Initial werde die Automutilation primär autistisch-autark, heimlich und privat, in der Abkapselung von der Umwelt vollzogen, im nachhinein erst – sekundär – werde die Wirkung der Handlung auf andere (in der Familie oder im Rahmen einer therapeutischen Behandlung) erfahren und dann gezielt eingesetzt.

Der Kommunikationsaspekt der selbstschädigenden Handlung ist nicht nur in jedem Einzelfall differenziert zu beurteilen. Es ist evident, daß bei jedem Typus von Automutilation (stereotyp; oberflächlich und repetitiv; schwer und singulär) wie auch bei jeder diagnostischen Gruppe die interaktionelle Komponente eine unterschiedliche Funktion und Bedeutung hat. Dies soll im folgenden berücksichtigt werden.

4.2.1 Automutilation als Folge einer Kommunikationsstörung

Von Törne (1974) betrachtet Automutilation als *Resultat einer Kommunikationsstörung.* In seinem Aufsatz stellt der Autor zunächst fest, daß die verschiedenen Krankheitsbilder mit einer automutilativen Symptomatik –

Neurosen, Psychosen, Hirnwerkzeugstörungen und geistige Behinderung – ätiologisch und pathogenetisch unterschiedlicher Natur sind. Diese Feststellung vorausschickend sucht der Autor sodann bei den erwähnten Störungen nach dem «gemeinsamen Faktor, der die Automutilation begünstigt bzw. aus der Sicht des Individuums konsequent erscheinen läßt» (von Törne 1974, S. 264). Dieser gemeinsame Faktor wird in der gestörten Kommunikationsfähigkeit gesehen, welche bei allen Individuen mit den erwähnten Störungen «den Austausch von Zeichen und Symbolen zwischen dem Einzelnen und seiner Umwelt einschränkt, verändert oder verunmöglicht» (von Törne 1974, S. 264). Dieser Zustand der gestörten Kommunikation werde von den Betroffenen als *angstauslösend* empfunden, da sie sich gegen die Umwelt nicht genügend zur Wehr setzen können, von ihr vereinnahmt werden, mit ihr verschmelzen oder – umgekehrt – sich von ihr abgekapselt fühlen würden. Automutilation diene dazu, diesem unbefriedigenden angstauslösenden Zustand entgegenzuwirken.

Die Störung der Kommunikationsfähigkeit als Grundstörung automutilativer Verhaltensweisen ist nach von Törne (1974) im einzelnen bei den verschiedenen Krankheitsbildern unterschiedlich geartet:

1. Bei den *Neurosen* findet sich ein abwehrbedingtes Kommunikationsdefizit;
2. bei den *Psychosen* gründet die Unmöglichkeit zu kommunizieren im angstvoll erlebten Verschmelzen mit der Umwelt;
3. bei den *Hirnwerkzeugstörungen* sind jene kommunikativen Vorgänge «verdünnt», die mit der beeinträchtigten Hirnfunktion verbunden sind;
4. bei der *geistigen Behinderung* ist die Kommunikation allgemein «verdünnt», weil die Symbole und Zeichen der Umwelt nur mangelhaft erfaßt werden und die Verbalisierungsfähigkeit beschränkt ist.

Bei all diesen Störungen wird *Automutilation als Versuch des Individuums verstanden, «sein Kommunikationsdefizit – wenn auch in pathologischer Form – auszugleichen* (Hervorhebung v. Verf.)» (von Törne 1974, S. 265).

Der Erklärungsversuch von von Törne (1974) sieht richtig, daß automutilatives Verhalten ein (letztes) Mittel sein kann, um unüberbrückbar empfundene Kommunikations- bzw. Beziehungsdefizite zur Umwelt zu durchbrechen. Patienten mit einer Borderline-Persönlichkeitsstörung modulieren mit Hautverletzungen die emotionale Dichte in Beziehungen. Ein Schizophrener kann mit der Amputation eines Körperteils die auf ihn eindringenden Mächte besänftigen. Ein geistig behindertes Kind mag sich die Haut blutig kratzen, um seiner Frustration Ausdruck zu verleihen. Gerade *die Haut* steht ohne Zweifel häufig im Dienste der verzweifelten Bewältigung der Kommunikationsstörung. Die Haut ist dasjenige Organ, das ganz konkret die Grenze zwischen der inneren und der äußeren Welt festlegt, und *zugleich* – als Sinnesorgan – den Kontakt zur Außenwelt herstellt. Kommunikation ist nur möglich, wenn zugleich sowohl die Grenze als auch der Kontakt zwischen der inneren und äußeren Welt gewährleistet sind. Bei zu großer Durchläßigkeit, d. h. bei Überflutung von außen, können Schnitte in die Haut der Selbstvergewisserung als eigenständiges, abgegrenztes – den Objekten als Kommunikationspartner gegenüberstehendes – Subjekt dienen. Bei zu großer Distanz zur Umwelt, im Zustand der Abkapselung, des «Abgeschnittenseins», der Einsamkeit, des Alleinseins, der Beziehungslosigkeit können Schnitte in die Haut eine verzweifelte Botschaft nach außen sein. Die Haut dient dann sozusagen als Aushängeschild oder gleichsam als Anschlagbrett für Mitteilungen an die Umgebung.

Wenn auch Automutilation häufig dem Ausgleich eines Kommunikations- und Beziehungsdefizites dient, so ist dies doch nicht eine ausreichende Erklärung für das Auftreten automutilativen Handelns, da die meisten psychischen Störungen und geistigen Behinderungen eine Kommunikationsstörung beinhalten – und umgekehrt Automutilation nur bei einer gewissen (zum Teil kleinen) Anzahl von Patienten der betroffenen Störungsgruppen auftritt.

4.2.2 Automutilation und Kommunikation bei Persönlichkeitsstörungen

4.2.2.1 Interpersonelle Funktionen der Automutilation

Die funktional-finale Deutung der repetitiven oberflächlichen Automutilation (häufig bei Patienten mit Borderline-Persönlichkeitsstörung und Eßstörungen) bezieht sich – wie erwähnt – nicht nur auf die intrapersonalen, sondern auch auf die interpersonellen Funktionen der Symptomhandlung. Aufgrund empirischer Untersuchungen und ihrer Erfahrungen in der Gruppentherapie automutilativer Jugendlicher beschreiben Walsh et al. (1988) mehrere solche interpersonelle Funktionen automutilativen Handelns. Sie ordnen diese in vier Gruppen:

1. Automutilation kann eine *primitive Form sein, Gefühle mitzuteilen.* Entweder ist sie – indem indirekt Einsamkeit, Angst, Verzweiflung oder der Wunsch nach Anerkennung mitgeteilt werden – *Ausdruck eines positiven Beziehungswunsches* oder sie ist – indem Haß oder Eifersucht damit verbunden sind – *Ausdruck negativer Beziehungsgefühle,* ein Mittel also, um andere anzuklagen oder zu attackieren. Mit der automutilativen Hand-

lung kann ein Patient auf sein inneres Leiden aufmerksam zu machen suchen: «Niemand weiß, wie schlecht es mir geht; man nimmt mich nicht ernst; alle denken, es gehe mir gut, in Wirklichkeit aber leide ich.» Sogar wenn diese Patienten Worte finden, um ihr Befinden auszudrücken, empfinden sie dabei oft keine wirkliche emotionale Erleichterung, da Worte für sie keine Bedeutung haben: «Wie kann jemand wirklich aufgebracht sein, wenn er nur *sagt,* er sei wütend, und nichts *tut?»* Im Gegensatz zu Worten, die im Winde verwehen bzw. verweht werden können, ist Automutilation eine konkrete, physische Ausdrucksform, die als eine ins Fleisch geschnittene für alle sichtbar und unausweichbar vor Augen liegt.

2. Automutilation (oder deren Androhung) kann ein Versuch sein, das *Verhalten anderer zu beeinflussen oder zu manipulieren.* Vor allem im Kreis der Familie und der Freunde ist diese Funktion der Automutilation von Bedeutung. Sie kann als Mittel der Erpressung eingesetzt werden, z.B. um eine beendete Beziehung wieder in Gang zu bringen, um Wünsche durchzusetzen, um Zuwendung zu erreichen oder – umgekehrt – um andere auf Distanz zu halten. Selbstverletzung dient dann der Beziehungsgestaltung, der Regulierung von Nähe und Distanz.

3. *In einer Gruppe* (devianter Jugendlicher) vertieft und intensiviert Automutilation die Freundschaften untereinander; zusätzlich ist sie auch ein Kriterium für die Bildung der Gruppenhierarchie; je häufiger und ernsthafter die Verletzung, desto höher ist die Rangposition.

4. Beim *Behandlungsteam* lösen automutilative Handlungen sowohl Sympathie, Sorge und Kummer als auch Antipathie, Wut und Frustration aus. Unabhängig von ihrer Qualität sind alle diese Reaktionen Formen der Aufmerksamkeit. Automutilation kann ein *Kampfmittel um die Ressourcen* des Betreuungsteams sein. Außerdem wurde beobachtet, daß Jugendliche, denen vom Behandlungspersonal viel Aufmerksamkeit geschenkt wird, mit großer Wahrscheinlichkeit auch in der Peergruppe einen *hohen Status* innehaben. Diese Beziehungsdynamik, die selbstverletzendes Verhalten in der Peergruppe und im Behandlungsteam auslöst bzw. verstärkt, wird als einer der Hauptgründe für das manchmal *epidemische Auftreten* (Kap. 2.5) automutilativer Handlungen angesehen.

4.2.2.2 Automutilation als averbaler bzw. präverbaler Appell

Automutilative Patienten, die sich offene Hautschädigungen zufügen, haben in der Regel begrenzte Fähigkeiten, sich durch verbale Kommunikation auszudrücken (vgl. Kap. 2.5; Grunebaum et al. 1967; Simpson 1975).

Ähnlich dem appellativen Charakter eines Suizidversuchs kann auch Automutilation ein *averbaler Appell* darstellen, der besagt: Ich bin verzweifelt, kümmert euch um mich, denkt an mich! (Sachsse 1994). Graff et al. (1967) vermuten, daß diese Patienten ihre Befindlichkeit nicht in Worte fassen können, weil sie die Konsequenz von Deprivationserfahrungen in der präverbalen Lebensphase ist: «This necessity for physical communication helps in dating the beginnings of the problem in the cutters» (S. 40). In diesem Sinn deuten verschiedene Autoren die averbale Kommunikation bzw. den averbalen Appell der Automutilation als «physische *prä*verbale Botschaft» (Graff et al. 1967) bzw. als *«prä*verbalen Appell» (Sachsse 1987).

4.2.2.3 Automutilation als äußere Inszenierung eines inneren Konflikts

Automutilative Handlungen und die Haltung, in der sie vorgetragen werden, beinhalten zumeist widersprüchliche Signale an die Umgebung. Einerseits sind sie «nicht offen anklagend, lärmend, sondern still, stumm und unterwürfig, andererseits hartnäckig, still vorwurfsvoll und gedämpft aggressiv» (Sachsse 1987, S. 64). Diese Signale rufen im Gegenüber ebenso widersprüchliche Reaktionen hervor: sowohl Mitleid und intensives Hilfeverhalten wie auch Distanzierung, kalte Ablehnung und sogar blanken Haß. Die widersprüchlichen Signale und die daraus resultierenden Reaktionen sind typisch für diese Patienten. Automutilation dient ihnen als *«Möglichkeit, das intrapsychische Dilemma per projektiver Identifikation interpersonell zu inszenieren»* (Sachsse 1987, S. 64). Entscheidend ist, daß die für die Behandlung Zuständigen diesen Zwiespalt aushalten und weder in aufopferndem Mitleid noch in kalter Distanzierung «aufgehen», sondern eine *«mittlere»* Zuwendung üben. Der innerpsychische Konflikt würde sonst zu einem therapeutisch unfruchtbaren interpersonellen Konflikt, welcher nur der innerseelischen Entlastung der Beteiligten diente. Das Aushalten des intrapsychischen und extern inszenierten Zwiespaltes ist – indem er vorsichtig deutend dem Verständnis des Patienten zugeführt wird – therapeutisch von entscheidender Bedeutung (Sachsse 1987, 1989, 1994; vgl. Kap. 3.2.2 Punkt 4).

4.2.3 Automutilation und Kommunikation bei Oligophrenie und Autismus

4.2.3.1 Ein multidimensionales Konzept der Automutilation

Bei geistig Behinderten und Autisten besteht nach den Beobachtungen von Rohmann et al. (1992) «zwischen Autoaggressivität und dem Ausmaß und/oder der Qualität der Kommunikation eine umgekehrt proportionale

Beziehung» (S. 37). Dazu gehört die Beobachtung, daß sie in Zeiten erhöhter automutilativer Aktivität weniger ansprechbar sind und ihre Kommunikation und Interaktion mit anderen vermindert sind. Die *Beziehung zwischen Automutilation und Kommunikationsfähigkeit* ist jedoch nicht eindeutig. Obwohl in vielen Fällen automutilative Kinder den Körperkontakt suchen, werden durch Körperkontakt im Zusammenhang mit automutilativen Handlungen (z.B. zu deren Unterbindung) diese eher verstärkt (Rohmann et al. 1992).

Die erwähnten Beobachtungen führen Rohmann et al. (1992) zur Überlegung, «inwieweit autoaggressive Menschen die Steuerung ihrer autoaggressiven Handlungen verloren haben und die Außensteuerung suchen oder, zumindest ohne Außensteuerung, hilflos ihren Autoaggressionen ausgeliefert sind und gleichzeitig die kommunikativen Zugangswege, also die Möglichkeiten der Außensteuerung, extreme Einengung zeigen» (S. 38). Zur Begründung dieser Hypothese wird die Theorie der *Entkoppelung zwischen den wahrnehmungsorientierten und den handlungsorientierten Systemen* der Informationsverarbeitung angeführt (sog. Zwei-System-Theorie). Diese «Entkoppelung der beiden Systeme» wird als *innere* Kommunikationsstörung bezeichnet, welche in einer zerebralen Störung der Transmittersysteme begründet liege (Hartmann et al. 1984). Durch die Entkoppelung der Wahrnehmungs- und Handlungsprozesse könnten bestimmte Handlungsmuster eine Eigendynamik annehmen. Es könne «zu einem sich selbst erhaltenden oder aufschaukelnden Prozeß kommen, bei dem die Hand des autoaggressiven Kindes, die an seinen Kopf schlägt, dort etwas an Regung oder Verwirrung auslöst, was wiederum an unspezifischer Weise die relativ entkoppelten autoaggressiven Handlungsmuster anstößt» (Rohmann et al. 1992, S. 39). Einmal – durch eine auslösende Situation – gestartet, würden nach dieser Theorie *automutilative Handlungen in einem positiven Rückkoppelungsprozeß weitere automutilative Handlungen auslösen.*

Diese noch reichlich hypothetische Zwei-System-Theorie wird dann therapeutisch relevant, wenn man – wie die genannten Autoren – davon ausgeht, daß eine gelungene *äußere* Kommunikation zwischen Patient und Betreuungsperson die Störung der inneren Kommunikation der zwei Systeme vermindert, daß also «bei der Einstellung auf den Kommunikationspartner Wahrnehmen und Handeln bei beiden Kommunikationspartnern aufeinander eingestimmt und eingependelt werden» (Rohmann et al. 1992). Das hieße: *Verbesserung der Kommunikation führt zu einer Verminderung automutilativen Handelns.*

Diese Beobachtungen und Theorien führen Rohmann et al. (1987b) zu einem *multidimensionalen Konzept der Automutilation:* Die äußere Kommunikation kann durch verschiedene Variablen gestört oder erschwert sein: einerseits durch *Variablen auf Patientenseite* wie ständige Übererregung, autistische Realitätsbezugs- und Kommunikationsstörung, behinderungsbedingte Lernstörung mit daraus resultierender, verminderter Handlungskompetenz und andererseits durch *deprivierende Umweltbedingungen* wie örtliche Einengung, monotone Lebensumstände, mangelnde Befriedigung der Grundbedürfnisse (vgl. Kap. 3.4.6 und 4.3). Die Kumulation und Interaktion dieser der Automutilation *vorausgehenden Faktoren* erschweren eine gelungene Kommunikation massiv und erhöhen entsprechend die Wahrscheinlichkeit des Auftretens automutilativer Handlungen.

Die genannten vorausgehenden Faktoren werden durch weitere interagierende Faktoren *aufrechterhalten und verstärkt* (Kap. 4.6.2): *seitens der Umwelt* u.a. durch Reaktionen auf automutilatives Verhalten, die vom Patienten als angenehm empfunden werden; *seitens des Patienten* durch erlerntes Einsetzen der Automutilation als interaktionssteuerndes Signal, durch Verminderung der Schmerzwahrnehmung, evtl. durch ausgelöste rauschartige Zustände sowie durch Minderung der Selbststeuerungskompetenz durch zunehmende Fremdkontrolle.

Ohne Zweifel begünstigt dieses multidimensionale Automutilationskonzept eine Vielzahl möglicher therapeutischer Maßnahmen und kann insofern als Grundlage für die Planung einer *multidimensionalen Therapie* dienen. Zugleich erklären die vielen möglichen Verursachungsfaktoren von Automutilation, wieso stereotype automutilative Handlungen oft eine so ausgeprägte, kaum zu durchbrechende Eigendynamik annehmen und die therapeutischen Bemühungen oft so schwer durchzuhalten sind und manchmal nur geringe Erfolge zeitigen (Rohmann, Elbing und Hartmann 1987b; Rohmann et al. 1992).

4.2.3.2 Automutilation als globaler Ausdruck des Unbehagens

Ein bedeutender Faktor, der das Gelingen der Kommunikation erschwert, besteht auf Patientenseite – wie erwähnt – in der durch die Entwicklungsbehinderung bedingten eingeschränkten Fähigkeit, nicht nur einfache Informationen mitzuteilen, sondern auch die eigenen Bedürfnisse und Gefühle auszudrücken. Dieses Kommunikationsdefizit bei Autisten und geistig Behinderten zeigt sich am deutlichsten in der *begrenzten Verbalisationsfähigkeit.* Manchmal kann Automutilation ganz einfach als eine averbale Botschaft verstanden werden, welche die mangelnde Verbalisationsfähigkeit für Gefühle und Wünsche zu überbrücken versucht. Oft sind Automutilationen – aber auch Trotzverhalten und Aggression – direkter *Ausdruck von Frustration über eine nicht gelungene Kommunikation* und die letzte Möglichkeit, sich mitzuteilen, wenn Liebe, Wünsche, Zorn und Mißbehagen nicht mehr in sozial tragbaren Formen ausgedrückt werden können oder nicht verstanden werden. Automutilatives Verhalten beinhaltet dann die globale Botschaft «Es plagt mich etwas», wobei diese Mitteilung nicht spezifiziert, worin die Ursache des Mißbehagens besteht (Walsh et al. 1988). Trotzdem kann diese Kommunikation sehr wirkungsvoll sein, weil die Bezugspersonen die globale Botschaft des Unbehagens im Kontext der Situation zu entziffern versuchen.

Walsh et al. (1988) geben einige Beispiele für die *spezifische Botschaft*, die *in der Automutilation als globaler Kommunikation des Unbehagens verborgen* sein kann:

1. Verärgerung über einen Vorfall;
2. Einsamkeit und Vermissen von Familie und Freunden;
3. Frustration über die Unfähigkeit, ein angestrebtes Ziel zu erreichen;
4. Traurigkeit über die Trennung von einer wichtigen Person;
5. Angst vor einem anderen Patienten;
6. körperliches Unbehagen;
7. Wut über ein Verbot.

Diese und viele andere möglichen spezifischen Botschaften, die durch Automutilation ausgedrückt werden können, bleiben vorerst Vermutungen und Hypothesen, welche durch Nachfragen oder durch entsprechende Veränderung der Situation verifiziert werden müssen.

Abschließend soll ein Beispiel einer geglückten Kommunikation bzw. Interpretation angeführt werden, welche tatsächlich zu einer Verminderung automutilativer Verhaltensweisen geführt hat. Eine 44jährige mittelgradig geistig behinderte Frau namens Holly lebte in einem Wohnheim. Sie schlug sich selbst stets, wenn sie verärgert war, was zu Striemen und Quetschungen führte. Für die Familie wie auch für das Betreuungspersonal war dieses Verhalten sehr belastend. Durch sorgfältige Beobachtung wurde entdeckt, daß automutilatives Verhalten regelmäßig dann auftrat, wenn Holly den wöchentlichen versprochenen Telefonanruf ihrer Schwester vermißte. Diese Erkenntnis führte zu mehreren Maßnahmen: Der Schwester wurde dieser Zusammenhang erklärt, worauf diese darauf bedacht war, tatsächlich zu telefonieren, wenn sie es versprochen hatte; zusätzlich organisierte das Betreuungsteam weitere Telefonanrufe anderer Personen, um die Abhängigkeit von der Schwester zu mindern; schließlich wurde Holly ermutigt, selbst Freunde anzurufen. Automutilatives Verhalten wurde vom Betreuungsteam als Kommunikationsmittel aufgefaßt. Als die Botschaft der Selbstverletzung verstanden und die Lebensbedingungen entsprechend verbessert wurden, verminderte sich die Häufigkeit automutilativer Handlungen (Walsh et al. 1988, S. 140f).

4.3 Die Selbststimulationshypothese

Die Grundannahme der Selbststimulationshypothese besagt, daß ein Organismus ein gewisses Maß an Stimulation benötigt und bei ungenügender Stimulation versucht, dieses Ungleichgewicht durch eigene Stimulation auszugleichen. Diese Selbststimulierung kann mittels stereotyper Bewegungen, einschließlich selbstverletzender Verhaltensweisen geschehen (Green 1967, 1968; Carr 1977; Brezovsky 1985; Jantzen und von Saltzen 1986; Favazza 1987, 1989b; Walsh et al. 1988; Rohmann et al. 1992; Tröster 1992).

In der Literatur wird zwischen verschiedenen Arten von Deprivation unterschieden (Jantzen et al. 1986). Im Vordergrund steht im Zusammenhang mit der Theorie der Selbststimulation die *sensorische Deprivation.* Dabei geht es im speziellen um die mit der Bewegung einhergehenden propriozeptiven, taktilen und vestibulären Sinnesmodalitäten (Carr 1977). Eng mit dem Entzug von Sinnesreizen verknüpft ist die *sozial-emotionale Deprivation,* die während der frühkindlichen Entwicklung bestimmt ist durch das qualitative und quantitative Ausmaß der Entbehrung einer konstanten Bezugsperson. Demnach wird Automutilation einerseits (im engeren, mehr physiologischen Sinn) verstanden als Folge eines Mangels an Reizen auf den verschiedenen Sinnesgebieten, welche das Kind zu einer gesunden Entwicklung bräuchte (Ausgleich der homöostatischen Instabilität des Nervensystems), andererseits (im weiteren Sinn) als Folge der emotionalen (Früh-)Verwahrlosung aufgrund der Entbehrung einer mütterlichen Bezugsperson.

Unterstimulierung bzw. Deprivation kann grundsätzlich auf zwei verschiedene Arten entstehen: Einmal durch die *äußeren* Lebensbedingungen, die dem Individuum nicht genügend Reize bieten, zum anderen durch *innere* Bedingungen, die ihm die Wahrnehmung der möglicherweise durchaus vorhandenen äußeren Reize erschwert oder verunmöglicht. Sinnesdefekte, Bewegungsbeeinträchtigungen, kognitive Störungen sind solche inneren deprivierenden Bedingungen. Wichtig ist, daß beide Arten von Bedingungen nicht isoliert betrachtet, sondern in einer *wechselseitigen* Beziehung gesehen werden.

4.3.1 Automutilation und sensorische Deprivation

Carr (1977) erwähnt eine Reihe von Einzelfall- und Korrelationsstudien, welche auf die Richtigkeit der Hypothese der Selbststimulation zum Ausgleich *sensorischer Deprivation* hinweisen:

1. Bei institutionalisierten Waisenkindern, die aus Personalmangel alleine in ihren Kinderbettchen liegen mußten, wurde beobachtet, wie sich diese selbst ohrfeigten, was als «Stimulations-Hunger» interpretiert wurde;
2. bei Waisenkindern, die ohne Spielsachen in ihren Betten gehalten wurden, verschwand das selbstschädigende Verhalten, wenn ihnen Spielsachen hineingegeben wurden;
3. normale Kinder zeigen das Kopfschlagen (Übergangsphänomen im Alter zwischen dem 8. und 10. Monat) hauptsächlich vor dem Einschlafen, wenn sie allein im dunklen Raum im Bett liegen, also in einer Situation stark verminderter Stimulation;
4. bei einem behinderten Erwachsenen, der an sein Bett festgebunden war, wurde das Symptom des Kopfschlagens geringer, sobald man ihm verschiedene sensorische Reize anbot (Fall 16).

Auch Green (1967, 1968) erklärt in seinen in Kapitel 3.4.6 vorgestellten Studien das gehäufte Auftreten automutilativer Verhaltensweisen bei schizophrenen Kindern, die in den ersten Lebensjahren physisch mißbraucht wurden, mit der Tatsache, daß der körperliche Mißbrauch auf dem Hintergrund der emotionalen Verwahrlosung und Reizdeprivation geschah; auf diese Weise hätten die Kinder schmerzhafte Handlungen – auch selbstzugefügte – als adaptive Antworten kennengelernt, um die fundamentalen Bedürfnisse nach sensorischer Stimulation zu befriedigen.

Eine Untersuchung mit experimentellem Charakter haben Berkson und Mason (1964; zit. in Carr 1977) durchgeführt. Die Autoren beobachteten stereotypes Verhalten (z.B. rhythmisches Kopfschlagen, komplexe Handbewegungen) geistig Behinderter unter zwei Bedingungen. Unter der ersten Bedingung wurde das Kind in einen leeren Raum gebracht, in dem nur der Beobachter anwesend war. Die zweite Bedingung unterschied sich nur insofern von der ersten, als auf dem Boden verstreut einige Spielsachen herumlagen. Die Probanden wurden jeweils 400 Sekunden lang beobachtet. Stereotypes Verhalten, auch Kopfschlagen wurde unter der Bedingung des leeren Raums häufiger beobachtet. Weiter konnte eine negative Korrelation zwischen der Häufigkeit des Gebrauchs der Spielsachen und der Häufigkeit der stereotypen Bewegungen festgestellt werden. Die Autoren vermuteten, daß stereotypes Verhalten selbststimulierende Funktion hat in Situationen, die sich durch den Mangel an adäquater Stimulation auszeichnen. Die Ergebnisse dieser Untersuchung konnten durch analoge Studien bestätigt werden (Goodall und Corbett 1982).

Zur Begründung der Selbststimulationshypothese können auch jene Situationen angeführt werden, in denen Erwachsene automutilative Handlungen als lebensgefühlsteigernden Nervenkitzel – ähnlich wie das «Bungy-Jumping» – brauchen, um sich erst so richtig lebendig zu fühlen oder – neutraler ausgedrückt – um dem Stimulations-Sollwert näherzukommen (Kap. 4.1.1.10). Auch bei Soziopathen und Gefängnisinsassen kann Automutilation die Funktion haben, den Stimulationshunger zu sättigen bzw. das Erregungsdefizit auszugleichen (Favazza 1987).

4.3.2 Automutilation und sozial-emotionale Deprivation

Entscheidenden Anstoß bekam die Erforschung der *emotional-sozialen Deprivation* durch die Untersuchungen von Spitz (1957; 1967), in denen die Auswirkungen der Mutterentbehrung auf die psychische Entwicklung des Kindes erforscht wurden. Spitz (1967) interessierte sich nicht primär für die Wirkungen des Entzugs sensorischer Zufuhr, sondern für die Wirkungen des Mangels an emotionaler Zufuhr, also die Wirkungen des Verlustes an liebender Zuwendung und Zärtlichkeit durch eine konstante Bezugsperson, wobei er eingestand, «daß es praktisch unmöglich ist, das eine durchzuführen, ohne das andere hineinzuziehen» (S. 294).

Kinder, die während der ersten sechs Monate ihres Lebens eine gute Mutterbeziehung hatten und darauf für eine mehr oder weniger lange Zeit von der Mutter getrennt wurden – wobei ihnen während der Trennung eine emotional unbefriedigende Pflege zuteil wurde –, zeigten ein mit der Dauer der Trennung sich verstärkendes klinisches Bild, das Spitz (1957) als *anaklitische Depression* bezeichnet: Im ersten Monat nach der Trennung waren die Kinder weinerlich und anklammerungsbedürftig; im zweiten Monat wurde das Weinen durch Schreien abgelöst, es kam zu Gewichtsverlust und zu Entwicklungsverzögerungen; im dritten Monat kamen Symptome wie Kontaktverweigerung, Schlafstörungen, Verlangsamung der Motorik, starre, gefrorene Mimik und Erkältungsanfälligkeit hinzu. Wenn die Trennung nicht länger als drei bis fünf Monate dauerte, war die Störung mit erstaunlicher Geschwindigkeit reversibel.

Wenn Kindern während mehr als fünf Monaten im Jahr jegliche emotionale Zufuhr entzogen wird, spricht Spitz (1957, 1969) von *Hospitalismus.* Die Kinder zeigten folgende charakteristische Symptome: Verlangsamung der Motorik, Passivität, leerer und oft schwachsinniger Gesichtsausdruck, Nachlaßen der Augenkoordination, Nickkrampf, erhöhte Anfälligkeit für Infektionskrankheiten. Es bleibt anzumerken, daß die körperliche Fürsorge – Ernährung, Unterbringung, Hygiene – der untersuchten Heimkinder vortrefflich war, jedoch mußte sich eine einzige Schwester gleichzeitig um zehn Kinder kümmern, so daß sie für das einzelne kaum Zeit hatte.

Die sozial-emotionale Deprivation, verbunden mit einer sensorischen Deprivation *während des Aufbaus der ersten mitmenschlichen Beziehung,* führt – wie ersichtlich ist – zu äußerst gravierenden Entwicklungsstörungen, die sich nach Spitz (1957) auch in Form *automutilativer Verhaltensweisen* zeigen: «Die Katamnese beider Störungen», der anaklitischen Depression und des Hospitalismus, «zeigt, daß bei Fehlen der Objektbeziehung die Entladung aggressiver Strebungen unmöglich gemacht wird und der Säugling die Aggression dann gegen sich selbst als das einzige ihm verbleibende Objekt richtet. Der Säugling wird unfähig zur Assimilierung der Nahrung; Schlafstörungen treten auf; noch später wird die Selbstaggression in aktive Handlung umgesetzt, indem diese Kinder mit dem Kopf gegen die Gitterstäbe ihres Bettes schlagen, sich mit der Faust auf den Kopf trommeln und sich die Haare büschelweise ausreißen. Der Verfall schreitet in unerbittlicher Weise fort und führt schließlich zu Marasmus und Tod» (Spitz 1957, S. 93). Automutilation tritt hier auf als Symptom einer Entwicklungsstörung im Zusammenhang mit dem Aufbau der ersten Objektbeziehung. Dieser frühen Störung der Entwicklung aus der Symbiose in die Subjekt-Objekt-Differenzierung wird in der psychoanalytischen Theoriebildung der Automutilation ein entscheidender Stellenwert zugemessen (Kap. 4.7.4).

Die von Spitz auf dem Hintergrund der psychoanalytischen Triebtheorie verstandenen automutilativen Verhaltensweisen können auch mit der Selbststimulationshypothese erklärt werden. Eine solche Reinterpretation wird von Jantzen et al. (1986) versucht, wenn diese Autoren die von Spitz geschilderten Symptome der frühkindlichen Deprivation als aufeinanderfolgende *Bewältigungsstrategien des Zustandes der totalen Isolation* verstehen: Wenn die *Flucht* aus den isolierenden Umständen nicht möglich ist, reagiert das Kind mit *Angst, Weinen, Wut und Aggression* und hofft auf die *Kooperation* der Umwelt (Anklammerungsbedürfnis). Bleibt das Kind ohne kooperative Hilfestellungen und halten die isolierenden Bedingungen an, gerät es unter *psychischen Streß,* und es kommt zu langfristigen Adaptationen an diese Bedingungen, d.h. zu *körperlichen Symptombildungen,* zu *Eßstörungen,* zu *Schlafstörungen* und schließlich zu *(selbstverletzenden) Bewegungsstereotypien.* Isolation bedeutet, daß dem Kind wesentliche Teile der Objektwelt entzogen sind, «so daß Weiterentwicklung nur extrem eingeschränkt stattfinden kann» (Jantzen et al. 1986, S. 47). Biologisch heißt Isolation, daß die Stabilitätsgrenzen eines lebendigen Systems überschritten sind. Dies zwingt zu Adaptations- und Kompensationsmaßnahmen; versagen diese, kommt es zum Zusammenbruch, zu *Marasmus* und *Tod.*

Selbstverletzende Bewegungsstereotypien sind in diesem Kontext «die letzte Phase vor dem endgültigen körperlichen und psychischen Verfall, d.h. dem Tod durch Marasmus» (Jantzen et al. 1986, S. 64). Dabei greift das Kind, um sich selbst zu stimulieren, auf jene Bewegungsmuster zurück, die ihm unter den gegebenen Umständen einzig zur Verfügung stehen, es bleibt fixiert oder regrediert auf frühe sensomotorische Entwicklungsstufen (Kap. 4.4). Abschließend formuliert der Autor die Hypothese: «Das frühe Entstehen von Autoaggressionen fällt zusammen mit dem *Entstehen der ersten Objektbeziehungen.* Autoaggressive Tätigkeit ist daher eine *spezifische Form der Aufnahme von Beziehungen zur objektiven Welt (hier dem eigenen Körper) unter Bedingungen der Isolation* (Hervorhebung v. Verf.)» (S. 48). Automutilation wird hier verstanden als Autostimulation unter der Bedingung der Isolation und als Form der Beziehungsaufnahme (zu sich selbst) unter der Bedingung der Beziehungslosigkeit.

4.3.3 Hinweise aus der ethologischen Deprivationsforschung

Die Hypothese der sensorischen und sozial-emotionalen Deprivation als Motor automutilativer Handlungen findet Entsprechung in Tierexperimenten von Harlow und seinen Mitarbeitenden (Harlow und Harlow 1962; Harlow 1964; Croß und Harlow 1965; Harlow und Suomi 1970). Es wurden z.B. Affen unter zwei Bedingungen aufgezogen. Unter der ersten Bedingung wuchsen die Affen bei der Mutter auf, und die Jungen konnten miteinander spielen. Unter der zweiten Bedingung wurden Affen in partieller sozialer Isolation großgezogen. Sie konnten zwar die anderen Affen hören und sehen, aber physischer Kontakt mit ihnen war nicht möglich. Zusätzlich wurden sie in kleinen Käfigen großgezüchtet, in denen sie sich wenig bewegen konnten. Unter der zweiten Bedingung der Isolation zeigten Affen verschiedene repetitive, stereotype Bewegungen, einschließlich selbstverletzender Verhaltensweisen wie Sich-selbst-Beißen. Unter der ersten Bedingung wiesen sie kaum solches Verhalten auf. Als Erklärung für diese Ergebnisse wird die Hypothese angeführt, daß die (selbstverletzenden) Bewegungsstereotypien dazu dienten, die sensorische Deprivation auszugleichen.

Die Deprivationsforschung an Affen hat nach Favazza (1987, S. 50f) folgende Ergebnisse erbracht: Automutilatives Verhalten tritt bei ausgewachsenen Labor-Affen vor allem dann auf, wenn diese während des *ersten Lebensjahres in sozialer Isolation* aufwuchsen. Besonders schwerwiegend und anhaltend ist das automutilative Verhalten, wenn die Isolation total war, mit der Geburt begann und mindestens sechs Monate dauerte. Im allgemeinen ereignet sich Automutilation bei in Isolation aufgezogenen Affen unter der Bedingung der *Frustration* (frustrierender Geschlechtsakt, Bedrohung, verhindertes aggressives Verhalten). Die Tendenz zu automutilativem Verhalten entsteht schon während der ersten zwei Monate der Isolation; das Verhalten verschwindet wieder, wenn der junge Affe innerhalb von zwei

Monaten wieder in konstanten Kontakt mit anderen jungen Affen oder einem erwachsenen mütterlichen Affen gesetzt wird.

Eine Untersuchung an in Gefangenschaft aufgewachsenen Affen macht deutlich, daß diese während ihres zweiten Lebensjahres dreimal häufiger sozial aggressive als autoaggressive Verhaltensweisen zeigen; im fünften Lebensjahr (Reifezeit) jedoch zeigen die innerhalb der Gefangenschaft, aber im sozialen Kontakt aufgewachsenen Affen keine Automutilation mehr, während bei den in Isolation aufgezogenen ein zunehmendes Ausmaß an Automutilation festzustellen ist. Im einzelnen wurden bei Affen folgende automutilative Verhaltensweisen beobachtet: sich in den Arm, das Knie, den Fuß beißen, sich ins Gesicht schlagen; versuchen, sich selbst zu «überraschen» und den «überraschten» Körperteil zu attackieren.

Der normale Hautkontakt durch Anklammern an die Mutter sowie das normale Rauf- und Kampfspielverhalten unter jungen Affen ist dem isolierten Affen verunmöglicht. Es drängt sich auf, daß der sozial isolierte *junge Affe sich selber als Mittel und Zielscheibe* nimmt zur Befriedigung der natürlichen *Bedürfnisse nach taktiler Stimulation* und zur Stillung des ebenso *natürlichen Erregungs- bzw. Explorationsbedürfnisses,* der sog. konstruktiven Aggression (Selbststimulationshypothese). Isoliert aufgewachsene Affen greifen als Erwachsene mit höherer Wahrscheinlichkeit auf automutilative Verhaltensweisen zurück, weil ihre erlernten sozialen Fähigkeiten wie auch ihre Möglichkeit, mit neuen Situationen umzugehen, mangelhaft sind und sie deswegen – wie auch wegen allgemeiner Entwicklungsbeschränkungen – vermehrt Frustrationserlebnissen ausgesetzt sind, die sie seit frühester Zeit mit automutilativem Verhalten zu bewältigen gelernt haben.

Erkenntnisse aus Beobachtungen an Tieren können nicht direkt auf den Menschen übertragen werden. Sensorische und emotionale Deprivation sind nicht exakt voneinander zu trennen. Längsschnittstudien fehlen. Die Untersuchungen von Spitz, die zahlreichen Studien über die Prädiktoren für repetitives automutilatives Verhalten (Kap. 3.2.4) und die ethologische Forschung an Primaten ergeben daher zwar starke Hinweise auf den ätiologischen Faktor der emotionalen Deprivation, doch muß offen bleiben, ob frühkindliche emotionale Deprivation tatsächlich einen ätiologisch *hinreichenden* Faktor für Automutilation im *späteren* Leben darstellt.

4.4 Entwicklungspsychologischer Erklärungsansatz

Ausgangspunkt der entwicklungspsychologischen Interpretation der stereotypen Automutilation, welche sich gut mit der Selbststimulationshypothese verbinden läßt, ist die Beobachtung, daß auch bei gesunden Kindern repetitive Bewegungsmuster bzw. selbstschädigende Bewegungsstereotypien zu beobachten sind (Brezovsky 1985; Tröster 1992). Zu diesen Verhaltensweisen gehören u.a. Daumenlutschen, rhythmisches Kopfschlagen, Schlagen des Kopfes und Körperschaukeln (Kap. 1.5.3 und 3.4.2). Sie treten vor allem in den ersten drei Lebensjahren auf, zu einem auffallend hohen Prozentsatz im ersten Lebensjahr rund um den 7. und 8. Monat, und verschwinden bis spätestens zum fünften Lebensjahr beinahe vollständig (Schroeder et al. 1980). Bei den meisten Kindern tauchen sie nur beiläufig und mit geringer Intensität auf, so daß sie von den Eltern oftmals kaum bemerkt werden, geschweige denn Anlaß zur Besorgnis geben. Bei einigen jedoch treten diese Verhaltensweisen mit verstärkter Intensität auf, persistieren über eine längere Zeitspanne und können daher schädigende Folgen haben.

Daraus folgernd stellt Brezovsky (1985) die Hypothese auf, daß autoaggressive Bewegungsmuster Verhaltensweisen darstellen, die *zur normalen menschlichen Entwicklung gehören,* «in den ersten Lebensjahren gehäuft auftreten und sich im weiteren zeitlichen Verlauf wieder verlieren» (S. 25). Entwicklungspsychologisch liegt es nahe, das Auftreten dieses Phänomens *im Zusammenhang mit der sensomotorischen Entwicklung* des Säuglings zu beurteilen, denn es kann beobachtet werden, daß repetitive Bewegungsmuster regelmäßig in Übergangsphasen des normalen neuromuskulären Reifungsprozesses auftreten. Auf den verschiedenen Stufen der sensomotorischen Phase bildet das Kind durch das Zusammenspiel von Wahrnehmungseindrücken (propriozeptiv und exterozeptiv) und durch motorische Aktivität (Reflex- und Zufallsbewegungen) bestimmte neuromuskuläre Bewegungsstrukturen aus. Diese allmähliche Ausbildung von Willkürbewegungen geht – nach Piaget (1969) – zunächst von Bewegungen und Wahrnehmungen des eigenen Körpers aus (1. Zirkularreaktion: 1. bis 4. Monat), später werden auch Objekte der Umwelt einbezogen (2. Zirkularreaktion: 4. bis 8. Monat), daraufhin werden die vertrauten motorischen Schemata geübt, miteinander verknüpft und abgewandelt, um neue Effekte hervorzurufen (8. bis 12. Monat), schließlich werden durch aktives Ausprobieren neue Handlungsschemata entdeckt (3. Zirkularreaktion: 12. bis 18. Monat).

Die entwicklungspsychologische Erklärung dafür, daß stereotype automutilative Verhaltensweisen bei einigen Menschen auch in den späteren Lebensjahren vorkommen, geht davon aus, daß durch eine *Störung bzw. Blockierung der normalen sensomotorischen Entwicklung* die repetitiven Bewegungsmuster persistieren und das Kind in seinen Verhaltensweisen partiell innerhalb dieser Entwicklungsphase stehenbleibt (Brezovsky 1985; Tröster 1992). Einfache Grundformen von Bewegungen bleiben für sich bestehen und werden nicht in komplexere Handlungsmuster integriert.

Selbstschädigende Bewegungsstereotypien können demnach «als ein Stehenbleiben auf einer bzw. als eine Regression auf eine frühkindliche Entwicklungsphase bezeichnet werden» (Brezovsky 1985, S. 26). Automutilative motorische Stereotypien bei Schizophrenen könnten nach dieser Auffassung ebenfalls als *Regression bzw. Fixierung* auf eine frühere Entwicklungsphase interpretiert werden.

Diese Entwicklungsbeschränkung kann einerseits *intern* durch Sinnesschäden, zerebrale Schädigung und andererseits *extern* durch ungünstige Umweltbedingungen bedingt sein. Es ist denkbar, daß durch eine zerebrale Schädigung das Zusammenspiel der Wahrnehmungs- und Handlungprozesse der Informationsverarbeitung nicht gelingt (vgl. Zwei-System-Theorie im Kap. 4.2.3.1). Vorstellbar ist auch, daß durch sensorische Deprivation – da keine Objekte zur Verfügung stehen – eine Weiterentwicklung über das Stadium der 1. Zirkularreaktion erschwert oder verunmöglicht ist und die auf den eigenen Körper bezogene Aktivität die einzige Möglichkeit darstellt, den «Stimulations-Hunger» zu stillen (vgl. Kap. 4.3).

Die genannten Verursachungsgründe schließen nicht aus, daß die stereotypen (selbstschädigenden) Bewegungsmuster in der weiteren Entwicklung eine *final-funktionale Aufgabe* übernehmen, z. B um bei Unterstimulierung das Erregungsniveau zu heben oder um ein angestrebtes Ziel zu erreichen (Zuwendung) oder einer belastenden Anforderung auszuweichen (vgl. Kap. 4.2 und 4.6). Das normalerweise selbständige Verschwinden der Bewegungsstereotypien mit zunehmendem Alter mag ein Hinweis darauf sein, daß die Entwicklungsverzögerung ausgeglichen ist und die erlernten Funktionen der Stereotypien durch reifere Verhaltensweisen ersetzt wurden (Tröster 1992).

In seiner Untersuchung stellte Brezovsky (1985) fest, daß automutilatives Verhalten *bei schwerst geistig Behinderten* mit geringem Intelligenzquotienten signifikant häufiger auftritt (Kap. 3.4.3). Dies führt den Autor zur Annahme, daß hier «in vielen Fällen der Entwicklungsstand den Phasen frühkindlicher Entwicklung gleichzusetzen ist» (Brezovsky 1985, S. 26). Wenn ursächlich nicht ein Zustand schwerer Deprivation (Hospitalismus) in Betracht kommt, so sei in diesen Fällen mit hoher Wahrscheinlichkeit eine hirnorganische Schädigung bzw. eine mangelnde neurologische Reifung zu vermuten.

4.5 Organische Faktoren

Die organische Hypothese bezüglich der Ätiologie des automutilativen Verhaltens geht davon aus, daß selbstschädigendes Verhalten das Resultat eines abweichenden physiologischen Prozeßes ist (Carr 1977). Gestützt wird diese Hypothese durch die Feststellung, daß Automutilation in Verbindung mit einer Reihe organischer Störungen auftritt. Besondere Bedeutung kommt in diesem Zusammenhang dem Lesch-Nyhan-, dem Cornelia-de-Lange- (Carr 1977; Brezovsky 1985) wie auch dem Gilles-de-la-Tourette-Syndrom (Podoll, von der Stein, Marcea 1992) zu, da bei diesen organischen Störungen automutilatives Verhalten auffallend häufig und teilweise in typischer Ausprägung auftritt.

Bei verschiedenen anderen Störungsbildern wurde hin und wieder automutilatives Verhalten mit einer organischen Ursache in Verbindung gebracht. Eine ausführliche Auflistung solcher Störungen findet sich bei Feldmann (1988). Diskutiert wurden beispielsweise Störungen, die *Schmerzunempfindlichkeit* einschließen (z.B. ein Fall sensorischer Neuropathie), oder Fälle, bei denen angenommen wird, daß selbstverletzendes Verhalten mit dem Ziel eingesetzt wird, organisch verursachte *Schmerzreize zu übertönen* (z.B. Kopfschlagen bei Kindern mit schmerzhaften Mittelohrentzündungen). Jedoch sind bei den meisten dieser Störungen die Korrelationen zu Autoaggressionen gering oder unklar, weil sie auf (teilweise widersprüchlichen) Beobachtungen von Einzelfällen oder kleinen Untersuchungsgruppen beruhen (Carr 1977; Brezovsky 1985). Im folgenden werden daher die beiden Syndrome Lesch-Nyhan und Cornelia-de-Lange im Zentrum stehen, denen von der Forschung für die Erhellung der biologischen Grundlagen der Automutilation die größte Bedeutung zugemessen wird. Anschließend werden die gängigsten neurophysiologischen Erklärungsansätze erörtert.

4.5.1 Das Lesch-Nyhan-Syndrom

Das Lesch-Nyhan-Syndrom ist eine X-chromosomale-rezessive erbliche Störung des Purinstoffwechsels, verbunden mit einer Dysfunktion des Zentralnervensystems. Das Syndrom wurde bisher nur beim männlichen Geschlecht festgestellt. Es manifestiert sich in einer spastischen Diplegie, choreo-athetotischen Bewegungsstörungen und einer meist schweren geistigen Entwicklungsbeschränkung. Häufig treten zusätzlich zu diesen Symptomen noch selbstverletzende Verhaltensmuster hinzu, die typische Formen annehmen. Die Patienten reißen – in einer zwanghaft wirkenden Art und Weise – mit den Händen an den Lippen und beißen sich die Lippen, die Zunge sowie die Fingerkuppen ab, wobei die Schmerzempfindlichkeit bestehen bleibt. Auch Fremdaggressionen werden häufig beobachtet. Eine Korrelation zwischen besonders tiefem Intelligenzniveau und der Häufigkeit des automutilativen Verhaltens besteht bei dieser Patientengruppe nicht (Nissen 1975; Carr 1977; Koch et al. 1979; Brezovsky 1985; Favazza 1987; Walsh et al. 1988).

Aufgrund der Homogenität der Symptomatik bei den meisten der beobachteten Fälle wurde vermutet, daß *automutilatives Verhalten in direkter Verbindung stehe mit abweichenden spezifischen biochemischen Prozessen* und demnach mit einer chemischen Therapie beeinflußbar sein müßte. Mit der Abgabe von L-5-Hydroxytryptophan (L-5-HTP) wurden in der Folge sehr unterschiedliche, teilweise widersprüchliche Ergebnisse erzielt, in der Kombination mit Carbidopa und Imipramin konnte jedoch eine positive Verhaltensänderung hervorgerufen werden, allerdings nur kurzfristig, da die Patienten sehr schnell eine Toleranz gegenüber den Medikamenten entwickelten (Brezovsky 1985).

Trotz der teilweise erfolgreichen chemischen Behandlung sprechen mehrere *Gründe gegen eine eindeutige Korrelation* zwischen automutilativem Verhalten und biochemischem Defekt (Carr 1977; Brezovsky 1985; Feldman 1988):

1. Automutilation tritt zwar bei den meisten, jedoch nicht bei allen Patienten mit dem Lesch-Nyhan-Syndrom auf;
2. Automutilation kann in manchen Fällen erfolgreich mit verhaltenstherapeutischen Methoden vermindert oder sogar zum Verschwinden gebracht werden (Fall 17);
3. automutilatives Verhalten tritt – so wurde beobachtet – in Anwesenheit von Erwachsenen mit erhöhter Wahrscheinlichkeit auf.

Wäre das selbstverletzende Verhalten direkt und ausschließlich von abnormen biochemischen Prozessen gesteuert, würde man eine stärkere Resistenz gegen verhaltenstherapeutische Beeinflußbarkeit und eine höhere Umweltunabhängigkeit des Verhaltens erwarten. Zusammenfassend läßt sich mit Brezovsky (1985) feststellen, daß man bezüglich selbstverletzendem Verhalten beim Lesch-Nyhan-Syndrom «exakterweise nicht von einer organischen Verursachung, wohl aber von einer organischen Beeinflussung, unter Berücksichtigung möglicher externer Reize des umgebenden sozialen Feldes» (S. 24) sprechen kann.

4.5.2 Das Cornelia-de-Lange-Syndrom

Beim Cornelia-de-Lange-Syndrom handelt es sich um eine sehr selten auftretende embryonale Entwicklungsstörung, deren Ätiologie noch unklar ist, wobei jedoch ein genetischer Ursprung angenommen wird. Die Störung, die mit schwerer geistiger Behinderung verbunden ist, manifestiert sich in einer charakteristischen Physiognomie (u.a. Mikrozephalie, dichte, über der

Nasenwurzel zusammengewachsene Augenbrauen, lange Augenwimpern, tief gelegener Stirnhaaransatz, Minderwuchs). Die Patienten imponieren häufig durch automutilative Verhaltensweisen in unterschiedlichen Formen wie Sich-selbst-Kratzen, Sich-selbst-Schlagen, Bohren-in-den-Augen, Sich-selbst-Beißen in Finger, Lippen, Schultern und Knie. Das selbstschädigende Verhalten ist weniger typisch ausgeprägt und wirkt weniger zwanghaft als beim Lesch-Nyhan-Syndrom (Carr 1977; Brezovsky 1985; Favazza 1987).

Mit medikamentöser Behandlung konnte bislang keine Verhaltensänderung erreicht werden, jedoch wird von einer positiven Beeinflussung des automutilativen Verhaltens durch verhaltenstherapeutische Programme berichtet. Deshalb und weil Automutilation häufig, aber nicht in allen Fällen auftritt, scheint es – wie beim Lesch-Nyhan-Syndrom – unwahrscheinlich, daß das selbstverletzende Verhalten ausschließlich das Produkt abnormer physiologischer Prozesse, die pure Manifestation einer biologischen Bedingung ist (Brezovsky 1985). Auch hier ist wohl der Einfluß von Umweltfaktoren bedeutender als vorerst angenommen.

Insgesamt darf festgestellt werden, daß automutilatives Verhalten *manchmal auffallend hoch korreliert mit Störungen eines nachgewiesenen oder vermuteten organischen Ursprungs,* jedoch konnte eine kausale Beziehung zwischen organischer Pathologie und Automutilation bislang nicht schlüssig nachgewiesen werden. Aufgrund der bisherigen Forschung hat deshalb noch immer die von Carr (1977) geäußerte und von Feldmann (1988) neu aufgegriffene Vermutung eine gewisse Plausibilität, daß organische Faktoren vor allem bei der initialen Entstehung des automutilativen Verhaltens beteiligt sein könnten, daß jedoch in einer späteren Phase der Symptomentwicklung das automutilative Verhalten durch Umwelteinflüsse aufrechterhalten bleibt.

4.5.3 Neurobiologische Hypothesen

Das Vorkommen stereotyper automutilativer Verhaltensweisen beim Lesch-Nyhan-Syndrom und bei (wenigen anderen) organischen Störungen wie auch deren mögliche chemische Induzierung in Tierexperimenten haben zu Forschungsbemühungen geführt mit dem Ziel, die neurobiologischen Korrelate automutilativen Verhaltens zu ergründen. Gemäß der von Winchel et al. (1991) vorgelegten umfassenden Literaturübersicht über den neurophysiologischen Forschungsstand bezüglich selbstverletzenden Verhaltens werden gegenwärtig in der Hauptsache drei Hypothesen diskutiert: die Enkephalin-, die Dopamin- und die Serotonin-Hypothese.

Die *Enkephalin-Hypothese* beruht auf der Beobachtung, daß Schmerzreize zu einer erhöhten Ausschüttung von Endorphinen führen und damit eine Aufheiterung einer dysphorischen Stimmungslage bewirken (Favazza 1987, 1989b, et al. 1990; Winchel et al. 1991; Chernaik 1991). Die angenommene positive Verstärkung, die mit der Freigabe von endogenen Opiaten einhergeht, wurde als mögliche Erklärung für stereotypes selbstverletzendes Verhalten in Betracht gezogen. Dabei wäre die Ausschüttung von Endorphinen eine Reaktion auf das selbstverletzende Verhalten, also kein der Automutilation vorausgehender, sondern ein sie aufrechterhaltender Faktor.

Bei einigen Tieren konnten durch Zugabe von Dopamin-Agonisten wie Koffein und Amphetamin stereotype automutilative Verhaltensweisen induziert werden, welche Ähnlichkeiten aufwiesen mit jenen beim Lesch-Nyhan-Syndrom. Diese Beobachtung führte zur *Dopamin-Hypothese,* welche automutilatives Verhalten mit einer Irregularität des dopaminergen Systems und einer Übersensibilität der Dopaminrezeptoren in Verbindung bringt (Favazza 1987, 1989b, et al. 1990; Winchel et al. 1991).

Winchel et al. (1991) betonen, daß die beiden oben erörterten Hypothesen bislang nicht schlüssig nachgewiesen werden konnten: «In summary, there is little evidence as yet that opiatergic or dopaminergic mechanisms are involved in the pathophysiology of self-injurious behavior» (S. 311). Ausserdem erwähnen die Autoren die Möglichkeit, daß die (nicht sehr zahlreichen) Studien nur für das Verständnis des automutilativen Verhaltens beim Lesch-Nyhan-Syndrom und bei einigen anderen Entwicklungsstörungen von Relevanz sein könnten.

Anders verhält es sich bei der *Serotonin-Hypothese,* welche für verschiedene Formen automutilativen Verhaltens bei verschiedenen Patientengruppen zutreffen könnte (Favazza 1987, et al. 1993; Winchel et al. 1991, Tantam et al. 1992). Es wird davon ausgegangen, daß Reizbarkeit ein zentrales Verhaltenskorrelat des serotonergen Transmittersystems ist; danach würden reizbare Patienten mit normaler Serotonin-Funktion schreien oder Gegenstände gegen die Wand werfen, solche mit tiefem Serotonin-Spiegel sich selbst verletzen oder andere attackieren (Favazza et al. 1993). Auf diesem Hintergrund wurde Patienten mit dem Lesch-Nyhan-Syndrom L-5-HPT, eine Vorstufe von Serotonin, verabreicht, was allerdings – wie erwähnt – unterschiedliche Wirkungen zeitigte. Zusätzlich gibt es neuerdings Anhaltspunkte, daß bei Persönlichkeitsstörungen mit Impulsivität, Aggression und Selbstverletzung (z.B. Patienten mit Borderline-Persönlichkeitsstörung) eine geringere serotonerge Aktivität mit gravierender Automutilation korreliert und daß eine Abgabe von Serotonin-Agonisten automutilatives Verhalten vermindert. Es wird angenommen, daß das serotonerge System ganz allgemein mit impulsivem Verhalten und zwanghaften Symptomen in Verbindung steht, mit Eigenschaften also, die gerade auch für die repetitive und oberflächliche Automutilation charakteristisch sind (Kap. 3.3.4). Auch wenn diesbezüglich noch viele Fragen offen stehen, gilt zurzeit die Serotonin-Hypothese als der hoffnungsvollste neurobiologische Ansatz (Tantam et al. 1992).

Obwohl anzunehmen ist, daß physiologische Faktoren für die Art und Intensität des automutilativen Verhaltens mitverantwortlich sind, bleibt abschließend festzustellen, daß auch bei Störungen, bei denen die biologischen Faktoren die psychologischen, sozialen und kulturellen Aspekte überwiegen, bislang keine eindeutigen kausalen Zusammenhänge zwischen automutilativem Verhalten und physiologischen Prozessen erwiesen sind. Die neurobiologische Forschung bezüglich automutilativen Verhaltensweisen steht erst am Anfang. Dies gilt erst recht für die selbstverletzenden Verhaltensweisen bei Persönlichkeitsstörungen, bei denen die sozialen und psychologischen Faktoren überwiegen. Diesem geringen Kenntnisstand entsprechend gibt es bis heute keine gesicherten Belege für ein Pharmakon, das einen direkten Effekt auf das selbstverletzende Verhalten ausübt (Favazza 1987; Sachsse 1994). Es gilt demnach noch immer der vielfach zitierte Ratschlag von Lion und Conn (1982): «It is obvious that there is no drug of choice for the self mutilating patient and the clinican might best focus on the avoidance of disinhibitory substances such as alcohol» (S. 456; zit. in Tantam et al. 1992). Alkohol und – wie Tantam et al. (1992) hinzufügen – Benzodiazepine sind sowohl bei schweren wie auch bei repetitiv oberflächlichen Automutilationen häufig mitbeteiligt (Greilsheimer et al., 1979; Pattison et al., 1983; Figueroa 1988).

4.6 Lerntheoretische Erklärungsansätze

Die überwältigende Mehrheit der lerntheoretischen Literatur, welche sich mit Automutilation befaßt, bezieht sich auf geistig behinderte und autistische Patienten. Die Lerntheorie bietet drei Erklärungsmodelle für automutilatives Verhalten an:

1. Automutilation als *reaktives Verhalten;*
2. als *operantes Verhalten;*
3. als durch *Nachahmung* erlerntes Verhalten.

Die meisten Artikel befassen sich mit der Automutilation als operantem Verhalten. Trotzdem sollen die anderen zwei Modelle um der Vollständigkeit willen erwähnt werden, wenn auch deren empirische Überprüfung noch aussteht.

4.6.1 Automutilation als reaktives Verhalten

Automutilation verstanden als reaktives oder respondentes Verhalten besagt, daß selbstverletzendes Handeln durch einen Stimulus aus der Umgebung des Individuums ausgelöst wird (Brezovsky 1985). Zwischen dem reizwahrnehmenden Sinnesorgan und dem motorischen Erfolgsprogramm gibt es aber im Organismus vielfältige Koordinationsverarbeitungen und weitere intervenierende Variablen. Neben *Stimulus* und *Reaktion* müssen demnach auch *Organismusvariablen* in das Modell einbezogen werden.

Als Beispiele möglicher *Organismusvariablen,* welche erklären könnten, weshalb ein Individuum auf einen unangenehmen Reiz gerade mit Selbstverletzungen reagiert, nennt Brezovksy (1985) u.a. eine gestörte Reizaufnahme durch eine zerebrale Schädigung, ein verändertes Erleben (bei Schizophrenen), eine Reaktivierung archaischer Reflexe und fehlende hemmende kortikale Bahnen. Unter dem Einfluß solcher «dazwischengeschalteter» organismischer Faktoren können – so Brezovsky (1985) – «selbstverletzende Verhaltensweisen als Reaktion auf einen unangenehmen Reiz auftreten, die Häufigkeit dieser Autoaggressionen wird von der Abhängigkeit von speziellen Reizsituationen beeinflußt» (S. 27).

In diesem Zusammenhang muß die Theorie der *Frustrations-Aggressions-Reaktion* angeführt werden, die besagt, daß frustrierende Erlebnissituationen Aggressionen provozieren (Fall 15; Dollard, Doob, Miller, Mowrer, Sears 1970). Autoaggressionen entstehen nach dieser Theorie dadurch, daß das Ausleben der Aggression der Umgebung gegenüber durch eine innere oder äußere Instanz verhindert oder gebremst wird (Thorwirth 1971). Brezovsky (1985) formuliert: «Wenn ein Individuum, auf das ein Reiz eingewirkt hat, an seiner Zielreaktion gehindert wird, könnte über den Umweg der Frustration als Ersatzreaktion autoaggressives Verhalten auftreten. Dies würde die Erklärung geben, daß selbstverletzendes Verhalten dann als Reaktion auftreten kann, wenn das Individuum keine Möglichkeit hat, seine Frustration auf eine andere Art zu dokumentieren» (S. 27). Der Autor ist der Überzeugung, daß dies mindestens auf einige Behinderte mit geringer Verbalisationsfähigkeit zutrifft (vgl. Kap. 4.2.3.2). Die Beziehung zwischen Frustration und selbstschädigendem Verhalten ist beim Menschen aus ethischen Gründen kaum experimentell überprüfbar (Carr 1977). Jedoch wurde gezeigt, daß gefangene Affen, denen kein Aggressionsobjekt zur Verfügung steht, auf Frustrationserlebnisse häufig mit automutilativen Akten reagieren (Kap. 4.3.3).

Zur Frustrationshypothese passen die Beobachtungen von Wolfensberger-Haessig (1983), wonach Frustrations-Wut-Reaktionen bei Säuglingen schon erstaunlich früh auftreten. In seinen Verhaltensprotokollen schildert der Autor das Verhalten eines siebenmonatigen Kleinkinds mit folgenden

Worten: «Wenn man Iris gegen ihren Willen in den Laufpark legen will, kriegt sie ein Wutschreien, <bei dem sie fast erstickt>. Oder, wenn sie in ihrem Stühlchen sitzen soll, während die Familie noch ißt, und man sie nicht beachtet, steigert sie sich in eine solche Wut hinein, daß sie sich mit ihren Fäustchen an den Kopf schlägt und sich selber an Haaren und Ohren zu reißen beginnt. Eine autoaggressive Verzweiflungsreaktion» (S. 135). Der Autor stellt zudem fest, daß bei Anwesenheit eines adäquaten Aggressionsziels autoaggressive Handlungen selten sind. Fehlen jedoch solche Aggressionsobjekte, könne der Wutausbruch in Autoaggression umschlagen, die beim Kleinkind manchmal sogar zu Selbstverletzungen führten, da die paläophysiologische Frustrations-Wut-Reaktion bei ihm noch nicht durch hemmende kortikale Bahnen modifiziert sei. Das frühe Auftreten der Frustrations-Wut-Reaktion im Kleinkindalter betrachtet Wolfensberger-Haessig (1983) als Hinweis darauf, daß sie «ein sehr altes, vormenschliches Erbstück der Evolution ist, das der Mensch mit sich schleppt» und mit dem er «sich bis zum Ende seiner Tage... herumschlagen muß» (S. 135).

4.6.2 Automutilation als operantes Verhalten

Im Gegensatz zum reaktiven Verhalten ist operantes oder instrumentelles Verhalten nicht durch einen vorausgehenden Reiz bestimmt, sondern durch die *Konsequenzen,* die auf das Verhalten folgen (vgl. Kap. 4.1 und 4.2). Die operante Hypothese geht davon aus, daß das Problemverhalten durch seine Konsequenzen kontrolliert wird. In bezug auf unsere Thematik besagt sie, daß wiederholte Automutilation ein *erlerntes* Verhalten ist, welches durch positive oder negative Verstärkung aufrechterhalten wird. Die Faktoren, die das Problemverhalten aufrechterhalten, können in zwei große Klassen eingeteilt werden: Auf der einen Seite stehen *die Verhaltensweisen der Aufmerksamkeitserheischung* (attention-seeking behavior), die durch positive Verstärkung gefestigt werden; auf der anderen Seite steht das *Vermeidungsverhalten* (escape behavior), gefestigt durch negative Verstärkung. Automutilation ist ein außerordentlich effizientes Instrument, um sowohl die sehnlichst erwünschte Aufmerksamkeit zu erlangen als auch unerwünschten Situationen auszuweichen (Carr 1977; Brezovsky 1985; Walsh et al. 1988; Rohmann et al. 1992).

4.6.2.1 Die Hypothese der positiven Verstärkung

Durch automutilatives Verhalten bewirkt eine Person bei ihrer Umgebung sehr leicht und schnell Aufmerksamkeit, Zuwendung und Pflege. Durch diese (vielleicht überraschende) Erfahrung lernt sie, sich weiterhin so zu verhalten, daß diese erwünschten Folgen eintreten; umgekehrt wird durch die *angenehmen Konsequenzen, die kontingent auf das selbstverletzende Verhalten folgen,* das problematische Verhalten aufrechterhalten (positive Verstärkung). Zum Beispiel mögen einem entwicklungsbehinderten Kind die angemessenen sozialen Fertigkeiten fehlen, die nötige Aufmerksamkeit seiner Umgebung auf sich zu ziehen; selbstverletzendes Verhalten aber ruft zwingend die Beachtung durch die Bezugspersonen hervor – dem Kind wird beruhigend zugesprochen, es wird gestreichelt, wodurch es in seinem Verhalten bestätigt und bestärkt wird.

Der aufrechterhaltende Einfluß der positiven Verstärkung auf selbstschädigendes Verhalten wird empirisch gestützt durch zahlreiche *experimentelle Studien,* welche von Carr (1977) zusammenfassend dargestellt wurden. Danach belegen die Untersuchungen,

1. daß die Häufigkeit automutilativen Verhaltens durch Entfernung der sozialen Verstärker (Extinktion) vermindert werden kann,
2. daß – umgekehrt – einmal etabliertes selbstverletzendes Verhalten durch kontingente positive soziale Verstärkung gesteigert werden kann und
3. daß die Rate selbstverletzenden Verhaltens in Anwesenheit von Erwachsenen höher ist, als wenn die Kinder allein sind (wobei angenommen wird, daß die Kinder mit der Zeit zu unterscheiden lernen, daß selbstverletzendes Verhalten in der Gegenwart Erwachsener zu positiver Verstärkung führt, jedoch nicht, wenn sie alleine sind).

Zahlreiche Untersuchungen belegen inzwischen auch, daß selbstverletzendes Verhalten reduziert oder sogar eliminiert werden kann durch positive Verstärkung von Verhaltensweisen, die mit dem automutilativen Verhalten nicht kompatibel sind (z.B. Turnübungen, Punching-Ball; Fall 17 und Kap. 3.4).

Automutilation kann grundsätzlich nicht nur extern, sondern auch *intern* positiv verstärkt werden. Die in einer reizarmen Umgebung (Deprivation) durch Automutilationen gesetzten Reize werden vielleicht als erleichternd empfunden (Selbststimulationstheorie). Trifft diese Vermutung zu, so würde in diesen Fällen automutilatives Verhalten selbstverstärkend wirken (Brezovsky 1985).

4.6.2.2 Die Hypothese der negativen Verstärkung

Die Hypothese der negativen Verstärkung besagt, daß selbstverletzendes Verhalten aufrechterhalten bleibt, wenn es die *Aufhebung oder Vermeidung eines aversiven Stimulus* bewirkt. Zum Beispiel mag ein Kind gelernt haben, daß das Schlagen des Kopfes gegen die Gitter seines Kinderbettes zur Folge hat, daß es nicht sofort ins Bett muß (negative Verstärkung) und daß man sich mit ihm noch ein Weilchen beschäftigt (positive Verstärkung).

Gestellte *Anforderungen, Verbote, Kritik,* Zurückweisung können solche aversiven Situationen darstellen, die vermieden werden wollen. Immer wenn die Automutilation in einer Reduzierung oder Eliminierung der aversiven Interaktion endet, wenn also aus Angst vor automutilativem Verhalten die Verbote aufgehoben, die Anforderungen zurückgenommen, die Kritik vermieden wird, wird eben dieses Verhalten negativ verstärkt. Carr (1977) zeigte in einer Untersuchung, daß in Situationen mit hohen Anforderungen selbstverletzendes Verhalten häufiger zu beobachten ist als in Situationen des freien Gesprächs oder Spiels. Es wird angenommen, daß auch die physische Fixierung des Kindes, um es vor Selbstverletzungen zu schützen, automutilatives Verhalten negativ verstärkt, da die Bewegungseinschränkung kompensiert wird durch das Gefühl der Sicherheit (vor sich selbst) und die völlige Absenz auch nur der geringsten Ansprüche (Carr 1977).

Automutilatives Verhalten wird nicht nur extern, sondern auch *intern* negativ verstärkt. Dies ist zum Beispiel der Fall, wenn Borderline-Patienten in einem unerträglichen emotionalen Zustand (Spannungszustand durch Schuld, Wut, Selbsthaß) durch Selbstverletzung seelische Erleichterung bewirken können (vgl. Kap. 3.2; Walsh et al. 1988). Auch Angstträume, Halluzinationen, Depersonalisationen, Zwangsgedanken können aversive Stimuli darstellen, die mit Automutilation vermindert oder beendet werden können, womit das Verhalten wiederum negativ verstärkt wird; von einem Mädchen wird berichtet, wie es jede Nacht durch Kopfschlagen aus einem Alptraum erwachte; es wurde angenommen, daß das selbstschädigende Verhalten durch die negative Verstärkung aufrechterhalten wurde, die in der Beendigung der aversiven Träume bestand (Carr 1977). Weiter kann auch die Übertönung oder Überlagerung von seelischem oder körperlichem Schmerz durch selbstschädigendes Verhalten als interne negative Verstärkung des fraglichen Verhaltens verstanden werden (Brezovsky 1985). Die Hypothese der internen negativen Verstärkung ist jedoch im einzelnen empirisch noch unerforschtes Gebiet.

Praktisch treten die Bedingungen der positiven und negativen Verstärkung oft *zusammen* auf. Rohmann et al. (1992) führen ein typisches Beispiel an: «Das Kind vermeidet eine Situation oder Anforderung dadurch, daß es wütend wird, mit dem Kopf z. B. auf den Boden schlägt, die Mutter reagiert wie folgt:

a) sie beschützt das Kind durch Festhalten, Trösten o. ä.
b) sie nimmt die gestellte Forderung bzw. Anforderung zurück.

Auf diesem Weg wird das autoaggressive Verhalten doppelt verstärkt» (S. 35).

Ohne Zweifel bieten die beiden Hypothesen der positiven Verstärkung und des Vermeidungslernens eine *Vielfalt von therapeutischen Interventionsmöglichkeiten* (Fälle 14 bis 18). Entscheidend für einen Behandlungserfolg ist, die negative und positive Verstärkung des automutilativen Verhaltens zu eliminieren. Dies kann im Einzelfall – wie das oben genannte Beispiel zeigt – ein sehr schwieriges Unterfangen sein. Ausführliche Darstellungen der verhaltenstherapeutischen Behandlungsmöglichkeiten stereotypen automutilativen Verhaltens bei geistig behinderten und autistischen Kindern auf der Grundlage der Lerntheorie finden sich in deutscher Sprache bei Brezovsky (1985) und Rohmann et al. (1992).

4.6.3 Automutilation durch Modellernen

Zuletzt sei als weitere Möglichkeit, die Entstehung selbstverletzenden Verhaltens zu erklären, das Modellernen oder das Lernen durch Imitation erwähnt (Bandura 1976). Durch das Miterleben des automutilativen Verhaltens und seiner Wirkungen bei anderen wird u. U. Selbstverletzung überhaupt zum ersten Mal als eine *praktikable* und zudem sehr *vorteilhafte* Verhaltensmöglichkeit erkannt. Ist ein Verhalten in seiner Wirkung erfolgreich, ist der Anreiz der Nachahmung besonders hoch. Auf diese Weise kann das – in Gruppensituationen oft beobachtete – massierte, ja gar epidemische Auftreten von selbstschädigendem Verhalten erklärt werden (Kap. 4.2.2; Brezovsky 1985, Walsh et al. 1988).

Wie die Darstellung des lerntheoretischen Erklärungsansatzes der Automutilation zeigt, liegt sein Vorteil darin, daß die verschiedenen ätiologischen Komponenten in einem einheitlichen Rahmen zusammengefaßt werden können. Organische, situative und interaktionelle Faktoren der Entstehung und Aufrechterhaltung der Automutilation werden integriert. Der Schwerpunkt des Ansatzes liegt jedoch auf der Analyse der Bedingungen, die das einmal – aus welchen Gründen auch immer – entstandene Verhalten *aufrechterhalten.* Ausgangspunkt der Theoriebildung ist die stereotype Form der Automutilation behinderter und autistischer Kinder. Weniger berücksichtigt und erforscht sind die intrapsychischen Bedingungen (die internen Verstärker) automutilativen Verhaltens, welche bei anderen Krankheitsgruppen mit anderen Formen automutilativen Verhaltens mehr im Vordergrund stehen dürften (neben den ohne Zweifel immer vorhandenen interaktionellen und organischen Komponenten).

4.7 Psychoanalytische Erklärungsansätze

Die psychoanalytischen Erklärungen der Automutilation weisen in sehr verschiedene Richtungen, und sie sind beinahe so zahlreich, wie die Autoren, die sich zu diesem Thema geäußert haben. Im folgenden wird, ohne den Anspruch auf Vollständigkeit zu erheben, ein kurzer Überblick über die verschiedenen Erklärungsversuche gegeben. Dabei wird zugleich eine gewisse historische Entwicklung ersichtlich. Zuerst wird Automutilation aus der Sicht der psychoanalytischen Triebtheorie beleuchtet, um nachfolgend selbstschädigendes Verhalten im Zusammenhang mit der Objektbeziehungstheorie und dem Narzißmuskonzept zu erörtern. Einige Grundlagen für die psychoanalytische Theoriebildung wurden bereits diskutiert; auf die entsprechenden Kapitel wird im Text verwiesen.

4.7.1 Automutilation als Manifestation des Todestriebs

Erstmals in «Jenseits des Lustprinzips» (1920/1989b) und voll ausgearbeitet in «Das Ich und das Du» (1923/1989c) legt *Freud* sein neues Triebmodell dar, in dem neben der Libido zusätzlich ein Todestrieb konzeptualisiert wird. Dieser *Todestrieb,* der verstanden wird als ein eigenständiger, angeborener, endogener destruktiv-aggressiver Trieb, ist ursprünglich – wie die Libido – nach innen gerichtet und wendet sich, einhergehend mit der Entwicklung des Subjekts, schließlich nach außen. Entwicklungsstörungen können ein adäquates Sich-nach-außen-Wenden der destruktiven Kräfte verhindern und damit einen Prozeß der Selbstzerstörung initiieren.

Auf der Grundlage dieses Triebkonzepts interpretiert *Menninger* (1938/1989) in seinem wirkungsgeschichtlich bedeutsamen Werk «Man Against Himself» Automutilation als *Kompromißbildung* eines «Konflikts zwischen 1. den vom Über-Ich unterstützten aggressivdestruktiven Impulsen und 2. dem Willen, zu leben (und zu lieben)..., wobei eine partielle oder lokale Selbstzerstörung dem Zweck dient, unwiderstehliche Triebe zu befriedigen und gleichzeitig deren prälogischen, aber erwarteten Folgen zu entgehen. Der reale Wert der Selbstverstümmelung variiert stark; der symbolische Wert ist vermutlich in allen Fällen nahezu derselbe» (S. 316). Der *reale Wert* der Selbstverstümmelung kann nach Menninger z.B. darin liegen, daß sie als Kompromißbildung zwischen Eros und Thanatos einen vollendeten Suizid abwendet, also den Preis darstellt für den Sieg des Lebenstriebes über den Todestrieb (Kap. 1.6.2.1). Der *symbolische Wert* der Automutilation wird in der «Aufgabe und Ablehnung der aktiven (<männlichen>) Rolle» gesehen, da «der Prototyp aller Selbstverstümmelungen die Selbstkastration» (Menninger 1938/1989, S. 314) darstellt und bei jeder Verstümmelung eines anderen Organs «das Ersatzorgan ein unbewußter Repräsentant des Geschlechtsteils» (Menninger 1938/1989, S. 315) ist. Automutilation wird nach dieser Konzeption verstanden als symbolische oder (selten) tatsächliche Selbstkastration, welche die Funktion eines *Selbstrettungsversuchs* hat, indem die zerstörerische Kraft des Todestriebes in Grenzen gehalten wird (partieller Suizid).

Die schweren Automutilationen psychotischer Menschen in Form von Selbstkastration und Autoenukleation spielten in der frühen psychoanalytischen Theoriebildung eine wichtige Rolle. Besonders das Auge wurde seit Freud und seiner Interpretation des Ödipusmythos als Repräsentant des männlichen Genitals interpretiert (MacLean, Robertson 1976; Soulios und Firth 1986; dagegen: Rogers et al. 1987). In «Das Unheimliche» schreibt Freud (1919/1989a), daß ihn das Studium der Träume, der Phantasien und Mythen gelehrt habe, «daß die Angst um die Augen, die Angst zu erblinden, häufig genug ein Ersatz für die Kastrationsangst» (S. 254) sei, und dieses starke und dunkle Gefühl der Kastrationsangst verleihe «erst dem Verlust anderer Organe den Nachhall» (S. 255). In den *Kastrationsphantasien und -ängsten* finden sich die drei Elemente der Sexualität, der Aggression und der Schuld (Selbstbestrafung) zwar in einer verdichteten Form, doch kann jede Automutilation im Zusammenhang mit dem *Ödipuskomplex* verstanden werden: Automutilation zur Tilgung der Schuldgefühle, welche aus den aggressiven Phantasien und Wünschen erwachsen, den Vater zu entmannen und die Mutter für sich zu erobern oder die Mutter zu verstümmeln, weil sie zum Vater hält und die Geschwister bevorzugt (Menninger 1938/1989).

Als reale oder substituierte Selbstverstümmelungen der Genitalien würden – so Menninger (1938/1989) – alle Formen von Automutilation (Kap. 1.4.1) die *drei wesentlichen Elemente* beinhalten: erstens das aggressive, zweitens das erotische und drittens das bestrafende. Das *aggressive* Element könne sich nach innen gegen ein introjiziertes Objekt oder nach außen gegen reale Objekte richten (provokative Wirkung der Automutilation). Die *erotische* Befriedigung bestehe in der Aufgabe der aktiven und der Übernahme der passiven Rolle, was mit dem (in der bisexuellen Anlage des Menschen begründeten) unbewußten Wunsch des Mannes, die Frauenrolle innezuhaben, zusammenhänge. Die in der Automutilation enthaltene *Selbstbestrafung* schließlich sühne sowohl vergangene wie auch künftige aggressive Wünsche und Phantasien; während der gesunde Mensch sagen würde: «Ich bereue zwar meine ‹Sünden›, doch mich selbst zu verletzen, das hat keinen Sinn», schließe der neurotische Mensch einen Kompromiß, indem er sich symbolisch verletze (offene Hautschädigung); der psychotische Patient schließlich bringe sein Sühneopfer nicht symbolisch, sondern unverhüllt konkret dar (Autokastration, Autoenukleation; vgl. Kap. 4.1.2.3).

Die drei von Menninger (1938/1989) postulierten Komponenten der Automutilation – die Autoaggression, die Autoerotik und die Selbstbestrafung – wurden in der nachfolgenden psychoanalytischen Literatur in den verschiedensten Variationen weiter verfolgt. Zum Beispiel wurde offene Hautschädigung als symbolische Attacke gegen die frustrierende Mutter und gleichzeitig als selbststimulierende-autoerotische Ersatzhandlung für die frühkindliche Deprivation gedeutet (Graff et al. 1967). Einige Autoren sahen ganz den autoerotischen Aspekt im Vordergrund: «The self-cutter opens up symbolically on her skin multiple little female genitals, the *primus inter pares* of erogeneous zones, which become available for all sorts of autoerotic manipulations» (Siomopoulos 1974, S. 85). Da Akte der offenen Selbstschädigung von innerpsychischen Spannungszuständen befreien, wurden sie von manchen Autoren als Masturbationsäquivalente betrachtet. Andere wiederum sahen in ihnen symbolische Lösungen menstrueller Konflikte (Doctors 1981; Kaplan 1991). Übersichten über psychoanalytische Deutungen der offenen Hautschädigung, welche in dieser Tradition stehen, finden sich bei Simpson (1976, 1980) und Favazza (1989b).

4.7.2 Automutilation als Manifestation eines archaischen Über-Ichs

In «Das Ich und das Es» beschreibt Freud (1923/1989c), wie derjenige Teil des Todestriebes, der nicht als Destruktionstrieb nach außen gewendet wird, *vom Über-Ich übernommen und gegen das eigene Ich gerichtet werde:* «Es ist merkwürdig, daß der Mensch, je mehr er seine Aggression nach außen einschränkt, desto strenger, also aggressiver in seinem Ichideal wird... Je mehr ein Mensch seine Aggressionen meistert, desto mehr steigert sich die Aggressionsneigung seines Ideals gegen sein Ich. Es ist wie eine Verschiebung, eine Wendung gegen das eigene Ich» (S. 320f). Im Über-Ich ist die Destruktionsneigung nicht mehr durch libidinöse Kräfte gemildert, da das Über-Ich durch die frühe Internalisierung und Identifizierung mit wichtigen emotionalen Bezugspersonen entsteht und sich bei diesem Vorgang die beiden Triebe Libido und Todestrieb entmischen. Das tyrannische Wüten des Todestriebs zeigt sich in purer Form vor allem in der Melancholie: «Was nun im Über-Ich herrscht, ist wie eine Reinkultur des Todestriebes, und wirklich gelingt es diesem oft, das Ich in den Tod zu treiben» (Freud 1923/1989c, S. 319f).

Das rigide Gewissen und die überhöhten Idealvorstellungen, die keinerlei nach außen gerichtete aggressive Strebungen tolerieren, sind kennzeichnend für die *depressive Dynamik. Aggression,* Gereiztheit, Ärger, Wut werden, da sie unter keinen Umständen geäußert werden dürfen, *gegen die eigene Person gewendet.* Die infantile Entstehung dieser nach innen gewendeten Aggression wird damit erklärt, daß ein Kind, dem einerseits Wutäußerungen nicht erlaubt sind und das andererseits zugleich existentiell von seiner sozialen Umwelt abhängig ist, gezwungen ist, «eine Umgangsform mit seinen aggressiven Impulsen zu finden, die a) keine Konflikte mit denen hervorruft, von welchen es abhängt, und b) die Schuldgefühle beschwichtigt, welche sekundär wegen dieser Wut in ihm entstehen. Die Lösung dieser emotionalen Zwickmühle ist die geschilderte Wendung der Aggression gegen die eigene Person» (Hoffmann et al. 1991, S. 121). Dabei gilt der Grundsatz: Je mehr das Kind einem Klima von *Deprivation* ausgesetzt ist, je mehr *die Eltern selbst rigide, streng oder in ihrer eigenen Problematik verhaftet* sind, desto rigider, starrer und strenger werden die Internalisierungen und Identifizierungen sowie das daraus resultierende Über-Ich des Kindes sein, denn «das Kind ist unter der Drohung des Liebesentzugs verstärkt gezwungen, ein starres Abbild seiner Umwelt in sich aufzurichten, um sie innerlich zu erhalten, wenn sie sich äußerlich zu entziehen droht» (Hoffmann et al. 1991, S. 24). Sachsse (1987) findet bei Patientinnen mit dem Symptom der offenen Selbstschädigung regelmäßig eine «forcierte Entwicklung aus der Symbiose in die Autarkie» (S. 54; vgl. Kap. 3.2.4); aufgrund eines Klimas der Deprivation und physischen Mißhandlung sowie durch zu frühe Parentifizierung innerhalb der Familie (Bemutterung der insuffizienten Mutter) und häufige Schuldzuweisungen und Vorwürfe (durch den typischerweise leistungsfordernden und harten Vater) entwickle sich durchwegs ein erbarmungsloses Über-Ich, dessen autodestruktive Kraft sich in quälenden Schuldgefühlen, Selbstverachtung, Selbsthaß zeige und schließlich unter gewissen Umständen zur offenen Selbstschädigung führe.

Unter der Überschrift «Neurosen mit ausgeprägter Autoaggression» werden von Hoffmann et al. (1991) neben der Depression auch der psychische oder *moralische Masochismus* angeführt. Hier stehen weniger die Qualen bewußter Schuldgefühle im Vordergrund, vielmehr wird die *Schuldentlastung unbewußt in objektivem Leid,* Unglück und Schicksalsschlägen gesucht. Freud (1924/1989d) spricht in «Das ökonomische Problem des Masochismus» vom masochistischen Bedürfnis des Ichs, vom Über-Ich bestraft zu werden, wobei den Betroffenen diese Dynamik nicht bewußt ist: «Das unbewußte Schuldgefühl wird uns von den Patienten nicht leicht geglaubt. Sie wissen zu gut, in welchen Qualen (Gewissensbisse) sich ein bewußtes Schuldgefühl, Schuldbewußtsein, äußert, und können darum nicht zugeben, daß sie ganz analoge Regungen in sich beherbergen sollen, von denen sie gar nichts verspüren» (S. 350). Beim moralischen Masochismus wird die Rechnung mit dem Über-Ich durch selbstschädigende Handlungen beglichen. «Hat der Mensch darin <Erfolg>, dann brauchen seine Schuldgefühle nie bewußt zu werden» (Hoffmann et al. 1991, S. 126). Es ist offensichtlich, daß zwischen moralischem Masochismus und *artifiziellen Störungen,* wo Verletzungen heimlich vorgenommen werden, ein enger Zusammenhang besteht (Hoffmann et al. 1991; vgl. Kap. 1.6.1.5).

4.7.3 Automutilation als Kriegslist des Lebenstriebs

Eine bedeutende Strömung der psychoanalytischen Tradition (vertreten u. a. durch W. Reich, R. M. Loewenstein) lehnte von Anfang an Freuds Konzeption des Todestriebes ab (Alby & Pasche 1976). Das Leid, der Schmerz, der Tod werde nicht an sich gesucht, da der Mensch im Grunde nur nach der Lust strebe. Selbstzugefügtes Leiden ist nach dieser Auffassung nur die Bedingung der Möglichkeit, *unter den gegebenen Umständen* Sicherheit, Wohlbefinden und Lust zu erfahren. Selbstschädigung wird hier als Kompromiß zwischen dem Lustprinzip und der äußeren Realität gesehen, also als ein notwendiges Übel, als Umweg, Notbehelf, *Kriegslist des Lebenstriebes.* Aus selbstzerstörerischen Verhaltensweisen könne – so zum Beispiel Battegay (1988) – «nicht ein Todestrieb, wie Freud (1920) ihn annahm, abgeleitet werden, denn das Hauptmotiv des selbstzerstörerischen Verhaltens scheint mir das Erfahren des Lebens angesichts der immanenten Bedrohung. Es ist eine bekannte Tatsache, daß der Mensch das Leben wie auch Anderes oft erst erfahren und erleben kann, wenn es ihm verloren zu gehen droht» (S. 38f). Auch Mentzos (1993) vertritt entschieden die Überzeugung, alle Formen selbstzerstörerischen Verhaltens ohne die Hypothese eines Todestriebes erklären zu können, denn Leidenssuche gebe es «nicht in dem Sinne, daß jemand den Schmerz sucht, weil er als solcher lustvoll sei. Der Schmerz, die Erniedrigung, das Leiden ist lediglich Bedingung, um sich Lust zu erlauben» (S. 97). Diese inneren und äußeren Umstände, die nur in der Selbsterniedrigung, Selbstbestrafung und Selbstverletzung Lust erleben lassen, faßt Mentzos (1993) folgendermaßen zusammen: Selbstschädigung, um dem Über-Ich bzw. indirekt den Eltern Genüge zu tun, um die geliebte Bezugsperson nicht zu verlieren, um Zuwendung zu erhalten, um sich selbst besser zu spüren (Ich-Vitalität, Ich-Demarkation, Ich-Kohäsion) oder um eine Enttäuschung über sich selbst bzw. Selbstverachtung auszudrücken. Mentzos (1993) verläßt damit die metapsychologische Ebene der Todestrieb-Theorie und nähert sich einer mehr final-funktionalen Deutung des selbstschädigenden Verhaltens (Kap. 4.1 und 4.2).

4.7.4 Automutilation als Manifestation einer Selbst-Spaltung

Psychoanalytische Autoren stimmen heute weitgehend in der Ansicht überein, daß Automutilation in Form der repetitiven offenen Selbstschädigung ihren Ursprung in einer *frühen Störung der Ich-Entwicklung* im Zusammenhang einer defizitären primären Objektbeziehung habe (Kap. 4.2.2.2; Graff et al. 1967; Sachsse 1987, 1989, 1994; Battegay 1988; Winchel et al. 1991). Entsprechend werden bei sich selbst schädigenden Patienten sehr häufig primitive Abwehrmechanismen wie *Verleugnung, Spaltung und projektive Identifikation* beobachtet. *Frühkindliche emotionale Deprivation, oft verbunden mit gewalttätiger Mißhandlung, verhindert eine genügende Integration des Selbst* (Kap. 3.2.4 und 4.3.2). Die Patienten «mußten in der Symbiose ein insuffizientes oder hochambivalentes, eigentlich mehr <schlechtes Mutterobjekt> internalisieren... Beim introjizierten Objekt könnte man von einem <perversen Objekt der Symbiose> sprechen, da Liebe im Schmerz gefunden wird» (Sachsse 1987, S. 56). Dies führt dazu, daß die Betroffenen auch in späteren Lebensjahren in Situationen der Verlassenheit, der Angst, der Leere sich durch das Zufügen von Verletzungen selbst zu kurieren versuchen (Kap. 4.1.2.1). Der Akt der Automutilation kann daher als *Reinszenierung der früheren Kindsmißhandlung,* als «autistischer Vollzug eines früheren Zwei-Personen-Stückes» (Sachsse 1994, S. 38; Kap. 4.2.2.3) verstanden werden. Die Symptomhandlung dient dabei dem *Ausgleich der* durch die frühe Störung bedingten *Ich-Schwäche und Ich-Funktions-Defizite* (z.B. Rückgewinnung des Realitätsgefühls bei Depersonalisation durch Stabilisierung der Stimmungsschwankungen).

Durch die wiederholte frühkindliche Traumatisierung des kindlichen Reizschutzes wird insbesondere die *Integration des Körper-Selbst erschwert* oder verunmöglicht (vgl. Kap. 3.2.4 und 3.3.3; Sachsse 1987; Hirsch 1989): Der Körper wird mit dem leidenden, bedürftigen, schlechten Selbst-Anteil identifiziert; das Über-Ich und Ich-Ideal dagegen repräsentieren den leistungsfähigen, autarken Selbst-Anteil. Diese Entwicklung der Entfremdung vom eigenen Körper, verbunden mit Ablehnung und Abwertung desselben, wird durch die *forcierte Parentifizierung* und durch *spätere Traumatisierungen wie physische Mißhandlung, Inzest und Vergewaltigung* verstärkt. *«Der eigene Körper dient somit innerhalb der Familiendynamik stets der Befriedigung und narzisstischen Reparation anderer»* (Sachsse 1994, S. 39). Schließlich wird der Körper nicht nur wie *ein Nicht-Selbst,* ein äußeres Objekt, ein fremdes Gegenüber erfahren, sondern kann auch so behandelt werden, indem er etwa als *Objekt des Ausagierens, des Phantasierens, der projektiven Identifikation* dient. In diesem Sinn hat die Abspaltung des Körper-Selbst nicht nur destruktiven Charakter, sondern sie dient «dann der *Abwehr und Kompensation einer Desintegration des Gesamtselbst;* ein Teil – eben die Körperrepräsentanz – wird geopfert, um das Ganze zu retten (Hervorhebung v. Verf.)» (Hirsch 1989, S. VI; Kap. 4.1.2). Die Beobachtung, daß der Körper als ein Nicht-Ich erlebt und behandelt werden kann, führt zum Konzept des Körpers als Übergangsobjekt.

4.7.5 Körper als Übergangsobjekt

Im Anschluß an Winnicott (1953/1969) führt Kafka (1969) das Konzept des Übergangsobjekts ein, um gewisse Aspekte der Automutilation besser zu verstehen. Übergangsobjekte wie z.B. der Teddybär oder das Schlaftuch geben dem Kind in der Ablösung von der symbiotischen Phase Sicherheit und Trost, da diese Objekte in der Phantasie des Kindes die Einheit mit der Mutter symbolisieren (Hirsch 1989). Von verschiedenen Autoren wurde versucht, unter gewissen Umständen auch den eigenen Körper als Übergangsobjekt zu verstehen, da beobachtet wurde, daß Kinder diesen manchmal wie ein fremdes Objekt behandeln, welches ihnen Sicherheit und Trost zu geben bzw. das mütterliche Defizit auszugleichen scheint. «Das selbstinduzierte Körpererleben läßt sich auf die – bei diesen Kindern mangelhafte – Erfahrung des Haltens, des Körperkontakts und Schaukelns in der Mutter-Kind-Interaktion zurückführen, so daß hier vielleicht doch eine beginnende symbolische Herstellung eines Mutterobjektes im eigenen Körper zu sehen ist, also eines pathologischen Übergangsobjekts» (Hirsch 1989, S. 14; vgl. Kap. 4.3). So sind z.B. das *Körperschaukeln* und das rhythmische *Kopfschlagen* als solche Übergangsphänomene verstanden worden, welche dem deprivierten Kind ein grundlegendes *Existenzgefühl* verschaffen und es ihm ermöglichen, seine *Körperrealität* zu finden und seine *Körpergrenzen* zu erfahren.

Häufiger als der ganze Körper sind seine Teile als Übergangsobjekte verstanden worden. So sind inzwischen die Mundhöhle, das Einrollen der Zunge, das Bettnässen, das Riechen an Hand und Fingern, die Haare, die Haut, das Blut und der Schmerz als Übergangsphänomene betrachtet worden (Hirsch 1989). Erstmals wurde Kafka (1969) auf das Konzept des Übergangsobjektes als Verstehensmodell des Phänomens der offenen Selbstschädigung aufmerksam, als eine Patientin *ihr Blut,* das nach der Selbstverletzung angenehm warm über ihre Haut floß, mit einer «Sicherheitsdecke» verglich: «In a sense, as long as one has blood, one carried within oneself this potential security blanket capable of giving warmth and comforting envelopment» (Kafka 1969, S. 209; vgl. die Mitteilung derselben Patientin in Kap. 4.1.1.3 und 4.1.1.4) Die Träume und Phantasien dieser Patientin ließen Kafka (1969) vermuten, daß das «innere Blut» wahrscheinlich die «internalisierte Mutter» bedeute.

Doch nicht nur das Blut, auch die *Haut* kann bei Patienten mit offenem Selbstschädigungsverhalten als Übergangsobjekt verstanden werden: «Die eigene Haut ist ein beliebig verfügbares Objekt, wie es für Suchtkranke die Flasche oder das Medikament darstellt. Die Patienten bleiben fixiert auf einer frühen Stufe der Individuation und Separation» (Sachsse 1987, S. 57). Die durch das Übergangsobjekt symbolisierte Mutterpräsenz kompensiert einen akuten emotionalen Mangel. Wie im Kleinkindalter das Übergangsobjekt eine kompensatorische Funktion hat, so kann auch in späteren Lebensjahren das Agieren mit dem eigenen Körper (vor allem mit Blut und Haut) über Situationen des Alleinseins, in denen die altbekannten Gefühle der Spannung, Angst und Leere wie auch Zustände der Depersonalisation auftreten, hinweghelfen. In solchen und ähnlichen «Situationen, die nicht zu bewältigen sind, wird zu einer derartigen Ich-Spaltung gegriffen, die den Körper als äußeres Objekt erschafft und dadurch das übrige Selbst von unerträglicher Spannung entlastet, denn der Körper ist so das böse Objekt, das Aggression, Schuld und Bestrafung auf sich zieht, gleichzeitig aber wie ein Mutterobjekt als präsent erlebt wird und vor Alleinsein schützt» (Hirsch 1989, S. 28). Im Körper, der als äußeres Objekt erlebt wird, ist das Mutterobjekt unter Kontrolle, und dies verschafft ein *Gefühl der Unabhängigkeit und Autarkie,* ohne daß auf den *Schutz der mütterlichen Präsenz* verzichtet werden muß.

4.7.6 Automutilation als Manifestation einer narzißtischen Störung

Bei den Patienten mit dem Symptom der repetitiven offenen Selbstschädigung handelt es sich nach der bisherigen Darstellung der psychoanalytischen Sichtweise – strukturell gesehen – vorwiegend um Personen mit einem archaischen fordernden Über-Ich, einem perfektionistischen, unerreichbaren Ich-Ideal, einem gestörten, unintegrierten Körper-Selbst sowie einem schwachen, zu Dissoziation neigenden Ich, welches die Triebe (Sexualität und Aggressivität) und die Affekte (niedrige Frustrations-, Angst- und Ambivalenztoleranz, Impulsdurchbrüche) nur schwer zu integrieren vermag und sich selbst und die Objekte kaum realistisch wahrnehmen kann (Verleugnung, Spaltung, projektive Identifikation). Die Fragmentationstendenz des Ichs und das gestörte Selbsterleben, die auf eine symbiotische Störung zurückzuführen sind und durch spätere Traumatisierungen aufrechterhalten und verstärkt wurden, weisen auf eine *ichstrukturelle* Störung hin.

Entscheidend jedoch für die Tendenz zu schweren Selbstschädigungen ist nach Ansicht mancher Autoren die durch die frühe Entwicklungsstörung bedingte narzisstische Problematik der Betroffenen: «Nach psychoanalytischen Kriterien handelt es sich bei den Patientinnen mit schwerem SVV (selbstverletzendem Verhalten) überwiegend um solche mit einer *narzisstischen Persönlichkeitsstörung*..., die in Belastungssituationen auf *Borderline-Organisationsniveau* regredieren und *präpsychotisch dekompensieren* können» (Sachsse 1994, S. 46; Henseler 1974, 1976; Battegay 1988; Kap. 4.1.2). Die verhinderte Entwicklung eines gesunden Selbstwertgefühls, die gestörte frühkindliche Entwicklung des narzisstischen Regulationssystems gilt gemäß dieser Auffassung als die Kernproblematik, welche bei diesen Patientinnen in der Symptomhandlung der offenen Selbstschädigung zum Ausdruck kommt. «Die mangelnde Ausbildung des Narzißmus ist im Grunde genommen jene Konstellation, die der Autodestruktion, besonders, wenn an der Basis eine Ich-Störung vorhanden ist, Tür und Tor öffnet» (Battegay 1988, S. 67). Menschen mit einem labilen Selbstgefühl und einem gestörten Selbstwertgefühl sind – so Battegay (1988) – nicht in der Lage, ihren Körper genügend narzisstisch zu besetzen, ihr Über-Ich wird nicht von einem wohlwollenden Selbstgefühl gemildert, das Ich schließlich vermag keine für das Selbstwertgefühl vorteilhafte Information aufzunehmen. Sind aber Selbstannahme und Eigenliebe verunmöglicht, führt dies, besonders in Verbindung mit einem archaisch strengen Über-Ich, leicht zu Selbstabwertung und Selbstverachtung, zu erhöhter Verletzlichkeit und Kränkbarkeit, zu ohnmächtiger Wut und rasendem Haß; dies alles findet seinen – vielleicht dramatischsten – Ausdruck in der mutwilligen und direkten Schädigung der eigenen körperlichen Integrität.

Wie die Darstellung der verschiedenen psychoanalytischen Erklärungsansätze automutilativen Verhaltens deutlich macht, steht hier die Analyse der intrapsychischen Bedingungen, deren Wurzeln in frühen Traumatisierungen gesehen werden, im Vordergrund. Es wird davon ausgegangen, daß die Symptomhandlung im Erleben der Betroffenen einen Sinn hat. Von daher wird Automutilation als ein (devianter) Versuch der Selbstheilung verstanden. Ausgangspunkt der Theoriebildung in der neueren psychoanalytischen Literatur ist die repetitive und oberflächliche Form der Automutilation bei Patienten mit Borderline-Persönlichkeitsstörungen. Eine ausführliche Darstellung der Behandlungsmöglichkeiten der repetitiven Automutilation auf der Grundlage der verschiedenen Schulrichtungen der Psychoanalyse findet sich im deutschen Sprachraum bei Sachsse (1994). Das Hauptproblem der psychoanalytischen Theorieansätze zur Ätiologie der Automutilation besteht in der Schwierigkeit, die verschiedenen Konstrukte, die zur Erklärung automutilativen Verhaltens postuliert werden, zu operationalisieren. Darin mag auch der Grund für den Mangel an empirischer Überprüfung der psychoanalytischen Hypothesen zur Ätiologie der Automutilation liegen.

Schlußwort

«Psychopathologische Symptome sind Zeichen, deren Bedeutung wir, wie bei allem, was uns begegnet, verstehen sollten» (Scharfetter 1991, S. 3).

In diesem Sinn hat diese Arbeit versucht, sich dem Symptom/Zeichen der Automutilation anzunähern, das Erleben und Verhalten des Menschen, der sich selber schädigt, möglichst genau und vorurteilsfrei zu erfassen und zu beschreiben. Psychopathologisches Verstehen sollte stets ein dialektischer Prozeß sein, der sowohl voraussetzt, sich «auf ein gefühlshaft-empathisches Mitschwingen» (Scharfetter 1991, S. 2) einzulassen, sich in das je individuelle Erleben einzufühlen als auch durch intellektuell-rationale Verarbeitung nach dem überindividuell Gültigen zu fragen, um dadurch wiederum die Wahrnehmung und das Verstehen des Individuellen zu differenzieren und zu präzisieren.

Gemäß dem psychopathologischen Verständnis, das der vorliegenden Arbeit zugrunde liegt, bedeutet dabei Beschreiben und Benennen von Symptomen «keine Fixation der Erlebens- und Verhaltensweisen eines Menschen» und noch viel weniger ein Suchen und Fixieren des nur Krankhaften. Psychopathologisches Wissen sollte vielmehr «näher zum ganzen Menschen führen und sollte nicht nur seine abnormen Erlebens- und Verhaltensweisen aufzeigen, sondern uns gerade auch erfahren lassen, was an ihm noch gesund ist, damit wir wissen, womit und woraufhin wir therapeutisch arbeiten können» (Scharfetter 1991, S. 3).

Die Gefahr, sich im klinischen und therapeutischen Umgang nur auf das Krankhafte zu konzentrieren, ist im Umgang mit sich selber schädigenden Menschen besonders groß. Automutilation, die einhergeht mit teilweise gravierenden physiologischen Schädigungen, mit einer latent stets vorhandenen Bedrohung des Lebens, die die Gefahr der Chronifizierung und Eskalation in sich birgt, löst affektive Erschütterung und Betroffenheit aus, erzwingt appellativ Beachtung und verleitet dazu, daß sich die Aufmerksamkeit nur auf das Symptom und dessen Bekämpfung beschränkt, gesunde Aspekte hingegen vernachlässigt werden.

Symptome – und insbesondere selbstschädigende Handlungen – können aber nicht verstanden werden, wenn sie als isolierte Phänomene betrachtet werden. Verstehen setzt vielmehr voraus, sie in einen weiteren Kontext, konkret in die Lebensgeschichte und das Selbsterleben der Betroffenen, dann aber auch in den Zusammenhang eines Krankheitsbildes und nicht zuletzt in die soziokulturellen Gegebenheiten einzuordnen.

Je nach Typus automutilativen Verhaltens, je nach Krankheitsbild und je nach individueller Lebensgeschichte sind die ätiologischen Faktoren unterschiedlich gewichtet und wechselseitig verknüpft (Kap. 4). Es besteht kein enger Zusammenhang zwischen dem Symptom der Automutilation und *einer* bestimmten gleichbleibenden Ursache. Automutilation ist ätiologieunspezifisch. In jedem Fall spielen sowohl biologische, somatisch-physiologische und psychologische als auch interaktionelle, soziale und kulturelle Aspekte eine Rolle. Zudem ist zu beachten, daß die Gründe, die jeweils zur Erstmanifestation selbstverletzenden Verhaltens geführt haben, nicht unbedingt übereinstimmen mit jenen, welche einer Wiederholung oder Chronifizierung des Verhaltens zugrunde liegen. Deshalb ist die genaue Analyse des Bedingungszusammenhanges eines bestimmten automutilativen Handelns für eine adäquate Therapie von entscheidender Bedeutung.

Aussagen von Patienten machen deutlich, daß Automutilation ein wirkungsvolles Mittel sein kann, um sich von überwältigender innerer Spannung und Angst zu befreien, um dem quälenden Gefühl der Leere und der Empfindungslosigkeit zu entrinnen, um den unerträglichen Zustand der Depersonalisation zu beenden und sich der eigenen Lebendigkeit zu versichern. Automutilation kann auch von angestauter Wut befreien, kann Ausdruck eines rasenden Selbsthasses sein; sie kann dazu dienen, einen tiefen, dunklen inneren Schmerz zu übertönen. Auf diesem Hintergrund kann Automutilation u.a. als symptomreduzierender Selbsttherapieversuch oder als Dekompensationsabwehr interpretiert werden (Kap. 4.1).

Selbstverletzendes Verhalten hat neben einer intrapersonellen auch eine – keineswegs immer bewußt intendierte – interaktionelle Funktion (Kap. 4.2). Durch Automutilation kann Einsamkeit, Angst, Verzweiflung oder der Wunsch nach Anteilnahme, aber auch Haß und Eifersucht ausgedrückt werden. Sie kann auch den Versuch darstellen, das Verhalten anderer zu manipulieren, indem sie als Mittel der Erpressung eingesetzt wird, z. B. um Zuwendung zu erreichen oder – umgekehrt – um andere auf Distanz zu halten. Selbstverletzung dient dann der Beziehungsgestaltung, der Regulierung von Nähe und Distanz. Automutilation kann in diesem Zusammenhang als Folge einer (vielfältig bedingten) Kommunikationsstörung, als averbaler Appell (z. B. aufgrund einer begrenzten Verbalisationsfähigkeit von Gefühlen) oder auch als eine äußere Inszenierung eines inneren Konfliktes verstanden werden.

In einem ersten Schritt wird in dieser Arbeit pathologische von nichtpathologischer Selbstschädigung abgegrenzt. Für diese Differenzierung erweisen sich die Kriterien Verletzungsgrad, psychischer Zustand zum Zeitpunkt der selbstzugefügten Verletzung sowie soziale Akzeptanz des Verhaltens als hilfreich (Kap. 1.4.3). Erst bei einem gewissen Ausmaß an physischer Schädigung, psychischer Störung und soziokultureller Inakzeptanz kann eine selbstzugefügte Veränderung am eigenen Körper als pathologisch bezeichnet werden. Der transkulturelle Vergleich zeigt, daß selbstverletzende Handlungen nicht unbedingt schon Krankheitszeichen sein müssen. Sozial eingebundene Formen der Selbstschädigung können als zweckmäßige, integrative kulturelle Komponenten in einer bestimmten Gesellschaft eine stabilisierende Funktion ausüben (Kap. 2).

Bedeutsam für die therapeutische Arbeit ist einerseits die diagnostische Differenzierung zwischen der offenen und der heimlichen Selbstschädigung (Kap. 1.6.1). Andererseits erlaubt die deskriptiv ausgerichtete Dreiertypologie von Favazza et al. (1993) eine erste diagnostische und therapeutische Annäherung an das Phänomen (Kap.1.4.5). Sie unterscheidet zwischen schwerer (1), wiederholt oberflächlicher bis mittelschwerer (2) und stereotyper (3) Automutilation. Dabei wird deutlich, daß die unterschiedlichen Formen automutilativen Verhaltens zwar nicht spezifisch, aber doch typisch für bestimmte Krankheitskategorien sind. In der Literatur wird schwere Automutilation vor allem von psychotischen Patienten, vorwiegend von jenen mit der Diagnose Schizophrenie berichtet. Die häufigste Diagnose für Patienten, die sich wiederholt oberflächliche bis mittelschwere Selbstverletzungen zufügen, ist die der Borderline-Persönlichkeit. In Abhandlungen über die stereotype Automutilation stehen vorwiegend Oligophrenie und Autismus im Zentrum.

1. Die *schwere und eher singuläre Automutilation* (z.B. Autokastration) kommt vergleichsweise selten vor und ereignet sich oft plötzlich und überraschend (Kap. 3.1.2). Automutilation wird hier am besten im Kontext des psychotischen Prozesses verstanden. Häufig tritt sie im Zusammenhang mit Wahnphänomenen und halluzinatorischen Erlebnissen auf (Kap. 3.1.3). Innerhalb der persönlich gültigen und von der Mitwelt isolierenden Wirklichkeitsüberzeugung eines Wahns kann für den Patienten Automutilation eine natürliche, logische und unausweichliche Handlung darstellen; allen anderen jedoch scheint sie unverständlich und überraschend. Bei schizophrenen Patienten gelten u.a. der selbstherbeigeführte plötzliche Wechsel im äußeren Erscheinungsbild (Rasieren der Kopfhaare, Ausrupfen der Augenbrauen, Wimpern usw.) sowie frühere Selbstschädigungen als bedeutsame Prädiktoren, deren frühzeitiges Erkennen Präventionen zwecks Verhinderung weiterer, eventuell schwerer Selbstverletzungen ermöglicht (Kap. 3.1.4).

2. Die *wiederholt oberflächliche bis mittelschwere Automutilation* (z.B. Schneiden und Ritzen der Haut), wie sie gehäuft bei Patienten und Patientinnen mit Borderline-Persönlichkeitsstörungen (Kap. 3.2) und Eßstörungen (Kap. 3.3) auftritt, nimmt in dieser Arbeit einen ver-

gleichsweise breiten Raum ein. Die Ausführung repetitiver automutilativer Handlungen folgt oft einem festgelegten komplexen Ablauf (Kap. 3.2.3). Meistens erfolgt sie reaktiv als Mittel der Spannungslinderung oder Spannungsübertragung vom psychischen auf den physischen Bereich. Sie tritt – dies ist für prophylaktische Überlegungen von großer Bedeutung – zu einem großen Prozentsatz bei jungen Patienten und Patientinnen auf. Wird die Automutilation junger Menschen auf dem transkulturellen Hintergrund der verletzenden Initiationsriten beim Übergang vom Jugend- ins Erwachsenenalter betrachtet, so stellt sich die Frage, ob diese im Zusammenhang mit den wesentlichen Entwicklungsaufgaben der Pubertät gesehen werden muß (Kap. 2.5). Zahlreiche Untersuchungen haben prophylaktisch und therapeutisch wichtige Prädiktoren bzw. Risikofaktoren für selbstverletzendes Verhalten bei Jugendlichen herausgearbeitet (Kap. 3.2.4): Sie haben u.a. eine hohe Rate von «broken home», offener Gewalt und Alkoholismus in der Familie, haben in der Kindheit häufiger eine schwere Krankheit erfahren müssen, sind schon früh Opfer psychischer und körperlicher Mißhandlungen geworden; sie sind daher verwundbar durch Trennungs- und Verlusterlebnisse, sind geprägt durch die Opferrolle, haben ein gestörtes und entfremdetes Verhältnis zum eigenen Körper und neigen in Konfliktsituationen zu impulsiven Verhaltensweisen. Hier ergeben sich auch die engen Zusammenhänge von automutilativem Verhalten und Eßstörungen einerseits (Kap. 3.3.3) sowie Alkohol- und Drogenmißbrauch andererseits. Automutilation, gestörtes Eßverhalten und Alkohol- bzw. Substanzabusus können bei ein und derselben Person alternierend auftreten (Kap. 3.3.4). Auch suizidale Handlungen treten bei automutilativen Jugendlichen gehäuft auf. Diese Arbeit zeigt auf, daß sich Automutilation und suizidale Handlungen anhand gewisser Kriterien zwar voneinander abgrenzen lassen, daß jedoch zwischen ihnen insofern eine Beziehung besteht, als automutilative Patienten zu einem hohen Prozentsatz auch suizidale Handlungen begehen (Kap. 1.6.2.5).

Indem die Charakteristika der Borderline-Persönlichkeit in Beziehung gesetzt werden mit dem Symptom der Automutilation, wird dieses aus dem ganzen Erlebenszusammenhang der Betroffenen verstehbar (Kap. 3.2.2). Hierdurch wird deutlich, daß sich im automutilativen Handeln viele Facetten der Borderline-Persönlichkeitsstörung kristallisieren. Daraus lassen sich wichtige Konsequenzen für den therapeutischen Umgang mit selbstschädigendem Verhalten ableiten. Die Therapie ist eine Gratwanderung zwischen Nähe und Distanz. Entscheidend ist, daß die für die Behandlung Zuständigen weder in aufopferndem Mitleid noch in kalter Distanzierung «aufgehen», sondern eine konstante Zuwendung üben.

Bei automutilativem Verhalten wie auch bei Eßstörungen konzentrieren sich Selbstverachtung und Selbstablehnung auf den eigenen Körper, was sich in dessen direkter (Automutilation) bzw. indirekter (Eßstörungen) Schädigung ausdrückt. Ein zentrales Therapieziel muß daher die Aussöhnung mit dem eigenen Körper darstellen.

3. Die in ihrem Charakter rhythmische und starre *stereotype Automutilation* (z. B. Kopfschlagen) tritt vorwiegend bei geistig Behinderten und autistischen Menschen auf (Kap. 3.4). Vor allem drei ätiologische Theorien werden hier in der Forschung in Betracht gezogen: der organische Faktor, der Mangel an Stimulation sowie Automutilation als gelerntes Verhalten. Die sogenannte Zwei-System-Theorie von Rohmann et al. (1992) erweist sich dabei als ein Denkmodell, das auf eine Vielzahl möglicher therapeutischer Interventionen aufmerksam macht (Kap. 4.2.3). Von praktischer Bedeutung ist zudem die Beobachtung, daß einige Patienten und Patientinnen sich aus eigener Initiative von selbstverletzenden Handlungen abzuhalten versuchen, indem sie sich z.B. auf die eigenen Hände setzen, um sich vor dem Schlagen mit der eigenen Hand zu schützen (Kap. 3.4.3). Aus dem Erkennen solcher Selbsthilfeversuche ergeben sich wichtige Hinweise für den Behandlungsplan. Bei sehr schweren Formen stereotyper Selbstverletzungen sind verhindernde Verfahren (z. B. Fixierung) manchmal unumgänglich, was für alle Betroffenen – Patienten wie Behandelnde – psychisch sehr belastend sein kann (Kap. 3.4.5). Verhaltenstherapeutisch erweist sich hier insbesondere die Kombination von abbauenden und aufbauenden Verfahren, d.h. Verhinderung von Automutilation und Verstärkung neuer Handlungen, welche mit dem problematischen Verhalten inkompatibel sind, als vielversprechend (Kap. 3.4.4 und 4.6).

Die Therapie von Patienten mit automutilativen Verhaltensweisen stellt ohne Zweifel in jedem Fall erhebliche Anforderungen an die physische und psychische Belastbarkeit aller beteiligten Personen. Indem diese Arbeit das Phänomen der Automutilation in seiner Komplexität aufzeigt, leistet sie gleichzeitig einen Beitrag zur Therapie von Menschen mit selbstschädigenden Verhaltensweisen. Denn erst Verstehen vermittelt den therapeutisch Tätigen die nötige Sicherheit und Möglichkeit zur konstanten Zuwendung.

Literaturverzeichnis

Achté, K. A., Kauko, S. K. (1964): Das Münchhausen- und das Ahasverus-Syndrom. Acta psychiatrica scandinavica, *40,* 121–132.

Alby, J.-M., Pasche, F. (1976): Der Masochismus in der psychoanalytischen Theorie seit Freud – Wandel und Identität. In: G. Strube (Hrsg.), Die Psychologie des 20. Jahrhunderts, Bd. II (S. 478–492). München: Kindler.

American Psychiatric Association (1991): Diagnostisches und statistisches Manual psychischer Störungen (DSM-III-R). 3. Aufl., Weinheim: Beltz.

Asher, R. (1951): Munchhausen's syndrome. Lancet I, 339–341.

Ausserleitner, W. (1986): Der Eunuchenspruch. Mt. 19,12 auf dem Hintergrund der matthäischen Basileia- und Jüngerthematik. Diplomarbeit an der Theologischen Hochschule Chur.

Ballinger, B. R. (1971): Minor self-injury. British Journal of Psychiatry, *118,* 535–538.

Bandura, A. (1976): Lernen am Modell. Ansätze zu einer sozial-kognitiven Lerntheorie. Stuttgart: Klett.

Battegay, R. (1984): Psychiatrische Aspekte des Münchhausen-Syndroms. Schweiz. Rundschau Med. (PRAXIS), *40,* 1203–1207.

Battegay, R. (1988): Autodestruktion. Bern: Huber.

Baumeister, A. A., Rollings, J. P. (1976): Self-injurious behavior. In: N. R. Ellis (Ed.), International Review of Research in Mental Retardation, Vol. 8 (S. 1–34). New York: Academic Press.

Baumgardt, U. (1991): Initiationsäquivalente bei weiblichen Jugendlichen? In: G. Klosinski (Hrsg.), Pubertätsriten. Äquivalente und Defizite in unserer Gesellschaft (S. 142–147). Bern: Huber.

Berkéwicz, U. (1992): Engel sind schwarz und weiß. Frankfurt a. M.: Suhrkamp.

Berkson, G., Mason, W. A. (1964): Stereotyped movements of mental defectives: IV. The effects of toys and the character of the acts. American Journal of Mental Deficiency, *68,* 511–524.

Bosse, K. (1990): Dermatologie. In: T. Üxküll (Hrsg.), Psychosomatische Medizin (4. Aufl.). München: Urban & Schwarzenberg.

Brezovsky, P. (1985): Diagnostik und Therapie selbstverletzenden Verhaltens. Stuttgart: Enke.

Bruch, H. (1991): Eßstörungen. Zur Psychologie und Therapie von Übergewicht und Magersucht. Frankfurt a. M.: Fischer.

Burgess, J. W. (1991): Relationship of depression and cognitive impairment to self-injury in borderline personality disorder, major depression, and schizophrenia. Psychiatry Research, *38,* 77–87.

Bürgin, D. (1991): Autoinitiationsversuche – Mangelgeburten aus der Not. In: G. Klosinski (Hrsg.), Pubertätsriten. Äqivalente und Defizite in unserer Gesellschaft (S. 165–175). Bern: Huber.

Carr, E. G. (1977): The motivation of self-injurious behavior: a review of some hypotheses. Psychological Bulletin, *84 (4),* 800–816.

Carroll, J., Schaffer, C., Spensley, J., Abramowitz, S. I. (1980): Family experiences of self-mutilating patients. American Journal of Psychiatry, *137,* 852–853.

Chernaik, S. J. (1991): Opiate system in self-injurious behavior. American Journal of Psychiatry, *148,* 1421–1422.

Clendenin, W. W., Murphy, G. E. (1971): Wrist Cutting. New Epidemiological Findings. Archives of General Psychiatry, *25,* 465–469.
Collins, D. T. (1965): Head banging: its meaning and management in the severely retarded adult. Bull Menninger Clin, *29,* 205–211.
Croß, H. A., Harlow, H. F. (1965): Prolonged and progressive effects of partial isolation on the behavior of macaque monkeys. Journal of Experimental Research in Personality, *1,* 39–49.
Croß, L. (1993): Body and self in feminine development: Implications for eating disorders and delicate self-mutilation. Bulletin of the Menninger Clinic, *57 (1),* 41–68.
DeFrancesco, J. J., Zahner, G. E. P., Pawelkiewicz W. (1989): Childhood Nailbiting. Journal of Social Behavior and Personality, *4,* 157–161.
DeMuth, G. W., Strain, J. J., Lombardo-Maher, A. (1983): Self-Amputation and restitution. General Hospital Psychiatry *5,* 25–30.
Doctors, S. (1981): The symptom of delicate self-cutting in adolescent females: A developmental view. Adolescent Psychiatry, *9,* 443–460.
Dollard, J., Doob, L. W., Miller, N. E., Mowrer, O. M., Sears, R. E. (1970): Frustration und Aggression. Weinheim: Pädagogisches Zentrum-Veröffentlichungen, Reihe/C, Berichte 18.
Eckhardt, A. (1992): Artifizielle Krankheiten (selbstmanipulierte Krankheiten). Eine Übersicht. Nervenarzt *63,* 409–415.
Eliade, M. (1991): Schamanismus und archaische Ekstasetechniken (7. Aufl.). Frankfurt a. M.: Suhrkamp.
Ernout, A., Meillet, A., André, J. (1985): Dictionnaire étymologique de la langue latine. Histoire des mots (4. Ed.). Paris: Klincksieck.
Fatke, R. (1991): Freundschaft im Jugendalter als Ritus? Empirische und theoretische Antworten. In: G. Klosinski (Hrsg.), Pubertätsriten. Äquivalente und Defizite in unserer Gesellschaft (S. 129–141). Bern: Huber.
Favazza, A. R. (1987): Bodies under siege. Self-mutilation in Culture and Psychiatry. Baltimore: Johns Hopkins Univ. Press.
Favazza, A. R. (1989a): Normal and deviant self-mutilation. Transcultural psychiatric Research. Review, *26,* 113–127.
Favazza, A. R. (1989b): Why patients mutilate themselves. Hospital and Community Psychiatry, *40 (2),* 137–145.
Favazza, A. R. (1992): Repetitive Self-Mutilation. Psychiatric Annals, *22 (2),* 60–63.
Favazza, A. R., Conterio, K. (1988): The Plight of Chronic Self-Mutilators. Community Mental Health Journal, *24 (1),* 22–30.
Favazza, A. R., Conterio, K. (1989a): Female habitual self-mutilators. Acta psychiatrica scandinavica, *79,* 283–289.
Favazza, A. R., DeRosear, L., Conterio, K. (1989b): Self-mutilation and eating disorders. Suicide and Life-Threatening Behavior, *19 (4),* 352–361.
Favazza, A. R., Rosenthal, R. J. (1990): Varieties of Pathological Self-mutilation. Behavioural Neurology, *3,* 77–85.
Favazza, A. R., Rosenthal, R. J. (1993): Diagnostic issues in self-mutilation. Hospital and Community Psychiatry, *44 (2),* 134–140.
Feldman, M. D. (1988): The challenge of self-mutilation: a review. Comprehensive Psychiatry *29,* 252–269.
Figueroa, M. D. (1988): A dynamic taxonomy of self-destructive behavior. Psychotherapy, *25 (2),* 280–287.
Folks, D. G., Freeman, A. M. (1985): Munchausen's syndrome and other factitious illness. The Psychiatric Clinics of North America, *8 (2),* 263–278.
French, A. P., Nelson, H. L. (1972): Genital self-mutilation in women. Archives of General Psychiatry, *27,* 618–620.
Freud, S. (1989a): Das Unheimliche. Freud-Studienausgabe, Bd. IV (7. Aufl., S. 241–274). Frankfurt a. M.: Fischer. (Original 1919).

Freud, S. (1989b): Jenseits des Lustprinzips. Freud-Studienausgabe, Bd. III (6. Aufl., S. 213–272). Frankfurt a. M.: Fischer. (Original: 1920).

Freud, S. (1989c): Das Ich und das Es. Freud-Studienausgabe, Bd. III (6. Aufl., S. 273–330). Frankfurt a. M.: Fischer. (Original 1923).

Freud, S. (1989d): Das ökonomische Problem des Masochismus. Freud-Studienausgabe, Bd. III (6. Aufl., S. 339–345). Frankfurt a. M.: Fischer. (Original 1924).

Gardner, D. L., Cowdry, R. W. (1985): Suicidal and parasuicidal behavior in borderline personality disorder. Psychiatric Clinics of North America, *8,* 389–403.

Goldney, R. D., Simpson, I. G. (1975): Female genital self-mutilation. Canadian Psychiatric Association Journal, *20,* 435–441.

Goodall, E., Corbett, J. (1982): Relationship between sensory stimulation and stereotyped behaviour in severely mentally retarded and autistic children. Journal of Mental Deficiency Research, *26,* 163–175.

Graff, H., Mallin, R. (1967): The syndrome of the wrist cutter. American Journal of Psychiatry, *124,* 36–42.

Green, A. H. (1967): Self-mutilation in schizophrenic children. Archives of General Psychiatry, *17,* 234–244.

Green, A. H. (1968): Self-destructive behaviour in physically abused schizophrenic children. Archives of General Psychiatry, *19,* 171–179.

Greenspan, G. S., Samuel, S. E. (1989): Self-cutting after rape. Am J Psychiatry, *146,* 789f.

Greilsheimer, H., Groves, J. E. (1979): Male genital self-mutilation. Arch Gen Psychiatry, *36,* 441–446.

Grunebaum, H. U., Klerman, G. L. (1967): Wrist-slashing. American Journal of Psychiatry, *124,* 527–534.

Gunderson, J. G. (1984): Borderline personality disorder. Washington, DC: American Psychiatric Press.

Haenel, T., Rauchfleisch, U., Schuppli, R. (1982): Die Bedeutung von Hautartefakten. Schweiz. med. Wschr., *112,* 326–333.

Harlow, H. F. (1964): Early social deprivation and later behavior in the monkey. In: A. Abrams, H. Garner, J. Toman (Eds.), Unfinished tasks in the behavioral sciences. Baltimore: Williams und Wilkins.

Harlow, H. F., Harlow M. K. (1962): Social deprivation in monkeys. Scientific American, *207,* 136.146.

Harlow, H. F., Suomi, S. J. (1970): Induced psychopathology in monkeys. Engineering and science, *30,* 8–14.

Hartmann, H. (1986): Aufmerksamkeits-Interaktions-Therapie mit psychotischen Kindern. Praxis der Kinderpsychologie und Kinderpsychiatrie, *35,* 242–247.

Hartmann, H., Rohmann, U. H. (1984): Eine Zwei-System-Theorie der Informationsverarbeitung und ihre Bedeutung für das autistische Syndrom und andere Psychosen. Praxis der Kinderpsychologie und Kinderpsychiatrie, *7,* 272–281.

Henseler, H. (1974): Narzißtische Krisen. Zur Psychodynamik des Selbstmords. Reinbek bei Hamburg: Rowohlt.

Henseler, H. (1976): Die Theorie des Narzißmus. In: G. Strube (Hrsg.), Die Psychologie des 20. Jahrhunderts, Bd. II (S. 459–474). München: Kindler.

Herzka, H. S. (1991): Kinderpsychopathologie. Ein Lehrgang (3. Aufl.). Basel: Schwabe.

Hirsch, M. (1989): Der eigene Körper als Objekt. Berlin: Springer.

Hoffmann, S. O., Hochapfel, G. (1991): Einführung in die Neurosenlehre und Psychosomatische Medizin (4. Aufl.). Stuttgart: Schattauer.

Hugger, P. (1991): Pubertätsriten – einst und jetzt aus der Sicht des Volkskundlers. In: G. Klosinski (Hrsg.), Pubertätsriten. Äquivalente und Defizite in unserer Gesellschaft (S. 25–39). Bern: Huber.

Jantzen, W., von Salzen, W. (1986): Autoaggressivität und selbstverletzendes Verhalten. Pathogenese, Neuropsychologie und Psychotherapie. Berlin: Marhold.

Jones, R. (1987): The relationship between stereotyped and self-injurious behaviour. American Journal of Psychiatry, *148,* 1421–1422.
Kafka, J. S. (1969): The body as transitional object: A psychoanalytic study of a self-mutilating patient. British Journal of Medical Psychology, *42,* 207–211.
Kampman, R., Ikonen, U., Reumanen, M., Rimon, R. (1979): Munchausen's Syndrome: A review and two case reports. Psychiatria Fennica, 51–57.
Kaplan, L. J. (1991): Weibliche Perversionen: von befleckter Unschuld und verweigerter Unterwerfung. Hamburg: Hoffmann und Campe.
Katz, S. E., Levendusky, P. G. (1990): Cognitive-behavioral approaches to treating borderline and self-mutilating patients. Bulletin of the Menninger Clinic, *54,* 398–408.
Kehrer, H. E. (1974): Verhaltenstherapie bei kindlichem Autismus. Zeitschrift für Kinder- und Jugendpsychiatrie, *2,* 233–247.
Kernberg, O. F. (1987): The borderline self-mutilator. A psychodynamic approach. Journal of Personality Disorder, *1,* 344–346.
Kernberg, O. F. (1991): Borderline-Störungen und pathologischer Narzißmus (6. Aufl.). Frankfurt a. M.: Suhrkamp.
Klosinski, G. (1991): Pubertätsriten. Äquivalente und Defizite in unserer Gesellschaft (S. 11–22). Bern: Huber.
Koch, A., Kane, J. F., Jochmus, I., Kane, G., Wilhelmstroop-Meyer, A. (1979): Behandlung von Autoaggressionen auf lerntheoretischer Grundlage. Praxis der Kinderpsychologie und Kinderpsychiatrie, *28,* 83–91.
Kushner, A. W. (1969): Two cases of auto-castration due to religious delusions. Br J Med Psychology, *40,* 293–298.
Lacey, J. H., Evans, C. (1986): The Impulsivist: a multi-impulsive personality disorder. British Journal of Addiction, *81,* 641–649.
Lion, J. R., Conn, L. M. (1982): Self mutilation: pathology and treatment. Psychiatric Annals, *12,* 782–787.
Lyons, J. A. (1991): Self-mutilation by a man with posttraumatic stress disorder. Journal of Nervous and Mental Disease, *179,* 505–507.
MacLean, G., Robertson, B. M. (1976): Self-enucleation and psychosis. Archives of General Psychiatry, *33,* 242–249.
Malone, A. J., Massler, M. (1952): Index of nailbiting in children. Journal of Abnormal and Social Psychology, *47,* 193–202.
Martin, L., Gattaz, W. F. (1991): Psychiatric aspects of male genital self-mutilation. Psychopathology, *24 (3),* 170–178.
Martin, M. (1987): Suizid, Suizidversuch, Automutilation. In: H. Remschmidt (Hrsg.), Kinder- und Jugendpsychiatrie. Eine praktische Einführung (2. Aufl., S. 283–288). Stuttgart: Thieme.
Meadow, R. (1977): Munchhausen syndrome by proxy: The hinderland of a child abuse. Lancet II, 343–346.
Menninger, K. (1935): A psychoanalytic study of the significance of self-mutilations. Psychoanalytic Quarterly, *4,* 408–466.
Menninger, K. (1989): Selbstzerstörung: Psychoanalyse des Selbstmords (3. Aufl.). Frankfurt a. M.: Suhrkamp. (Original 1938: Man against himself).
Mentzos, S. (1993): Der Krieg und seine psychosozialen Funktionen. Frankfurt a. M.: Fischer.
Mintz, I. C. (1960): Autocannibalism: A case study. American Journal of Psychiatry, *120,* 1017.
Morgan, H. G. (1979): Death wishes? Chichester, England: Wiley.
Morgan, H. G., Burns-Cox, C. J., Pocock, H., Pottle, S. (1975): Deliberate self-harm: Clinical and socio-economic charachteristics of 368 patients. British Journal of Psychiatry, *127,* 564–574.
Morinis, A. (1985): The ritual experience. Ethos, *13,* 150–174.

Müller, C. (1986): Selbstbeschädigung – Selbstverstümmelung. In: C. Müller (Hrsg.), Lexikon der Psychiatrie (2. Aufl., S. 625f). Berlin: Springer.
Neun, H., Dümpelmann, M. (1989): Depersonalisation. In: M. Hirsch (Hrsg.), Der eigene Körper als Objekt (S. 77–93). Berlin: Springer.
Nissen, G. (1975): Zur Genese und Therapie der Autoaggressivität. Zeitschrift für Kinder- und Jugendpsychiatrie, *3,* 29–40.
Offer, D. O., Barglow, P. (1960): Adolescent and young adult self-mutilation incidents in a general psychiatric hospital. Archives of General Psychiatry, *3,* 194–204.
Ovid, P. N. (1964): Metamorphosen. Epos in 15 Büchern (2. Aufl.). Zürich: Artemis.
Pao, P. E. (1969): The syndrome of delicate self-cutting. British Journal of Medical Psychology, *42,* 195–206.
Pattison, E. M., Kahan, J. (1983): The deliberate self-harm syndrome. American Journal of Psychiatry, *140,* 867–872.
Phillips, R., Muzaffer, A. (1961): Some aspects of self-mutilation in the general population of a large psychiatric hospital. Psychiatric Quarterly, *35,* 421–423.
Piaget, J. (1969): Das Erwachen der Intelligenz beim Kinde. Stuttgart: Klett.
Plassmann, R. (1989): Artifizielle Krankheiten und Münchhausen-Syndrome. In: M. Hirsch (Hrsg.), Der eigene Körper als Objekt (S. 118–154). Berlin: Springer.
Podoll, K., von der Stein, B., Marcea, J. T. (1992): Auto- und Heteroaggressivität beim Gilles-de-la-Tourette-Syndrom. Fortschritte Neurologie Psychiatrie, *60,* 253–261.
Podvoll, E. M. (1969): Self-mutilation within a hospital setting: A study of identity and social compliance. British Journal of Medical Psychology, *42,* 213–221.
Remschmidt, H., Schmidt, M. H. (1985): Kinder- und Jugendpsychiatrie in Klinik und Praxis (Bd. III, 43–52). Stuttgart: Thieme.
Rogers, T., Pullen, J. (1987): Self-inflicted eye-injuries. British Journal of Psychiatry, *151,* 691–693.
Rohmann, U., Hartmann, H. (1992): Autoaggression – Grundlagen und Behandlungsmöglichkeiten (2. Aufl.). Dortmund: modernes lernen.
Rohmann, U. H., Elbing, U., Hartmann, H. (1987a): Autoaggression und Pulsfrequenz – eine Längsschnittstudie. Zeitschrift für Kinder- und Jugendpsychiatrie, *16,* 210–216.
Rohmann, U. H., Elbing, U., Hartmann, H. (1987b): Bedeutung von Umwelt- und Organismusfaktoren bei Autoaggressionen. Praxis der Kinderpsychologie und Kinderpsychiatrie, *37,* 112–120.
Rojahn, J., Fenzau, B., Hauschild, D. (1985): Selbstverletzungsverhalten geistig Behinderter. Geistige Behinderung, *3,* 183–192.
Rosen, P. M., Walsh, B. W. (1989): Patterns of contagion in self-mutilation epidemics. American Journal of Psychiatry, *146,* 656–658.
Rosenthal, R. J., Rinzler, C., Wallsh, R., Klausner, E. (1972): Wrist-cutting syndrome: The meaning of a gesture. American Journal of Psychiatry, *128,* 1363–1368.
Ross, R. R., McKay, H. B. (1979): Self-mutilation. Lexington, MA: Lexington Books.
Russ, M. J., Roth, S. D., Lerman, A., Kakuma, T., Harrison, K., Shindledecker, R. D., Hull, J., Mattis, S. (1992): Pain perception in self-injurous patients with borderline personality disorder. Biological Psychiatry, *32,* 501–511.
Sachsse, U. (1987): Selbstbeschädigung als Selbstfürsorge. Zur intrapersonalen und interpersonellen Psychodynamik schwerer Selbstbeschädigungen der Haut. Forum Psychoanalyt., *3,* 51–70.
Sachsse, U. (1989): «Blut tut gut». Genese, Psychodynamik und Psychotherapie offener Selbstbeschädigung der Haut. In: M. Hirsch (Hrsg.), Der eigene Körper als Objekt (S. 94–117). Berlin: Springer.
Sachsse, U. (1994): Selbstverletzendes Verhalten. Psychodynamik und Psychotherapie. Göttingen: Vandenhoeck & Ruprecht.
Scharfetter, Ch. (1982): Abnormität, Krankheit, Therapie in der Psychiatrie. Die Differenzierung der Devianz und das Konstrukt Krankheit. Vom Schamanen zum Psychotherapeuten. Interdisziplinäres Kolloquium, 90–108. Zürich: Selbstverlag.

Scharfetter, Ch. (1984): Automanipulation von Krankheit. Selbstinduzierte, aggravierte, simulierte Krankheit und die Automutilation. Schweiz. med. Wschr. *114,* 1142–1149.
Scharfetter, Ch. (1990): Schizophrene Menschen (3. Aufl.). München: Urban & Schwarzenberg.
Scharfetter, Ch. (1991): Allgemeine Psychopathologie. Eine Einführung. 3. Aufl., Stuttgart: Thieme.
Scharfetter, Ch. (1992a): Aggression und Aggressivität im therapeutischen Umgang. TW Neurologie Psychiatrie, *6,* 58–67.
Scharfetter, Ch. (1992b): Selbstschädigung. TW Neurologie Psychiatrie, *6,* 763–766.
Schroeder, S. R., Mulick, J. A., Rojahn, J. (1980): The definition, taxonomy, epidemiology and ecology of self-injurious behavior. Journal of autism and developmental disorder, *10,* 417–432.
Shapiro, S. (1987): Self-mutilation and self-blame in incest victims. American Journal of Psychotherapy, *41 (1),* 46–54.
Simpson, M. A. (1973): Female genital self-mutilation. Arch Gen Psychiatry, *29,* 808–810.
Simpson, M. A. (1975): The phenomenology of self-mutilation in a general hospital setting. Canadian Psychiatric Association Journal, 20, 429–433.
Simpson, M. A. (1976): Self-mutilation and suicide. In: E. S. Shneidman (Ed.), Suicidology: Contemporary developments (S. 286–315). New York: Grune & Stratton.
Simpson, M. A. (1977): Self-mutilation and the borderline syndrome. Dynamische Psychiatrie, *10 (1),* 42–47.
Simpson, M. A. (1980): Self-mutilation as indirect self-destructive behavior: «Nothing to get so cut up about...». In: N. L. Farberow (Ed.), The many faces of suicide (S. 257–283). New York: McGraw Hill.
Siomopoulos, V. (1974): Repeated self-cutting: an impulse neurosis. American Journal of Psychotherapy, *28,* 85–94.
Soulios, C., Firth, S. T. (1986): Self-inflicted eye injury: clinical and psychodynamic aspects. Psychiatr J Univ Ottawa, *11,* 238–242.
Spiro, H. R. (1968): Chronic factitious illness. Munchausen's syndrome. Arch Gen Psychiat, *18,* 569–579.
Spitz, R. A. (1957): Die Entstehung der ersten Objektbeziehungen. Stuttgart: Klett.
Spitz, R. A. (1967): Vom Säugling zum Kleinkind. Naturgeschichte der Mutter-Kind-Beziehungen im ersten Lebensjahr. Stuttgart: Klett.
Steinhausen, H.-Ch. (1993): Psychische Störungen bei Kindern und Jugendlichen. Lehrbuch der Kinder- und Jugendpsychiatrie (2. Aufl.). München: Urban & Schwarzenberg.
Sweeny, S., Zamecnik, K. (1981): Predictors of self-mutilation in patients with schizophrenia. American Journal of Psychiatry, *138,* 1086–1089.
Tantam, D., Whittaker, J. (1992): Personality disorder and self-wounding. British Journal of Psychiatry, *161,* 451–464.
Thorwirth, V. (1971): Autoaggression (Selbstbeschädigung) als Übersprungshandlung. Fortschr. Neurolog. Psychiat., *39,* 542–544.
Tölle, R. (1991): Psychiatrie (9. Aufl.). Berlin: Springer.
Tröster, H. (1992): Bewegungsstereotypien und selbstverletzendes Verhalten bei nichtbehinderten Kindern. Zeitschrift für Entwicklungspsychologie und Pädagogische Psychologie, *24 (4),* 335–354.
Van der Kolk, B.A., Perry, J. C., Herman, J. L. (1991): Childhood origins of self-destructive behavior. American Journal of Psychiatry, *148,* 1665–1671.
Von Törne, J. (1974): Zur Ätiologie der Automutilation im Kindes- und Jugendalter. Zeitschrift für Kinder- und Jugendpsychiatrie, *2,* 261–278.
Walsh, B. W., P. M. Rosen (1988): Selfmutilation. Theory, Research and Treatment. New York: Guilford.
Weissmann, M. M. (1975): Wrist cutting: relationship between clinical observations and epidemiological findings. Arch Gen Psychiatry, *32,* 1166–1171.

Weltgesundheitsorganisation (1991): Internationale Klassifikation psychischer Störungen (ICD-10). H. Dilling, W. Mombour, M. H. Schmidt (Hrsg.). Bern: Huber.
Willenberg, H. (1989): «Mit Leib und Seele und Mund und Händen». Der Umgang mit der Nahrung, dem Körper und seinen Funktionen bei Patienten mit Anorexia nervosa und Bulimia nervosa. In: M. Hirsch (Hrsg.), Der eigene Körper als Objekt (S. 170–220). Berlin: Springer.
Winchel, R. M., Stanley, M. (1991): Self-injurious behavior. A review of the behavior and biology of self-mutilation. American Journal of Psychiatry, *148,* 306–317.
Winnicott, D. W. (1969): Übergangsobjekte und Übergangsphänomene. Psyche, *23,* 666. (Original 1953: Transitional objects and transitional phenomena).
Wolfensberger-Hässig, C. (1983): Aggressivität und Autoaggression bei Kleinkindern: Etholog. Gesichtspunkte. In: G. Nissen (Hrsg.), Psychiatrie des Kleinkind- und Vorschulalters. Bern: Huber.